财经法治

中文社会科学引文索引（CSSCI）来源集刊

Tribune of Economic Law

经济法论坛

（第25卷）

主　编／岳彩申　盛学军
副主编／江　帆　邓　纲

法律出版社
LAW PRESS·CHINA

出 版 说 明

中国经济法学作为一门新兴的、发展中的学科，迄今已走过了30余年的风雨历程，经济法作为我国社会主义法律体系的组成部分，也已得到了无可辩驳的承认。随着市场经济的进一步发展和依法治国战略的全面推进，经济法必将迎来更加美好的未来。

中国经济法的理论构建和制度建设已经取得了显著成就，为推动我国法治发展作出了重要贡献，但也必须清楚地认识到，经济法在发展进程中，仍然面临新兴学科通常容易存在的一些问题，需要我们以锲而不舍的精神去探索。

西南政法大学经济法学科点是教育部确定的国家级高等学校重点学科点之一，近年来一直紧跟经济法学的发展，并在经济法理论和实务研究方面做了不懈努力。经过全体成员的共同奋斗，该学科点在学科建设和学术研究方面取得了一定成果。但我们深知，只有广大经济法理论工作者和实践工作者共同努力，才能形成研究合力，推动经济法学科的进一步发展。正是基于这种考虑，我们本着学术性、实践性和开放性的宗旨，继"经济法博士精品文库"之后，又创办了《经济法论坛》，一方面，为广大经济法理论与实务工作者展示学术研究成果和进行学术交流提供更广阔的平台；另一方面，也为我校经济法学科建设开辟一个新的学术阵地。

既然是"论坛"，在指导思想上我们力求把它办得活跃一些。在栏目的设置上，既有相对固定的栏目，如"经济法基础理论""市场主体法""市场秩序规制法""金融财税法""社会分配法""农村法治"等，又可以根据每期的组稿情况，开辟新栏目。《经济法论坛》将坚持"百花齐放，百家争鸣"的方针，以关注民生、跟踪理论前沿、服务法治实践为基本追求。

我们热忱希望各界学者一如既往地关注经济法学科的发展，并欢迎惠赐佳作。我们期待着法学界同人以你们辛勤的汗水浇灌《经济法论坛》这株法学百花园的幼苗！

西南政法大学经济法学科点

《经济法论坛》编辑委员会

目　录

经济法基础理论

公司法与人工智能

金融法

财税法

农村法治

反不正当竞争法

知识产权法

法治人才培养

CONTENTS

Basic Theory of Economic Law

Corporate Law and Artificial Intelligence

Financial Law

Finance and Tax Law

Legal Systems in Rural Areas

Anti-unfair Competition Law

Intellectual Property Law

Cultivation of Legal Personnel

经济法基础理论

市场合意视角下的格式条款规制原理重述*

马　辉**　杜安爽***

目　次

一、问题的提出

合同法理论立基于原子化的个人主义哲学,私法自治基础上的合意为其支配性原理,但当交易图示从个别磋商演进为标准化缔约后,传统私法语境下的合意自由或条款接受方的意思自治自由受到严重侵蚀,相应地,围绕合意原理构建起来的合同法理论和制度大厦面对格式条款时显得捉襟见肘。在理论层面,合意的成就与否贯穿合同法理论分析的始终,但格式条款交易中的合意不足,使其很难在合意有无的二元分析结构中得到妥当安置,这可能也正是学界在是否存在合意与如何形成合意的问题上众说纷纭之重要原因。而在实证层面上,现代合同法发展出来的说明义务、不利解释、不

---

* 基金项目:国家社会科学基金项目"金融消费格式条款的政府与市场合作治理研究"(17BFX099)。

** 扬州大学法学院副教授、硕士研究生导师。

*** 扬州大学法学院城管研究中心研究员助理,扬州大学法学院2018级硕士研究生。

公平条款清单等规则与个别磋商下的以意思自治为基础的规范体系格格不入,①此种智识上的断裂导致上述规则的适用难以从传统私法的教义学理论中汲取太多营养,裁判冲突丛生即为例证。

格式条款历来是法学研究的富矿之一,浩如烟海的中外文献对于上述问题的探讨不可谓不详尽。以国内学界近期的研究为例,有学者提出以动态的合意度和均衡度概念调和意思自治二元结构的僵化,②以探寻标准化交易在私法理论体系中的恰当位置;而对于司法裁判中的乱象,大量学者试图通过比较法、解释学等方式为规则适用提供更精细化的指引,如关于不公平条款的内容规制,多有学者建议效仿德国法及欧盟法中的不公平条款清单,③或强化任意性规范的范式作用等,④还有部分学者立足于社会科学的研究成果探讨了如何通过解释论的方式限缩内容控制规则的适用范围。⑤ 这些研究无疑均具有重要的理论或实践价值,但大部分的研究所采用的私法话语体系与格式条款背后的标准化交易模式存在紧张关系。

具言之,由于私法体系始终秉承的经济理性是对个体财产和缔约自由的维护可推动良好经济秩序的自发形塑,⑥因而私人或个体利益是私法话语体系的基本语言符号。或者说私法总是从个体的角度解构社会生活。标准化交易虽然由大量原子化的个别交易汇聚而成,然而在竞争机制这根魔术棒的作用下却形成了外化于个别交易并对其产生反向约束的经济秩序。换言之,标准化交易模式是个别交易与竞争秩序互动的媒介,交易失衡与市场失灵是同一事物在个别交易和竞争秩序层面上的不同外显效果。但是私法话语体系的路径依赖使其仅从个体视角得出了“谈判地位不对等导致交易失衡”的经验观察,该论断的模糊性即便在私法学界亦备受批判,虽然也有部分私法学者

① 参见[德]莱因哈德·齐默曼:《德国新债法——历史与比较的视角》,韩光明译,法律出版社2012年版,第283页。

② 解亘:《格式条款内容规制的规范体系》,载《法学研究》2013年第2期。

③ 参见范雪飞:《论不公平条款制度——兼论我国显失公平制度之于格式条款》,载《法律科学(西北政法大学学报)》2014年第6期;杜志华:《欧盟消费合同不公平条件指令评析》,载《法学评论》2004年第5期。

④ 杜景林:《合同规范在格式条款规制上的范式作用》,载《法学》2010年第7期。

⑤ 王静:《我国〈保险法〉第19条司法适用研究——基于保险格式条款裁判的实证分析》,载《政治与法律》2014年第11期。

⑥ 参见[美]弗雷德里奇·凯斯勒等:《合同法:案例与材料》(上),屈广清等译,中国政法大学出版社2005年版,第4~5页;[德]海因·克茨:《欧洲合同法》(上卷),周忠海、李居迁、宫立云译,法律出版社2001年版,第6~7页。

将交易失衡的本源指向有效竞争机制的欠缺，①不过受限于私法话语的个体导向，对于市场失灵如何自上而下地渗透入个别交易进而引发交易失衡，以及私法如何通过对个别交易的规制来自下而上地推动竞争机制的有效运作，学界尚未见系统性分析，这也导致个别交易视角下合理的规制方案可能与竞争机制的运作存在紧张关系，如信息提供义务在促成知情决策的同时存在便利合谋的隐患，②不公平条款清单可能招致对竞争机制的过度限制等，③正本溯源的做法当是从市场秩序与个别交易互动的视角重新厘定格式条款规制原理，使规制活动能够实现私益保护与竞争效率的共同增进。

作为合同法体系支配性原理的合意理论衍生于个别磋商的交易情境，格式条款接受或拒绝的缔约模式使其很难达到个别磋商式的意思合致程度，不过这并不意味着合意原理彻底不适用于格式条款交易，立足于个别交易与竞争秩序的互动关系，法经济学学者提出的“市场合意”④可替代传统私法的私人合意原理，成为格式条款交易的分析工具，其内涵是个别交易中的消费者选择可汇总为需求压力，经营者出于获取交易机会的激励将争相提供能够满足多数消费者需求的格式条款，于此，私人交易公平和竞争市场效率得以同时实现，市场合意得以成就；反之，若出现了市场失灵和交易失衡的结果，则意味着市场合意遭到了背离。借助于这一概念符号，本文的研究思路安排如下：首先，探明传统规制原理的不足之处；其次，分析格式条款交易中市场合意的形成机理；再次，揭示市场合意的阻却事由和矫治路径；最后，提出市场合意原理融入现有规制体系的具体化路径安排。

二、传统规制原理及其不足

（一）传统规制原理概述

19 世纪以降，随着工业文明的车轮碾碎了身份制的枷锁，大众缔约时代的幕布缓缓拉开，此前在保险、运输等个别行业中用于排除不可测风险的免责格式条款开始向

---

① 参见［英］P. S. 阿狄亚：《合同法导论》，赵旭东等译，法律出版社 2002 年版，第 14～30 页、第 299～307 页；［德］迪特尔·梅迪库斯：《德国债法总论》，杜景林、卢谌译，法律出版社 2004 年版，第 66 页；［德］莱因哈德·齐默曼：《德国新债法——历史与比较的视角》，韩光明译，法律出版社 2012 年版，第 253 页；等等。

② 参见［美］霍温坎普：《联邦反托拉斯政策——竞争法律及其实践》，许光耀等译，法律出版社 2009 年版，第 193～194 页。

③ 德国法理论认为，内容控制的前提是特定类型的格式条款不存在有效的竞争市场，参见［德］卡纳里斯：《债务合同法的变化——即债务合同法的“具体化”趋势》，张双根译，载《中外法学》2001 年第 1 期。

④ See Jason Scott Johnston, “The Return of Bargain: An Economic Theory of How Standard-Form Contracts Enable Cooperative Negotiation Between Business and Consumers”, *Michigan Law Review*, 2006, pp. 860－863.

全行业扩散,个别化的契约关系开始让位于标准化的交易模式。[1] 对于这一转变的必然性,凯斯勒(Kessler)的观点是最佳例证:在这种体现市场非个别化特性的标准化关系中,那些难以计算的风险被彻底排除,无法预估的影响合同履行的意外事件,亦可以通过格式条款加以约定,法官或者陪审团面对强大被告时的"非理性因素"能够被抑制,对于诉讼风险的规避,诱使大工业企业纷纷将质保条款和仲裁条款纳入合同,以对抗争讼中法官的"非理性",这种做法与法典化和法律重述所彰显的反对司法非理性之时代精神相吻合,一旦其实际效果在某个行业(如保险、运输等)中得以展现,其他行业的纷纷效仿便成为一个不可避免的结果,[2]格式条款由此始得大举入侵其他交易领域。

20世纪上半叶,格式条款滥觞所引发的大量交易不公开始招致学界的口诛笔伐,其成因被归结为谈判地位不对等导致合同自由受到侵蚀。凯斯勒的声讨檄文指出,当合同的内容由企业一方单独确定并在所有的缔约场合下加以使用时,古典合同法中的个体本位开始褪色。格式条款提供方通常为拥有强大谈判能力的企业,而处于弱势地位一方的相对人在需要这一产品或服务时,除被迫接受之外往往无法获得更好的条款,其或是因格式条款的制定者拥有垄断地位,或是因为同行业的经营者采用的是相同的格式条款。这种情形下格式条款成为经济上的强者构建自己商业帝国的武器。或者说变成了强者支配弱者的附和合同,古典合同法所要求的合意已经不复存在,交易失衡自然成为一种顺理成章的结果。[3]

这一立足于古典原理合意的分析结论迅速在理论和实务领域获得了广泛的认同,谈判地位不对等的表现也被进一步类型化为信息不对称、经济地位失衡、垄断等,此种缔约过程的不平等经由不可变更的缔约模式被传递至交易结果,程序不公平引发实体不公平的理念随后被整合入显失公平(美国法)或公序良俗、诚实信用(德国法)等规则,成为法院打击不当格式条款的有力武器。格式条款破坏合同自由的论断逐渐成为通说,在信息义务等手段难以恢复合同自由的情况下,实质正义导向的不利解释规则、合理期待规则、单方强制性规范、不公平条款清单等规制技术开始涌现,以管制替代自治成为一个符合私法逻辑的无奈结论。

(二)传统规制原理的不足

以个体合同自由为出发点的传统规制原理虽然极大地推动了规制实践,但其对标

---

① See Karl N. Llewellyn, "What Price Contract? —An Essay in Perspective", *Yale Law Journal*, 1931, p. 717.

② See Friedrich Kessler, "Contracts of Adhesion—Some Thoughts About Freedom of Contract", *Columbia Law Review*, 1943, pp. 631 – 632.

③ Ibid., Friedrich Kessler, pp. 631 – 632.

准化交易的原子化解读方式也招致了理论与实践的紧张关系，即便在私法学界其亦备受批判，主要包括以下两个方面。

1. 规范指引不明确。谈判地位不对等引发交易失衡之论断是描述性的，无法从中推导出明确的规范内涵。具言之，经济地位不平等为社会常态，若以此作为规制理由则需要对几乎所有交易行为进行管制，其不具有可操作性，且财富分配问题亦非私法的当为目标，相应地，该论断无法征引出具体的评价内容。[①] 与之类似，信息不对称虽然会削弱条款接受方的意思自治，但大量的实例表明消费者至少不会阅读全部条款，[②]因而该事实包含的规范内容至少是不清晰的。此外，不可变更的缔约模式是现代标准化交易所必需，虽然这一特质被认为是合意受到排斥的关键性因素，但所有条款都经过谈判磋商的要求只能被讥讽为是一头"可笑的狮头羊身蛇尾怪物"，[③]其同样并不能推导出合理的规范指引。而垄断即便会造成交易失衡，但该问题的解决外生于私法体系，[④]简单的描述并不能给出是否以及如何规制垄断的明确答案。

2. 规制逻辑自相矛盾。传统规制原理将谈判地位不对等的危害归结为对意思自治的侵蚀，由于古典合同法理论将意思自治作为评价合同公平的优位指标，程序性的合同自由引致实体性的合同公正是其支配性原理，[⑤]格式条款侵害意思自治进而引发交易失衡便成为合乎私法逻辑的推论。该逻辑的隐含命题是意思自治与给付均衡之间存在互补关系，即意思自治的充盈可弥补给付均衡的亏欠，反之亦然，[⑥]这一互补关系虽时常见诸司法裁判[⑦]和学者的论述，但更多的时候却以一种不连贯乃至自相矛盾

---

① 参见［德］卡纳里斯：《债务合同法的变化——即债务合同法的"具体化"趋势》，张双根译，载《中外法学》2001 年第 1 期。

② 参见［德］莱因哈德·齐默曼：《德国新债法——历史与比较的视角》，韩光明译，法律出版社 2012 年版，第 299 页。

③ 参见［德］迪特尔·梅迪库斯：《德国债法总论》，杜景林、卢谌译，法律出版社 2004 年版，第 296 ~ 297 页。

④ 解亘：《格式条款内容规制的规范体系》，载《法学研究》2013 年第 2 期。

⑤ 参见［德］卡纳里斯：《债务合同法的变化——即债务合同法的"具体化"趋势》，张双根译，载《中外法学》2001 年第 1 期。

⑥ 参见解亘：《格式条款内容规制的规范体系》，载《法学研究》2013 年第 2 期。

⑦ 美国法院在适用美国《统一商法典》第 2 - 302 条"显失公平规则"打击格式条款时常从互补的角度对交易公平进行考察，若实体上的显失公平得到了高度正式，那么对程序上显失公平的证明要求可适当降低，参见 Phoenix Leasing Inc. v. Sure Broadcasting, 843 F. Supp. 1379 (D. Nev. 1994)。此外，若实体公平已经得到保障，则没有必要对程序是否公平进行考察，但是若程序公平达到了欺诈、胁迫、不当影响等严重影响意思自治的程度，则无须考察实体公平亦可撤销合同，See Communications Maintenance v. Motorola, 761 F. 2d 1202 (7 Cir. 1985)。

的方式反映于现有的格式条款规制体系。

我国法律将对意思自治的保障和对交易均衡的规制无差别地同时应用于所有格式条款自然不符合上述的互补逻辑,如《民法典》第496条、第497条①以及《保险法》第17条、第19条的说明义务和无效制度之规制对象均是免责条款,而《消费者权益保护法》第26条虽然对说明义务和无效制度的适用范围作出了差异化规定,但大量的条款仍要在意思自治与给付均衡两个层面上受到割裂式的双重审查,两者之间不存在互补关联。素以逻辑严谨著称的德国法同样未能避免规制逻辑上的矛盾。一方面,德国法的个别规则蕴含了互补机理,如德国《民法典》第305a条放松了对交通运输、电信、邮政等行业一般交易条款的订入规则控制(提示说明义务),对该做法的合理解读当为行政机关的事先审核使此类条款具有较高的公平度,相应地,对意思自治的要求可被适当缓和。另一方面,该原理并未贯彻于内容控制体系,德国法中内容规制的逻辑起点是一般交易条款上很难存在真实的合同自由,②而对任意性规范的偏离又造成实质公平的欠缺,对程序公平与实体公平的双重背离构成了规制的正当性基础,但在规制路径方面却侧重于要求从实体上判断对任意法的偏离是否“不适当地损害相对人利益”,即便忽略此种判断在司法中引发的不确定性,③逻辑上难以自圆其说之处在于其一方面承认意思自治的欠缺会引发实体不公平,如德国《民法典》第307条第1款规定条款的透明度(清晰及通俗易懂)缺失会产生不适当的利益损害体现了这一原理,但另一方面拒绝以意思自治(透明度)的提升作为一般交易条款偏离任意法的正当事由,德国《民法典》第308条的有评价可能性禁止条款与第309条的无评价可能性禁止条款均从实体角度评价条款效力,并未将合意作为权衡条款公平度的考量因素。固然可能的辩解理由是清晰易懂不足以确保一般交易条款上合意的充分性,且立法者与法院尚不确定在清晰易懂之外附加何种条件方可使一般交易条款上产生类似个别磋商式的合意,于此便宜的做法自然是不将意思自治作为实质公平欠缺的补偿因素,从而避免法律评价的过度复杂和可能的规制逃匿。此种“务实”的做法虽无可厚非,却反映了私法合意原理在格式条款规制中的进退维谷:一方面,无法全盘否认格式条款交易中存在

---

① 《民法典》第496条、第497条总体上承接了《合同法》第39条、第40条的规范逻辑。虽然《民法典》第496条说明义务的履行范围变更为“免除或者减轻其责任等与对方有重大利害关系的条款”,但是可以看出免责条款仍然构成了说明义务的主要适用对象。《民法典》第497条无效制度增加的“限制对方主要权利”之格式条款无效的规定仍然没有超出免责条款范畴。

② 参见[德]卡尔·拉伦茨:《德国民法通论》(上册),王晓晔等译,法律出版社2003年版,第81~82页。

③ 参见[德]卡纳里斯:《债务合同法的变化——即债务合同法的“具体化”趋势》,张双根译,载《中外法学》2001年第1期。

合意,于此会得出所有条款均为不公平进而需要进行全方位内容控制的结论;[①]另一方面,却也不能指望格式条款中的合意能够对交易公平发挥太多导正作用,因为允许以合意脱离内容规制可能招致对不公平条款的过度放纵。合意的此种尴尬处境最终导致了规制逻辑上的自相矛盾。

就某种程度而言,着眼于个别交易的传统合意原理在标准化格式条款交易中的水土不服不应令人意外,分析视角的局限性使其难以把握标准化交易图景的全貌,从竞争秩序与个别交易互动的角度重新厘定格式条款规制原理因之成为必要。

三、市场合意的运作机理

市场合意的理念来自古典经济学的竞争均衡理论,即在信息透明的完全竞争市场中,买方群体的比较询价会形成强大的需求压力,卖方群体出于获取交易机会的激励将竞相提供能够满足买方需求的产品或服务,双方的相互博弈将推动交易价格无限趋近于边际成本,此种情形下的自愿交易将为双方带来合作剩余的最大化,资源配置得以优化。虽然古典经济学的分析切入点为价格竞争,不过由于价格是所有交易条件的总和,合同条款可被视作交易条件的法律等价物,因而竞争实现最优市场价格之法学语言转换即竞争会迫使卖方将能够满足买方群体需求的条款纳入合同,[②]于此无论条款“质量”优劣,由于其所带来的利益分配结果均内化于交易价格,相应的价格竞争的均衡意味着合同条款对缔约方的利益分配亦属公平,市场合意得以成就。[③]

与个别磋商式的合意不同,市场合意是对买方群体与卖方群体在竞争机制作用下形成交易均衡之动态过程的拟制,[④]其着眼点在于个别交易与竞争秩序之间的互动关系,格式条款不可变更的特质不再承载侵蚀合意的恶名,而是被看作与产品功能、特性等相仿的客观实在,[⑤]个别交易中的合意被简化为消费者的比较选择,个别

---

① See Arthur Allen Leff, “Contract as Thing”, *American University Law Review*, 1970, pp. 141 – 144; see also Todd D. Rakoff, “Contracts of Adhesion: An Essay in Reconstruction”, *Harvard Law Review*, 1983, pp. 1220 – 1228, 1236 – 1240.

② See Russell Korobkin, “Bounded Rationality, Standard Form Contracts, and Unconscionability”, *University of Chicago Law Review*, 2003, p. 1208.

③ See Nishanth V. Chari, “Disciplining Standard Form Contract Terms through Online Information Flows: An Empirical Study”, *New York University Law Review*, 2010, pp. 1625 – 1626.

④ See Jason Scott Johnston, “The Return of Bargain: An Economic Theory of How Standard-Form Contracts Enable Cooperative Negotiation between Businesses and Consumers”, *Michigan Law Review*, 2005 – 2006, p. 863.

⑤ See supra note 3, Nishanth V. Chari, pp. 1625 – 1626.

磋商过程消失所带来的交易公平隐患通过外部竞争秩序的约束效用得以弥补，市场合意的实现条件可被归结为外在的有效竞争(外部条件)和内在的理性决策(内部条件)。

(一)外部条件

在外部条件方面，通说认为完全竞争市场应满足以下条件：产品同质、参与者众多、无进出壁垒、信息透明等，其中信息透明被认为是竞争机制运作的核心要件。[①]

以常被贴上“霸王条款”标签的质量担保条款为例，在信息完全透明的竞争性市场中，经营者了解消费者对质量担保的偏好，而消费者同样理解质量担保条款中的风险分配对自身利益的影响，假定经营者提供质量担保的成本为10元，若消费者对质量担保条款的支付意愿更高(假定为15元)，于此竞争机制会迫使经营者主动通过格式条款提供质量担保以获取交易机会，且由于消费者对质量担保的支付意愿更高，即便经营者不提供质量担保并将其节约的成本转化为价格的下降(价格降低10元)，但支付意愿更高意味着消费者会认为价格的下降(10元)不足以补偿无法获取质量担保所带来的预期利益减损(15元)，最终竞争机制促成的市场合意为经营者在格式条款中提供质量担保。与之类似，若消费者对质量担保的支付意愿(假定为5元)低于经营者的成本，提供质量担保的经营者将因价格的上升丧失交易机会，于此不提供质量担保将成为最有效率的市场合意，若立法者或法院将质量担保条款强制订入合同则会使消费者不得不为其评价不高的事物承受更高价格，同时价格提升引发的销量下降将导致部分消费者的需求无法满足，从而产生无效率的资源配置结果。

即便将约束条件放松至垄断市场，信息透明仍可促成市场合意的实现，通说认为垄断者攫取消费者剩余的路径为减少产出、提高价格，[②]利用格式条款压榨消费者剩余并非垄断力的主要变现方式。仍以前述质量担保条款为例，若消费者的支付意愿(15元)高于垄断者提供质保的成本(10元)，不提供质量担保将会导致消费者偏好无法实现从而引发需求的减少，理性的垄断者会提供满足消费者偏好的质量担保条款以扩张或至少维持需求总量，在此基础上减少产出才能带来更多的垄断利润回报。因而垄断并非影响市场合意成就与否的关键因素，国外学者对软件合同的调研表明垄断市场与

---

① 参见[奥]哈耶克：《个人主义与经济秩序》，贾湛等译，北京经济学院出版社1989年版，第90页。

② 参见[美]赫伯特·霍温坎普：《联邦反托拉斯政策——竞争法律及其实践》，许光耀等译，法律出版社2009年版，第13页。

竞争市场中的条款质量并无差别之事实也部分验证了这一观点。[①] 当然,现实市场条件下消费者拥有多元化需求,其可能对质量担保条款形成截然相反的偏好,若市场是竞争性的,则信息透明会自发促成市场合意在不同类别的条款上得以形成,即处于竞争关系的经营者将分别致力于满足消费者群体不同类型的质量担保条款偏好,从而形成多元化的市场合意;[②]若市场是垄断性的,垄断者仍有激励提供能满足多数需求的条款,[③]无论该需求是提供担保还是不提供担保,在此基础上仍可形成有效率的市场合意,虽然其代价是少数人的需求无法实现或须以较高成本实现,但对其干预往往会产生更加无效率的结果:少数人需求的满足以多数人需求落空为代价。[④]

(二)内部条件

市场合意得以形成的内部条件是消费者的理性决策,经济学将理性描述为符合特定准则的行为方式,即在外部条件约束下,决策者通过显性或隐性的成本效益分析方法实现自身偏好的过程。严格的期待效用理性选择范式要求决策者应遵循可通约性(commensurability)、传递性(transitivity)、偏好一致(invariance)、同质抵消(cancellation)以及占优性(dominance)等规则,对各个备选方案进行比较分析以挑选出能够最大化自身效用的选项。[⑤] 虽然就个体角度而言,现实中的消费者通常不会遵循此种严格的效用最大化决策流程,而是会在对决策成本与收益进行权衡的基础上采取次优的满足(satisfactory)策略,[⑥]不过市场合意的着眼点为群体层面的交易均衡,只要

---

① Marotta-Wurgler 对 647 种软件授权协议的实证研究表明无论是竞争性市场还是垄断性市场,合同条款并不存在太大差异。换言之,竞争并未改变软件授权合同的"质量",不过 Marotta-Wurgler 并未对此种合同条款究竟是有利于消费者还是经营者并未进行评价。See Florencia Marotta-Wurgler, "Competition and the Quality of Standard Form Contracts: The Case of Software License Agreements", *Journal of Empirical Legal Studies*, 2008, pp. 447 – 475.

② 普里斯特教授指出,在消费者显示多元化需求的情况下(如通过少数精明人的知情决策或重复购买等),经营者会针对此种需求提供多元化的质量担保条款。See George L. Priest, "A Theory of the Consumer Product Warranty", *Yale Law Journal*, 1981, p. 1347.

③ See Alan Schwartz, "Seller Unequal Bargaining Power and the Judicial Process", *Indiana Law Journal*, 1974, p. 380.

④ See Russell Korobkin, "Bounded Rationality, Standard Form Contracts, and Unconscionability", *University of Chicago Law Review*, 2003, p. 1213.

⑤ See Russell B. Korobkin, Thomas S. Ulen, "Law and Behavior Science: Removing the Rationality Assumption from Law and Economics", *California Law Review*, 2000, p. 1064.

⑥ See Herbert A. Simon, "Rationality as Process and as Product of Thought", *The American Economic Review*, 1978, p. 10.

市场中的部分消费者能够对条款进行一定程度的比较分析以寻求更有利的交易条件,经营者为满足该部分消费者需求提供的条款将能使消费者群体受惠,该原理被法经济学学者称为少数精明人(informed minorities)的市场约束效用。①

具言之,消费者市场行为的目标可被概括为获取质价相符的产品或服务,需求的主观性意味着对于质价是否相符不存在绝对客观化的判断标准,②不过一个合理的推论是,消费者会在比较选择的基础上对交易质量和价格进行分析,以缔结能够满足其主观偏好的"划算"交易。这种比较选择会产生强大的需求压力,迫使经营者提供能够满足消费者需求的交易条件。仍以前述质保条款为例,市场中的大部分消费者可能并不关心质保条款内容,质保条款的好坏或质量高低并不影响这类消费者的最终决策。但是市场中也会存在部分更关注质保条款的精明消费者,其会对不同经营者的质保条款进行比较选择进而作出消费决策。由于经营者难以识别哪些消费者更关注质保条款,而格式条款的标准化交易模式又要求经营者需要向包括精明消费者在内所有潜在消费者提供内容一致的质保条款。此时,若经营者提供质量较差的质保条款,即便大部分消费者的购物决策不受影响,但是这种行为必然会导致其丧失与精明消费者的交易机会;若经营者提供能够满足精明消费者需求的条款,则大部分消费者的购物决策仍不受影响,但是经营者可以额外获取与精明消费者的交易机会。因此理性的经营者会出于最大化交易机会的动机提供能够满足精明消费者需求的质保条款,如此则不关心质保条款的大部分消费者亦可以获得质量更高的质保条款,少数精明消费者比较决策所产生的需求压力最终促成能够增进全体消费者福利的市场合意之实现。③"汉宁森案"之后美国汽车行业质量担保条款内容的变化可在某种程度上验证上述原理,该案中法院认定车企提供的质量担保条款显失公平,但司法裁判的否定评价方式使其不可能指示何种条款才是公平的,判决生效后美国四大汽车制造企业不仅从合同中剔除了免责格式条款,扩大了质量担保范围,并在此后的6年时间里逐步将质量担保期限

① Alan Schwartz & Louis L. Wilde, "Imperfect Information in Markets for Contract Terms: The Examples of Warranties and Security Interests", *Virginia Law Review*, 1983, p. 1387.

② 经济学理论认为不存在对"质量"的客观化判断标准,无论是高质量高价格的匹配,抑或是低质量低价格的组合,只要能够满足消费者需求,均是"有效率"的结果。See Peter J. Hammer & William M. Sage, "Antitrust, Health Care Quality, and the Courts", *Columbia Law Review*, 2002, pp. 555 – 556, 612.

③ See Russell Korobkin, "Bounded Rationality, Standard Form Contracts, and Unconscionability", *University of Chicago Law Review*, 2003, p. 1215.

从此前的90天或4000英里逐步提升至5年或50,000英里,[1]传统的谈判地位不对等原理明显无法解释这一过程,汽车行业在判决后的几年间仍为寡占的市场结构,且仍通过不可磋商的格式条款提供内容均一化的质量担保,[2]对条款"质量"改善的合理解读当为个案裁判使质量担保条款成为消费者关注的焦点,随着越来越多消费者将该条款纳入比较决策范围,此种需求压力迫使那些处于寡占地位的经营者也不得不改良条款质量,并最终形成新的能够体现市场合意的交易均衡结果。

四、市场合意的阻却事由与矫治路径

上文的分析表明信息透明与理性决策为市场合意形成的必要条件,但显而易见的是现实市场交易中外在的信息与内在的理性均存在不同程度的欠缺,虽然传统规制原理也或多或少地关注这两方面的问题,然而分析视角的局限性影响了其结论的逻辑融贯性和解决方案的妥适性,如对于说明义务的分析常陷入主观知情决策与客观知情决策相冲突的窠臼,[3]司法裁判中个案理性人的塑造亦常造成判决结果的抵牾,[4]因而需要在竞争机制与个别交易互动的视角下重新审视信息和理性对交易均衡的系统性影响,从而为规制活动提供更为融贯的规范指引。

(一)市场合意的阻却事由

1. 信息问题

与产品质量或证券市场领域的信息不对称有所不同,格式条款交易中的信息不对称并非源于信息供给不足,而是经营者的信息提供方式和消费者的信息处理模式相互作用引发的信息传播受阻。

具言之,消费者通常会对决策成本与收益进行权衡,当决策涉及的信息处理成本过高时,理性的做法当为忽略部分不重要的信息以降低决策成本,即信息成本的存在会迫使消费者放弃审阅部分条款。信息成本涉及信息获取、信息理解与信息比较三个

---

① See Alan Schwartz, "Seller Unequal Bargaining Power and the Judicial Process", *Indiana Law Journal*, 1974, p. 385.

② 约翰斯顿指出,"汉宁森案"中法院将全行业统一的质量担保条款视为经营者滥用垄断地位盘剥消费者利益之论断的解释力弱,其无法说明为何会形成全行业统一的格式条款,如果按照该裁判思路,"汉宁森案"后车企改良的条款同样应受规制。See Jason Scott Johnston, "The Return of Bargain: An Economic Theory of How Standard-Form Contracts Enable Cooperative Negotiation Between Businesses and Consumers", *Michigan Law Review*, 2005 - 2006, p. 862.

③ 马宁:《保险人明确说明义务批判》,载《法学研究》2015年第3期。

④ 马辉:《格式条款规制标准研究》,载《华东政法大学学报》2016年第2期。

方面,现实交易中经营者采取细小字体等印刷方式会增加消费者获取信息的成本,同时条款内容的专业性和复杂性会导致信息理解成本的上升,此外,由于消费者的市场行为以比较决策为前提,因而需要对不同经营者提供的条款进行比较分析,条款陈述方式的非标准化会带来比较成本的上升。① 需要指出的是,传统私法的个人主义视角使其更关注信息获取与信息理解问题,如印刷版式是否清晰显著、条款内容是否通俗易懂等,而在竞争机制的视阈下,获取与理解条款信息仍为必要,但信息提供方式是否有助于消费者的比较决策为市场合意能否形成的关键。高昂的信息比较成本将对消费者的比较询价产生阻却效果,导致其往往仅在比较个别条款的基础上作出决策,虽然此种对信息的有意裁减是否构成传统私法体系中的意思表示瑕疵仍存争议,但其无疑会降低消费者群体对信息的利用效率,相应地,部分条款将不会受到需求压力的约束,经营者群体可在此类条款上展开探底竞争,②于此将产生信息市场失灵。

2. 有限理性

西蒙(Simon)和卡尼曼(Kahneman)对有限理性的研究推动了经济学理论在最近半个多世纪的重大革新,两人先后获得诺贝尔经济学奖表明有限理性至少已成为社会科学研究中不可忽视的一个因素。20世纪90年代以降,行为法律经济学的异军突起吹响了有限理性进军法学研究领域的号角,尽管学理上的论争仍在持续,但该理论对消费者保护的规制实践正产生日渐明显的影响,美国的消费者金融保护局(Consumer Financial Protection Bureau,CFPB)、信息与规制事务局(Office of Information and Regulatory Affairs,OIRA)以及欧盟的消费者保护政策等均已大量接纳了行为法律经济学的观点。

与信息成本相仿,有限理性同样会导致消费者忽略部分条款信息进而引发市场失灵,不过区别在于信息成本问题产生"广谱式"市场失灵,其仅能指明易于招致市场失灵的条款之形式特征:不清晰、不通俗或可比较性欠缺等,并不预设市场失灵的范围;而有限理性则会引发"定向式"市场失灵,其可以揭示易于招致市场失灵的条款之内容特征,进而对市场失灵的范围提供更为精确的指示。质言之,有限理性为集合性概念,其涵盖了各种经由心理学实验和实证调研揭示的认知局限,如乐观偏见、短视、损失厌恶、易得性直观推断、有限意志力、概率忽视、框架效应等,③这些因素导致人们的行为往往偏离期待效用理性选择模型,在格式条款交易中,其会使消费者忽略涉及远期风

① 马辉:《格式条款信息规制论》,载《法学家》2014年第4期。

② 参见[英]休·柯林斯:《规制合同》,郭小莉译,中国人民大学出版社2014年版,第307~308页。

③ See Christine Jolls, Cass R. Sunstein, Richard Thaler, "A Behavioral Approach to Law and Economics", *Stanford Law Review*, 1998, p. 1541.

险的利益分配条款,如违约责任条款、责任免除条款、强制仲裁条款、管辖权条款、单方解约权条款、弃权条款等,[①]虽然此类条款上常存在高昂的信息成本,但即便消费者能够以较低成本获取信息,条款所涉情势的远期性和不确定性使有限理性的普通消费者难以应对,忽略此类条款不啻为某种意义上的"理性"决策。[②] 于此,经营者的探底竞争同样导致条款的质次价高,行为法律经济学称之为"行为市场失灵"。[③]

(二)市场合意的矫治路径

对于信息成本引发的"广谱式"市场失灵,可行的矫治路径为降低信息成本以尽可能促成市场合意在较大范围内实现,有限理性引发的"定向式"市场失灵则难以通过信息的方式完全化解,对条款的内容规制当属必要。

1.信息规制

如前所述,信息成本问题的症结在于条款信息的提供方式不利于消费者群体的比较选择,因此提供易于比较的信息是推动市场合意实现的有效路径。条款的清晰显著、通俗易懂是比较决策的基础,统一条款信息呈现和表述的标准有助于进一步增强条款的可比较性。

首先,在条款外观方面,字体、字号、印刷位置等版式因素无疑会影响条款的显著程度,而版式的统一与否同样会对比较决策成本产生影响,对于消费者关注度较高的价格、数量、服务内容等条款,可以要求经营者采取相同的印刷版式以方便消费者比较选择,如美国消费者金融保护局发布的合同范本中包含统一的印刷版式要求,其目的正在于推动消费者比较决策。[④] 其次,在条款表述方面,陈述方式的不统一不仅会增加消费者的条款比较成本,同时亦可能造成对消费者的误导,如价格条款计量单位的不统一所引发的"大包装比小包装贵"的现象,标准化条款陈述方式有助于解决该问题,其包括基准和度量两个方面,统一的计量单位、计算方式、专业术语名称、条款称谓等有助于形成条款比较的基准,而采取数字、评分、评级等度量方式则可便于消费者比较条款"质量",如欧盟价格提示指令的标准单位价格提示规则、美国证券交易委员会在

① See Melvin Aron Eisenberg, "The Limits of Cognition and the Limits of Contract", *Stanford Law Review*, 1995, p. 225.

② 参见[美]盖多·卡拉布雷西:《事故的成本——法律与经济的分析》,毕竟悦等译,北京大学出版社2008年版,第49页。

③ See Cass R. Sunstein, "The Storrs Lectures: Behavioral Economics and Paternalism", *Yale Law Journal*, 2013, pp. 1842 – 1852.

④ See Dodd-Frank Wall Street Reform and Consumer Protection Act(2010). Sec. 1032, 12 USC § 5532.

财务信息披露中倡导的 XBRL 数据标签(tagged information)技术等,[1]均是通过标准化信息陈述方式降低信息比较分析成本。

2. 内容规制

对于有限理性引发的行为市场失灵,改良条款信息的提供方式并不足以确保消费者阅读条款进而形成市场合意,深度的内容规制当属必要。由于市场合意本质上为离散化的个别交易在竞争机制作用下形成的买卖双方的群体性交易均衡,其间竞争机制充当了经营者和消费者群体之间集体磋商的桥梁,市场失灵则意味着消费者群体在该磋商过程中的集体"失声",相应地,经营者群体对交易结果产生了单方支配力量,其导致普遍性的条款"质量"低劣。

当"无形之手"支配下的间接磋商机制失灵时,通过"有形之手"促成双方群体直接磋商以形成满足多数人需求的行业性标准化条款摹本当属妥适路径。[2] 此种模式在集体劳动合同中已广泛适用,且与既有的合同法理论存在共通之处,如约定不明或条款被确认无效后应以满足多数缔约方需求的条款填补合同空白,以及合理期待规则中以满足多数消费者需求的条款替换不公平的格式条款等,不过私法体系的被动性使其将提供条款的职责更多交予法院的事后裁量而非事前的集体磋商机制。相较之下,摹本起草过程中的多方参与有助于形成能够满足交易双方群体中多数人需求的条款,从而实现合同自由的集体层面重塑。[3] 不过经由集体磋商创设条款摹本仅为内容规制的基础性环节,在此基础上仍应创设偏离条款摹本的程序性控制机制,以避免内容规制对合同自由的过度压制。

具言之,集体磋商虽然可以确保条款摹本满足多数缔约方需求,进而使其具有较强的实质正义品格,但此种整齐划一的公平条款显然不可能满足所有消费者需求,且条款起草过程中的代表性不足等问题亦会使此种公平品格受到侵蚀,因而允许当事人(主要是消费者)经由合意偏离条款摹本能够确保个别交易中的选择自由得以实现。偏离机制的设计应以激发充分的意思自治为目标,单纯地要求经营者揭示偏离条款的

---

① See Cass R. Sunstein, "Empirically Informed Regulation", *University of Chicago Law Review*, 2011, pp. 1386 – 1387.

② 参见[英]休·柯林斯:《规制合同》,郭小莉译,中国人民大学出版社2014年版,第257页。

③ 参见[德]卡纳里斯:《债务合同法的变化——即债务合同法的"具体化"趋势》,张双根译,载《中外法学》2001年第1期。

内容并不足以确保较高程度的合意,[①]行为法律经济学的研究表明作为实质公平标准的条款摹本能够对消费者产生心理上的黏性(stickiness),[②]围绕此种黏性增加偏离条款摹本的成本可有效提升偏离行为的合意度。在要求经营者预先将摹本条款纳入合同的基础上,可采用的偏离控制机制包括以下几种方式,如要求经营者将摹本条款与偏离摹本的条款采取比照的方式呈现给消费者,于此摹本可发挥决策参照点的效果,[③]相应地,只有偏离条款能够更好地满足消费者需求时,其才愿意选择以该条款缔约,而此种选择也意味着更高程度的合意。此外,还可以进一步增加消费者选择偏离条款的成本以激发合意,如在呈现摹本条款与偏离条款的同时要求消费者主动勾选偏离条款方可视为其愿意摆脱摹本条款的约束,或者要求消费者抄写偏离条款,乃至要求其必须经过特定测试程序方可选择偏离条款等,[④]偏离成本的逐步增加有助于确保偏离行为真实反映消费者的意思自治。

当然,对于上述的标准化信息规制和条款摹本机制可能存在两方面的质疑:其一,是否过度限制合同自由;其二,是否会引发反竞争效果。对于第一个问题,标准化的信息规制仅涉及条款信息的提供形式,并不干涉权利义务分配的实体内容,因而不会对合同自由产生实质性影响。[⑤] 而条款摹本的半强制力虽然会对合同自由产生实体限制,但一方面,消费者对远期风险条款的忽略意味着多数人对于此类条款并无太多行使选择自由的意愿;另一方面,偏离机制亦可以确保少数消费者的合同自由不受限制,尽管其需要承担一定的选择成本。对于第二个问题,标准化信息规制会提升市场中信

---

① 如德国《民法典》不允许以条款的清晰易懂作为免除内容规制的正当理由,其原因正在于此种情形不足以确保消费者的意思自治能得以充分实现,参见朱岩编译:《德国新债法——条文及官方解释》,法律出版社2003年版,第114~115页。

② See Omri Ben-Shahar, John A. E. Pottow, "On the Stickiness of Default Rules", *Florida State University Law Review*, 2006, p. 652; see also Russell Korobkin, "Inertia and Preference in Contract Negotiation: The Psychological Power of Default Rules and Form Terms", *Vanderbilt Law Review*, 1998, p. 1583.

③ 美国学者将其称为默认规则的信息传递作用,即默认规则所揭示的利益分配模式代表了立法者或多数人的欲求,其可以成为决策的参照点,参见Bruce Ian Carlin, Simon Gervais & Gustavo Manso, "Libertarian Paternalism, Information Production, and Financial Decision Making", *The Review of Financial Studies*, 2013, p. 2207。

④ See Ian Ayres, "Regulating Opt-Out: An Economic Theory of Altering Rules", *Yale Law Journal*, 2012, pp. 2076-2077.

⑤ 参见应飞虎、涂永前:《公共规制中的信息工具》,载《中国社会科学》2010年第4期。

息的透明度,反垄断法理论认为其可构成默示合谋的便利条件,①不过若市场结构不利于合谋,则此种担心殊无必要,即便市场中出现了有利于合谋的寡占结构,对其的规制仍须满足特定的行为要件,而反垄断法理论和实务对此已有足够的警惕。相比之下,标准化条款摹本会产生多元化消失的竞争受限表象,不过反垄断法的规制重心为价格竞争,对非价格竞争的减弱采取了较宽容的态度,②如对于不具有排斥效果的产品质量标准化给予的反垄断豁免,③条款摹本同样是对非价格交易条件的标准化,且相比产品或服务质量标准化,条款摹本的创设并不涉及人员资质、知识产权、固定资产投入等可能产生排斥效果的因素,相应地,条款摹本不大可能产生应受规制的反竞争效果。

五、市场合意原理融入现有规制体系的路径

(一)私益规制与公益规制的结合

通说认为,现代民法的格式条款规制体系可被划分为缔约过程规制与合同内容规制两大部分,④其中,过程规制以促成缔约方的合意为目的,主要规制手段为向经营者施加信息提供义务,如我国《民法典》第496条、《保险法》第17条、《消费者权益保护法》第26条第1款的说明义务,德国《民法典》第305条的条款订入规则、美国《合同法重述》第211条的出人意料条款剔除规则等;内容规制则以恢复实质性的给付均衡为目的,主要规制手段是授权法院对从实质公平的角度对条款内容进行事后控制,如我国《民法典》第497条、《保险法》第19条、《消费者权益保护法》第26条第2款的无效制度;《民法典》第498条、《保险法》第30条的不利解释规则;德国《民法典》第308条、第309条的不公平条款清单;美国保险法司法实务中衍生的合理期待规则等。虽然上述规则部分偏离了将私法自治奉为圭臬的古典合同法传统,但贯穿其中的私法话语体系使其形成了特定的路径依赖:规制目的方面的个体利益保护和规制手段上的消极评价模式,其导致竞争利益很难在现有规制体系中找到合适的位置。前文的分析表明,格式条款的交易不公可被视为市场失灵在个别交易的投射,因而从竞争机制的角度寻求解决方案至少是值得尝试的路径,然而私法体系之功能更多在于为市场中的分散决

---

① 参见[美]霍温坎普:《联邦反托拉斯政策——竞争法律及其实践》,许光耀等译,法律出版社2009年版,第193~194页。

② See Neil W. Averitt, Robert H. Lande, "Using the 'Consumer Choice' Approach to Antitrust Law", *Antitrust Law Journal*, 2007, p. 186.

③ See European Commission Notice, Guidelines on the Applicability of Article 81 of the EC Treaty to Horizontal Cooperation Agreements, OJ C 3/2, 6. 1. 2001, para. 169 – 175.

④ 参见[英]P. S. 阿狄亚:《合同法导论》,赵旭东等译,法律出版社2002年版,第31~32页。

策提供支持，其欠缺对竞争状况进行评价的话语工具，从而难以通过自我参照式的内部推演得出妥适的市场失灵应对方案。不过这并不意味着作为规制工具的私法对市场失灵一筹莫展，当外部视角的分析表明可通过调整私法的权利义务结构来克服市场失灵时，私法体系有充分的弹性将其纳入，①相应地，基于经济学、心理学等社会科学视角得出的市场合意原理可以与现有的私法规制体系协调，以实现更优的规制效果。

作为市场机制的支撑制度，私法体系通过财产权与合同制度鼓励私人主体自由追求各自的经济目的，其可被视为私益规制工具，不过当私人利益损害并非由个体行为引发，而是源于外在的竞争机制时，私益视角的私法规制开始捉襟见肘。一方面，法院很难在个案中将处于同等地位的其他主体利益整合入裁判结果，从而造成个案裁判常"将少许的不正义重新定义为集体的伤害"，②进而引发竞争机制的扭曲；另一方面，私法的否定品格无疑可为社会主体营造最大限度的自治空间，③但也为经营者逃避规制提供了诸多的可能性，当法院在个案中否定个别条款效力后，经营者总是可以对条款进行细微的调整以实现相同或类似的利益分配结果，④规制努力常被市场行为挫败。可以说，对竞争秩序的忽略导致私法规制常对其意欲保护的对象产生反噬效果。市场合意原理则侧重于从竞争机制的视角解读格式条款交易不公问题，其所派生出的信息规制与内容规制均意在矫治市场失灵，即通过维系良好的竞争秩序以使个别交易中的私人主体获得反射收益，可被视为基于公共利益的规制。⑤ 需要指出的是，公益规制并不完全等同于公法规制，虽然其常采取公法实施路径，但亦存在以私法路径增进公共利益的可能性，如私法体系可通过引入强制性规范来实现家长主义或分配效率之公益目标，⑥因此，公益规制属性的市场合意原理可被整合入私益规制属性的现有规制体系，实现公共规制与私法规制的协作。

（二）过程规制与内容规制的具体化

首先，在缔约过程规制方面，信息规制属于典型的事前规制工具，⑦因此，条款外观

---

① 参见[英]休·柯林斯：《规制合同》，郭小莉译，中国人民大学出版社 2014 年版，第 60 页。

② 同上书，第 77 页。

③ 易军：《"法不禁止皆自由"的私法精义》，载《中国社会科学》2014 年第 4 期。

④ 参见[德]海因·克茨：《欧洲合同法》（上卷），周忠海等译，法律出版社 2001 年版，第 204 页。

⑤ 参见[英]安东尼·I. 奥格斯：《规制：法律形式与经济学理论》，骆梅英、苏苗罕译，中国人民大学出版社 2006 年版，第 2 页。

⑥ See Duncan Kennedy, "Distributive and Paternalist Motives in Contract and Tort Law, with Special Reference to Compulsory Terms and Unequal Bargaining Power", *Maryland Law Review*, 1982, p. 563.

⑦ 应飞虎、涂永前：《公共规制中的信息工具》，载《中国社会科学》2010 年第 4 期。

与陈述方式的标准化揭示规则更适宜由专业机构创设,在实施机制方面,除行政机关的公共实施外,其亦可作为说明义务的履行方式被整合入现有私法规制体系,提升规则适用的明确性和稳定性,且私法实施的分散特质也有助于弥补公共实施信息不足的问题。具言之,现有说明义务规则备受诟病的一个重要原因即规范内涵的模糊性,这导致该规则在司法裁判中常被异化为法院实施隐性内容规制的"口袋条款",学界对该现象的批判之声不绝于耳,因而多有学者指出应将说明义务简化为形式化的信息提供义务,①相应地,标准化信息揭示规则可作为形式化信息提供义务的具体履行方式被整合入说明义务条款,公共规制标准进而转化为私法规制标准,该转换可为法院判断经营者的说明义务履行行为提供更明确的指引和约束,避免司法裁判的恣意。

其次,在合同内容规制方面,我国现有规制体系中的无效制度、不利解释规则在司法适用中同样产生了裁判冲突,其症结是法院缺少对合同条款进行实质正义评价的基准,②虽然任意性规范可发挥实质公平的范式作用,但数量有限的任意性规范与爆炸式增长的交易类型之间存在难以弥合的鸿沟,于此集体磋商形成的标准化条款摹本可提供更加情境化的条款公平基准,同时围绕条款摹本构建的选择退出机制可为实质公平的审查融入程序性因素,司法评价的重心可从进行实质正义评价的泥沼转移至对偏离程序的形式化判断,即若偏离条款满足了前述的条款比照、主动勾选、手抄、培训测试等程序性要求,且并未违反立法的禁止性规定时,法院可认可偏离条款的效力;反之,则可认定偏离条款无效,进而用条款摹本填充合同空白,于此司法裁判的稳定性得以提升,同时条款摹本的存在亦可使个案中对偏离条款的效力否定不至于对同类型交易产生溢出效果,个案裁判对市场交易结构的不当影响得以避免。

此外,上述的合作规制安排中还须考虑的一个问题是法院是否以及如何审查行政机关出台或牵头制定的具体化规则。对于信息揭示规则和条款摹本的偏离规则,其制度设计需要对消费者决策行为进行专业化分析实验,如近年来美国和欧盟规制机关采用的随机对照实验等,③由于法院欠缺此类专业知识,因而司法审查原则上应限定为对规则创设程序的形式化审查,行政机关行为应获得较高的司法遵从;对于条款摹本,一方面,法院需要对摹本创设过程中是否存在集体磋商进行程序性审查;另一方面,法院还须对条款摹本的内容是否违反法律法规的禁止性规定进行内容审查,确保条款摹本

---

① 参见马宁:《保险人明确说明义务批判》,载《法学研究》2015年第3期;陈群峰:《保险人说明义务之形式化危机与重构》,载《现代法学》2013年第6期。

② 马辉:《格式条款规制标准研究》,载《华东政法大学学报》2016年第2期。

③ See Esther Duflo and Emmanuel Saez, "The Role of Information and Social Interactions in Retirement Plan Decisions: Evidence from a Randomized Experiment", *Quarterly Journal of Economics*, 2003, p. 839.

的权利义务分配落入强行法许可的范围内。

六、结语:社科法学与法教义学在私法规制领域的交汇

需要指出的是,本文的市场合意原理大量借鉴了经济学、认知科学等社会科学理论,此种社科法学范式可能与格式条款规制领域惯常的教义学研究相异,但这绝非投机取巧的包装,而是存在必要的实践和理论缘由的。

在实践层面上,社科法学的经验思维和结果导向使其能在更加宽广的视野下理解和把握复杂的社会经济生活,有助于提升规制活动的精确性和实效性。诚然,法教义学的固有功能之一即抽象规则的具体化,①但前文的分析表明,私法话语裁剪的"谈判地位不对等"难以得出明确的规制方案和融贯的规制逻辑,相应地,此种归因错位造成教义学推理往往异化为判决结果的矫饰,正如说明义务司法裁判中法院常对经营者应当如何履行说明义务语焉不详,无效制度的适用中法院亦难以言说条款不公平的理由何在,②该困境正是源于私法语言在对标准化交易关系的"转码"中遗漏了诸多重要的事实细节,于此,社科法学可提供更为详尽的经验素材充实和修正教义学框架,如前述标准化信息揭示规则对说明义务履行方式的具体化,条款摹本对于实质公平基准的填充,均可为法教义学的封闭推理链条补充其所欠缺的齿轮,而教义学框架则可对此类经验导向的具体化规则进行过滤和检验,确保其与既有规范体系的无缝对接。经过教义学—社科法学—教义学的论证循环,抽象规则的细节得以填充,司法裁判的稳定性和实效性得以增强。

在理论层面,社科法学与法教义学的范式竞争引发了国内学者的广泛论争和探讨,虽然论战的硝烟未尽,但一个基础性的理论共识是,社科法学的经验/结果导向与法教义学的规范/逻辑思维各有其优缺点,两者存在合作的空间与可能性,不过现有的研究多是从抽象功能层面强调两种范式可弥补对方之不足,如社科法学提供的经验素材可充实和修正法教义学框架,③法教义学为社科法学的经验素材筛选提供规范框架的过滤和检验等,④鲜有提及此种范式合作如何在部门法层面展开。本文对格式条款规制原理的探讨提供了部门法层面范式合作的思路:当特定规则无法从法教义学的内在体系化视角获取逻辑支撑时,运用社科法学获取外部经验素材的需求得以产生。就

---

① 汤文平:《民法教义学与法学方法的系统观》,载《法学》2015年第5期。

② 马辉:《格式条款规制标准研究》,载《华东政法大学学报》2016年第2期。

③ 李晟:《实践视角下的社科法学:以法教义学为对照》,载《法商研究》2015年第4期。

④ 宋旭光:《面对社科法学挑战的法教义学——西方经验与中国问题》,载《环球法律评论》2015年第6期。

私法体系而言,诸如弱势群体保护之类的特殊政策考量可成为沟通社科法学与法教义学的媒介。具言之,私法维持体系中立的关键在于高度精粹的、技术性的话语体系,①一方面,其使私法能够在波涛汹涌的社会变迁面前屹立不倒;另一方面,也借此形塑了私法的自我参照性和封闭特质。② 经由教义学的加持,该话语体系的内在逻辑推演日趋精致严谨,与之相伴的则是私法涵摄的"规范事实"与真正的"经验事实"渐行渐远。诚然,该事实裁剪通常不会对教义学式的逻辑推演造成太大障碍,反倒为私法体系的内在统一性和规范效果的稳定性所必需。③ 然而,当私法必须对社会变迁作出回应进而需要将消费者保护等政策考量因素纳入其中时,该政策考量所依据的事实基础与内化于私法体系的规范事实不尽相同,相应地,教义学分析可能引发规范逻辑的不自洽与规范效果的不稳定。于此,社会变迁引发的特殊政策考量可被视为打开了私法通往外部世界的窗口,经济学、社会学、认知科学等外部视角的分析可借助该窗口向私法输送更加全面的社会生活信息,这些经验事实再经由法教义学的筛选转换为新的制度性事实,法教义学和社科法学借助政策考量这一媒介进行的交流合作最终可促成私法规则体系的改良。

---

① 苏永钦:《走入新世纪的私法自治》,中国政法大学出版社 2002 年版,第 5 页。

② [英]休·柯林斯:《规制合同》,郭小莉译,中国人民大学出版社 2014 年版,第 36 页。

③ [德]卡尔·拉伦茨:《法学方法论》,陈爱娥译,商务印书馆 2004 年版,第 319 页。

我国未授权移动支付责任承担的失衡与矫正路径*

闫夏秋**　邓韫璟***

目　次

随着金融市场不断改革发展,移动支付行业迅速崛起并逐渐代替现金支付成为主流支付方式。移动支付行业的安全保障机制、消费者个人信息保障机制等制度尚不健全,密码失窃、诈骗链接等未授权移动支付事件频发。以与支付宝(中国)网络技术有限公司(以下简称支付宝公司)有关的未授权支付民事判决为例,2017 年至 2020 年 5 月共 52 起判决诉讼,①消费者的败诉率(法院判决由消费者承担全额责任的案件)为 57.7%,在消费者胜诉案件中,部分案件消费者仅获得部分赔偿。在未授权移动支付的责任承担中,消费者往往成为不利一方。制度的设计需要考虑金融资源的正义配

---

* 基金项目:2019 年江苏省社会科学基金项目研究成果"移动支付时代非银行支付机构法律监管研究"(19FXC001)。

** 河海大学法学院讲师,法学博士。

*** 河海大学民商法研究所研究人员。

① 资料来源:中国裁判文书网:http://wenshu.court.gov.cn/。检索关键词:支付宝(中国)网络技术有限公司,检索类型:判决,检索时间:2017 年 1 月 1 日至 2020 年 5 月 31 日,最后访问日期:2020 年 6 月 15 日。

置。[①] 消费者风险自负的未授权支付责任承担制度出现消费者权益保障困境。

一、未授权移动支付责任承担的制度失衡

移动支付的整个过程涉及的法律关系繁多,其中银行、支付机构等机构与消费者之间的法律关系是未授权支付责任分配的前提。[②] 支付机构、银行等经营主体与客户(也就是消费者)之间的服务协议(如支付结算服务合同、金融服务合同、认证服务合同、移动通信服务合同)均为事先拟订好的格式合同。单纯依赖形式公平,以消费者与机构之间平等民事主体地位和民事合同关系来确定双方当事人的责任分配会出现制度失衡。

(一)未授权移动支付的权利义务失衡

未授权移动支付责任的确定依赖于消费者与机构之间服务协议所确定的权利义务。支付机构、银行等机构制订的服务协议在性质上属于格式合同,受《民法典》合同编一般规定及格式合同特殊规定[③]约束。然而格式合同天然地倾向于保护格式合同提供方的权益。当发生未授权移动支付时,丧失规则制定权的消费者无法维护自身合法权益。

1. 经营者的义务较轻。首先,经营者的提请注意义务未能得到切实履行。以《支付宝服务协议》[④]为例,其正文82条条款中仅有28条未使用加粗字体,仅通过加粗文本字体方式在事实上不足以引起消费者注意。[⑤] 其次,在服务协议制订后,各机构有权不定期对协议内容进行修改,这会侵害消费者的知情权。我国支付平台等机构在协议更改后仅通过App推送通知、官方网站发布等方式进行公告,并规定消费者在政策更

---

① 参见黎四奇、李时琼:《对余额宝所引发法律问题的思考——基于金融创新的视角》,载《中南大学学报》(社会科学版)2014年第3期。

② 参见李建星:《互联网未授权支付的责任分担规则》,载《法律科学(西北政法大学学报)》2020年第4期。

③ 参见《民法典》第496条、第497条、第498条。

④ 《支付宝服务协议》,载支付宝网:https://render.alipay.com/p/f/fd-iztow1fi/index.htm,最后访问日期:2020年4月24日。

⑤ 研究表明,全面阅读主要网站的隐私政策,每人每年将平均花费200小时。参见[美]特伦斯·克雷格、玛丽·E.卢德洛芙:《大数据与隐私——利益博弈者、监管者和利益相关者》,赵亮、武青译,东北大学出版社2016年版,第32页。转引自颜苏:《金融控股公司框架下数据共享的法律规制》,载《法学杂志》2019年第2期。

新后继续使用相关服务即表示其自愿接受新政策约束。[①] 消费者不知晓相关条款变更却须承担不利后果，增加了消费者移动支付交易风险和不稳定性。

2. 未授权移动支付发生后，消费者的义务过多。消费者被强加提出疑问、咨询等更高的注意义务。《支付宝服务协议》规定消费者对条款有疑问时，通过在线客服或官方热线进行咨询。该条款将支付机构负有的解释说明义务转移至消费者。以易付宝为代表的部分第三方支付机构甚至未在协议中提及其解释说明义务。此外，《支付宝服务协议》规定在设备丢失、账号被盗用等情形发生后，消费者想要获得赔偿，须立即采取有效方式通知机构，机构在合理时间内采取有效措施。“立即通知”“合理时间”“有效措施”等措辞的解释权由机构享有，这实质上扩张了机构权利。

3. 诉讼管辖的确定不利于消费者维权。各机构在服务协议中规定诉讼管辖地为机构所在地，且未对文本中采用字体加粗等方式提请消费者注意。如《财付通服务协议》[②]约定将纠纷或争议提交至协议签订地（深圳市南山区）法院、《易付宝服务协议》[③]规定争议由本公司住所地法院管辖、《中国建设银行股份有限公司电子银行个人客户服务协议》中乙方（建设银行）住所地法院为管辖法院等。若未授权移动支付民事诉讼依照服务协议中的管辖格式条款确定管辖法院，那么消费者须到支付机构、开卡行等机构住所地法院起诉。移动支付不受地域限制，消费者遍布全国各地，确定管辖法院的格式条款更倾斜于经营者利益，加重消费者的诉讼成本负担。

（二）未授权移动支付中消费者的举证责任过重

在未授权移动支付民事诉讼中，消费者通常难以胜诉，须自行承担未授权支付财产损失及诉讼费用。在“谁主张，谁举证”的证明制度下，无法充分举证的消费者须承担败诉的后果。

在未授权移动支付领域，消费者的举证能力较弱。支付机构、银行等机构规模较大，其均建立了相应的用户信息数据库，能迅速监控、察觉移动支付中的异常动向，能全面、迅速、便捷地收集争议交易是否经消费者授权的证据。相比之下，当未授权移动支付发生时，作为普通大众的消费者无法迅速收集其未授权的证据，且向相关机构申请调取记录程序复杂、耗时较长。因此，在未授权移动支付纠纷中，消费者的证据收集

① 《蚂蚁金服隐私权政策》，载支付宝网：https://render. alipay. com/p/c/k2h4n8ug，最后访问日期：2020 年 4 月 24 日。

② 《财付通服务协议》12. 3，载财付通网：https://www. tenpay. com/zft/low. shtml，最后访问日期：2020 年 4 月 26 日。

③ 《易付宝服务协议》第 10 条，载易付宝网：https://sale. suning. com/all/regProtocol/yfbxy. html，最后访问日期：2020 年 4 月 26 日。

能力极为有限。但未授权移动支付的举证责任分配不合理。在未授权移动支付民事诉讼中,仅少数法院降低消费者的举证要求,只需消费者对其主张提出初步证据。[①] 大多数法院仍简单适用"谁主张,谁举证"的原则分配举证责任。如在陈某某与支付宝公司未授权移动支付案件中,[②]法官以"原告未提供充足证据证明其没有支出产品金额,应承担举证不能的不利后果"为由,判决原告败诉。在分配举证责任时,法院以双方订立合同系真实意思表示,适用合同条款以排除其他法律的适用。支付机构等机构在为消费者提供服务前,均与消费者订立合同,如认证服务合同、移动通信服务合同等,但该协议往往是电子格式合同,由消费者点击同意,其中规定"消费者自行承担风险和损失"的情形诸多,消费者并没有协商合同条款的机会。处于弱势地位的消费者举证能力低,却须承担举证不能的责任。法官单一地依据合同条款分配责任导致举证责任分配不合理,必然造成消费者难以胜诉的结果。

(三)未授权移动支付的损失分配不均

欺诈链接或盗刷具有短时间内多次盗取、免输密码、金额较大等特点,消费者会因难以及时察觉导致银行卡、支付平台账户余额被全部转出,消费者受损程度较高。在2017年至2020年5月与支付宝公司相关的未授权移动支付52起民事诉讼中,损失金额为1万~5万元的案件有23起,数量最多;损失金额为5万~10万元的案件有7起;损失超过10万元的案件有6起。在消费者胜诉的22起案件中,法院通常判决支付机构、银行等平台酌情承担部分责任(而非全部责任),消费者所获赔偿金额无法完全填补消费者实际损失,甚至少于消费者为此支出的诉讼成本。

1.用户协议免除机构责任,消费者责任承担无最高限额。支付平台、银行等机构普遍通过订立服务协议规定消费者承担责任的诸多情形,将自身责任转嫁给消费者承担,[③]形成机构责任的免责条款。[④] 多项条款明确规定账户失窃、设备丢失、信息冒用等情形下,消费者须自行承担风险和损失。而各机构对自身承担未授权移动支付责任

---

① 参见上海市第一中级人民法院(2018)沪01民终8526号:当账户持有人与支付宝公司之间就某项交易行为是否系盗用账户所谓发生争议时,应由账户持有人首先就其主张提出初步证据,如涉案支付宝账户是否为账户持有人本人开立,系争交易发生的时间、向支付宝公司提出异议的时间、向公安报案的时间等。

② 参见广东省深圳市中级人民法院(2019)粤03民终8757号。

③ 参见唐旭:《第三方电子支付平台法律监管制度的完善》,载《重庆社会科学》2019年第8期。

④ 如《微信支付用户协议》中规定"发生下列任一情形时,你应及时联系本公司的客服部门,以减少可能发生的损失……(4)第三人冒用或盗用你的身份信息或账户信息的;(5)其他任何未经你本人合法授权,却在使用你的微信号、本服务或你的银行账户的。若你未及时通知本公司,你应自行承担因此遭受的损失,但本公司存在故意或重大损失的除外。"参见《微信支付用户协议》2.3,载微信网:https://weixin.qq.com/cgi-bin/readtemplate? t=weixin_business_pay,最后访问日期:2020年4月25日。

的情形无明确规定,消费者在损害发生后因无合同约定而无法求偿。此外,我国未授权移动支付责任的承担均未规定消费者责任最高额限制。各机构通过服务协议限定其在发生未授权移动支付情形后,仅对消费者通知机构且机构未及时采取措施致使损害扩大的部分承担责任,这变相规定了机构责任最高限额。这种责任分配模式沉重打击消费者经济承受能力,增加了移动支付中消费者的风险。

2. 未授权移动支付案件的赔偿范围尚未明确。一方面,支付平台、银行等各机构的规定各不相同。如《微信支付用户协议》规定赔偿金额以其公司可以合理预见的消费者实际遭受的经济损失为限;《支付宝安全保障规则》明确赔偿金额不超过未授权移动支付产生的直接损失金额。另一方面,由于此类案件举证难且消费者胜诉率低等原因而使赔偿裁判标准尚未统一。在 2017 年至 2020 年 5 月与支付宝公司相关的未授权移动支付民事诉讼获得赔偿的 22 起案件中,法院判决相关机构赔偿未追回损失的本金的案例为 14 起,赔偿本金及利息的案例为 7 起,赔偿消费者的交通费、鉴定费等其他合理费的案例仅 1 起。法官对未授权移动支付民事诉讼的认定及赔偿范围的自由裁量空间较大,缺乏统一规范。

二、未授权移动支付责任承担的价值偏离

分配不公是未授权移动支付责任承担的表象。从其根源来看,未授权移动支付责任承担的关键在于价值选择的偏离,也就是过于注重形式公平而忽视实质公平。移动支付法律关系是平等主体之间形成的法律关系,但消费者与支付机构、银行之间的市场地位并不平等。消费者与支付机构、银行相比存在天然的信息弱势和规模弱势,单纯以平等主体之间的民事法律(如合同法)来确定责任分配显然有失偏颇,必然造成损害消费者权益的后果。

(一)未授权移动支付责任承担的特殊性

目前,我国法律对未授权移动支付的含义未作出明确界定。美国 1978 年《电子资金划拨法》将未经授权的电子支付界定为由消费者之外未取得发出支付指令实际授权的第三人所发出的,从消费者资金账户中划拨资金但该消费者在该支付中未获益的电子支付。依据理论概括,未授权移动支付主要指消费者以外的第三人在未取得消费者授权支付指令的情形下,将消费者银行卡、支付平台内的资金转出,而消费者对该笔交易拒绝追认。[①] 实践中主要表现为消费者移动支付账号密码被窃取、支付设备丢失而被非法冒用、点击诈骗短信链接后资金被盗取等情形。未授权移动支付的情形下将产

---

① 参见张敏:《论移动支付方式下未授权支付的民事法律责任》,载《学术论坛》2019 年第 3 期。

生两种法律后果:一是消费者能够追回全部财产损失;二是消费者未追回或未全部追回财产损失。在第二种情形下,将产生消费者与支付平台、银行、认证机构等主体之间的法律责任分配问题,即未授权移动支付的责任分配。在移动支付领域,未授权移动支付具有一定的特殊性。

1. 未授权移动支付责任主体的规模不对等。从主体地位来看,消费者与机构之间是平等主体之间的法律关系,但消费者与各机构之间的经济规模和经济实力相差甚远。相较传统支付方式,当移动支付发生未授权支付时,财产损失可能是由多个主体引起的,各平台违反义务的行为与消费者财产损失之间的因果关系具有复杂性,常表现为多因一果,责任主体难以认定。作为经济规模较大的机构兼具危险制造者的身份,其在危险发生时更应该承担责任,而不是依据服务协议逃避责任。

2. 未授权移动支付责任主体的信息不对等。一方面,未授权移动支付发生后,消费者处于弱势地位难以获取相关机构的数据信息,而各机构也可能由于技术水平有限,无法获取未授权移动支付发生的完整数据链。另一方面,未授权移动支付民事诉讼中证据多为电子数据,在证据收集过程中存在诸多风险。机构处于信息强势地位,有可能会篡改、破坏、剪辑电子证据,通过改变操作方法、保存手段等不当行为影响电子证据的可靠性,或者直接非法截获电子数据等。① 在诉讼案件中,消费者即使能够获得电子证据,法院也难以认定其证明资格、证明力。

3. 未授权移动支付责任主体的权利不对等。在移动支付中,消费者与银行、支付机构、信用机构等平台间形成了多种法律关系,如移动通信服务合同关系、认证服务合同关系、支付结算服务合同关系、金融服务合同关系等。合同内容均由机构拟定,由消费者点击同意后方可使用该软件功能。在法律关系的成立及履行过程中,消费者并没有任何参与规则制定的机会。机构在发布用户协议或隐私政策时并未严格按照《民法典》格式条款的要求履行相关义务。在未授权移动支付责任分配产生争议时,消费者对于争议的属性以及诉讼的管辖地亦没有决策权和选择权。

(二)未授权移动支付法律制度侧重形式公平

解决未授权支付的法律责任问题所适用的现行法律法规较简单且分散于多部法律、条例等法律规范之中。未授权移动支付责任的确定,在实体法和程序法上都未能倾向于保护消费者,而偏重于形式公平。

1. 责任的确定过于偏重民事法律体系,未能合理适用保护消费者的法律规范。在现行法律法规中,对未授权移动支付责任作出规定的法律较少、层级较低且规定过于

① 参见许康定:《电子证据基本问题分析》,载《法学评论》2002年第3期。

简单。最初由1999年《银行卡业务管理办法》规定借记卡遗失或被盗的责任，其规定持卡人对未授权移动支付挂失前的损失承担全部责任，即“无过错责任”，[①]消费者义务负担过重。2005年中国人民银行发布的《电子支付指引（第一号）》仅对商业银行电子支付进行规范和引导，并未对未授权移动支付进行具体规定且缺失对支付平台等其他移动支付主体的规范。而依照2011年《电子支付指引》第45条的规定，未授权移动支付发生后，仅要求发起行配合客户、积极调查，已发生损失须由消费者自担。2016年颁布的《非银行支付机构网络支付业务管理办法》第19条提出“先行全额赔付”“风险准备金制度和交易赔付制度”等规定，倡导性较强且实践中未能实现。

2019年起实施的《电子商务法》第57条首次引入“未经授权的支付”概念，规定消费者与支付机构间未授权移动支付损害赔偿责任分配和发现未授权移动支付或受到未授权移动支付通知却未及时采取适当措施的损害赔偿责任。《电子商务法》未采用草案中服务提供者的过错推定责任，删去了“电子支付服务提供者能够证明自己没有过错”的规定，将过错推定责任改为严格责任，且以受害人过错为免责条件，[②]但没有具体的免责情形。在《电子商务法》施行后，司法实践未在相关案件中直接引用该条款，而是依照用户与支付平台或银行订立的格式合同来认定支付平台等机构是否承担违约责任，或依据《民法典》第1194条和第1195条网络侵权规定判定支付平台是否构成侵权。未授权移动支付责任分配相关法律的缺乏使判决的法律依据单一，各地法院判决缺乏一致性，赔偿数额标准尚未统一，故产生同案不同判现象。

2.程序立法也未能考虑消费者的弱势地位。移动支付具有当事人双方或多方法律地位不平等的特殊性，但我国现行诉讼程序并未就其作出特殊规定。一方面，在举证责任分配上仍简单采用“谁主张，谁举证”的原则。在复杂的移动支付过程中，消费者能看见、参与和了解的交易流程甚少，但银行、支付机构等机构却熟悉整个过程和细节，即便机构存在过错，消费者也难以得知具体过错程度和流程，更难以取得充足证据。另一方面，在证据收集方面虽规定有书证提出命令制度，即指法庭应一方当事人的申请，命令持有书证的另一方当事人或第三人提出书证。2020年施行的《最高人民法院关于民事诉讼证据的若干规定》将该制度适用范围扩大至视听资料、电子数据，但该制度仅为原则性规定，在司法实践中适用较少。法院适用该制度的自由裁量权较大，常以“当事人对自己提出的主张有责任提供证据”为理由驳回当事人申请，使消费

---

① 参见钟志勇：《网上支付中的民事责任研究》，载《法学论坛》2007年第5期。

② 参见林一英：《非授权支付的责任承担——兼评〈电子商务法〉相关条款》，载《北京邮电大学学报》（社会科学版）2018年第6期。

者难以充分利用该制度获取对自己有利的证据。电子证据证明资格和证明力认定、举证能力考量、举证责任分配等诉讼程序仍须适用现行立法,这导致消费者在诉讼中过于被动,往往因证据不足承担败诉后果。

综上所述,移动支付的虚拟性、跨地域性等特点对传统民事法律规范提出挑战,机构在提供服务前均与消费者以点击的方式订立服务协议,以此作为发生纠纷时的依据。在移动支付领域,消费者处于明显的信息弱势地位和规模弱势地位,未授权移动支付责任分配制度的设置未能在充分考虑消费者弱势地位的基础上给予消费者倾斜保护,其中责任分配标准、责任承担限额和举证责任等法律制度带有明显的形式公平的"症状",导致消费者与移动支付机构之间的权责分配并不合理。

三、未授权移动支付责任承担的域外考察

为保障未授权移动支付中消费者的合法权益,美国、欧盟以及澳大利亚通过制定相关法律规范明确主体的责任,从而达到矫正各机构与消费者之间依赖格式条款产生的不公平现象。

(一)消费者最高额限制度

小额电子资金划拨主要指在自然人与银行之间进行的资金划拨。美国通过不同法律对信用卡、借记卡领域的未授权小额电子资金划拨予以规制。首先,对于借记卡领域的未授权移动支付,美国《电子资金划拨法》(Electronic Fund Transfer Act)及其实施细则《E条例》(Federal Reserve's Regulation E)以消费者在未授权支付发生后通知支付机构的时间为依据,确定消费者与支付机构间责任的分配("三个梯度")。第一,消费者承担责任为50美元与未授权电子资金划拨实际损失二者中较小金额,在两种情形中得以适用:(1)消费者在未授权电子资金划拨发生或可能发生后2日内,以合理方式通知支付机构;(2)消费者在支付机构发出定期报表后60日内,通知支付机构表中载明的未授权电子资金划拨事项。第二,若消费者在未授权电子资金划拨发生的2日后至60日内通知支付机构,则消费者承担责任为500美元与实际损失间较小金额。第三,消费者在未授权划拨发生60日后仍未通知支付机构的,则自行承担全部责任。该未授权电子资金划拨责任分配的规定既限制了支付机构将责任强加于消费者的情形,又刺激了消费者及时通知支付机构的积极性,防止了消费者损失的进一步扩大。其次,对于信用卡领域的未授权移动支付,由美国《真实信贷法》(Truth in Lending Act)及其实施细则《Z条例》(Federal Reserve's Regulation Z)为消费者提供保护,规定无论消费者是否通知支付机构、是否存在重大过错,消费者承担的责任为50美元与未授权电子资金划拨实际损失间较小金额。此外,美国《真实信贷法》及其实施细则《Z条例》更

是明确规定在卖方未履行约定义务时,消费者有权撤销其已授权支付的交易。

澳大利亚《电子资金划拨行为法》亦明确规定消费者承担责任的情形,并规定其责任限额,即消费者至多承担150澳元或与支付机构间确定的更小金额。① 当未授权电子资金划拨需要密码时,若消费者不存在欺诈、过失或未及时通知支付机构的情形,消费者仅对150澳元或支付机构确定的更小金额、账户余额、通知支付银行时已产生损失之中的最少金额承担责任。②

(二)消费者免责的情形

美国《电子资金划拨法》及其实施细则《E条例》规定了消费者不承担责任的具体情形。欧盟《支付服务指令》规定的消费者免责情形包括:消费者无法预见支付工具遗失、盗窃或盗用且不存在欺诈行为的;损失是由支付机构员工、代理人、分支机构或转包机构行为造成的。③ 以用户是否及时通知服务提供者为依据,分为两种情形:(1)通知前的未授权移动支付。欧盟《支付服务指令》规定了未授权移动支付发生后,消费者未通知或未及时通知时应承担的责任。同时,除消费者对未授权移动支付的发生有故意或重大过失外,无论实际损失金额多少,消费者最多承担50欧元的赔偿责任。支付服务提供者有义务提供合理方式便于用户随时向其发送通知。若支付服务提供者未提供合理方式,无论消费者在未授权移动支付情形发生后是否发送通知,支付机构不得要求消费者对未授权移动支付损失承担责任,但消费者存在欺诈情形的除外。④ (2)通知后的未授权移动支付。由于消费者已经通知服务提供者关于未授权移动支付发生的事实,如果此后未经授权交易仍继续发生,无论服务提供者是否具有阻止未授权交易的发生和进行的能力,产生的损失应由服务提供者全部承担。此外,欧盟《支付服务指令》规定消费者仅负有通知支付机构未授权支付情形发生的义务,⑤而支付服务提供者义务较重,包括:第一,提供在其权限范围内,该笔支付交易已得到认证的准确记录;第二,证明支付交易未受到其负责的支付服务相关技术故障或其他缺陷的影响等。⑥

澳大利亚《电子资金划拨行为法》明确规定对下列情形产生的未授权移动支付损

---

① Electronic Funds Transfer Code of Conduct -5.5(c).

② Electronic Funds Transfer Code of Conduct -5.6(c).

③ DIRECTIVE(EU)2015/2366. Article 74 -1.

④ DIRECTIVE(EU)2015/2366. Article 74 -3.

⑤ DIRECTIVE(EU)2015/2366. Article 69 -1(b).

⑥ DIRECTIVE(EU)2015/2366. Article 73 -2.

失,消费者不承担责任:(1)因支付机构雇员或代理人存在欺诈或过失行为;①(2)因使用伪造、缺陷、过期或作废的访问方式支付;②(3)损失于消费者获取存储方法前产生;③(4)同一交易错误的发生多次借记;④(5)损失产生于消费通知支付机构其支付设备遭误用、遗失、失窃或密码安全性受破坏后;⑤(6)有明确证据表明消费者对损失的发生未起到促进作用。⑥ 换言之,只要消费者及时通知支付机构,则对未授权电子资金划拨产生的全部损失均不承担责任。但如果损害是因消费者未以合理方式通知支付机构或存在欺诈、重大过失等行为所致,此时消费者应对其通知支付机构前或支付机构实际知晓未授权支付发生前的损害承担责任。但该责任不包含以下损失:(1)任一日内超过当日支付限额的损失;(2)任一时段内超过该时段支付限额的损失;(3)未授权电子资金划拨金额超出账户余额的全部损失;(4)划拨方式并未经消费者与支付机构达成协议时的全部损失。⑦

(三)消费者承担责任的情形

美国《统一商法典》第4A编对大额电子资金划拨作出规定,并提出安全程序规则⑧对未授权电子支付产生的损失和责任进行分配,具有权威性。大额电子资金划拨过程中产生的未授权支付、欺诈损失等情形,安全责任成为判定责任主体的重要依据。在一般情况下,客户仅承担授权支付产生的财产损失。未经授权情形下支付指令造成的损失由银行承担。但若同时满足五个条件,即使支付指令未经客户授权,银行不承担责任而由消费者承担:⑨(1)客户与银行间达成协议;(2)安全程序具备商业合理性;(3)客户以发送方名义向银行发出付款订单;(4)银行遵循了安全程序且该订单的真实

① Electronic Funds Transfer Code of Conduct -5.2(a).

② Electronic Funds Transfer Code of Conduct -5.2(b).

③ Electronic Funds Transfer Code of Conduct -5.2(c).

④ Electronic Funds Transfer Code of Conduct -5.2(d).

⑤ Electronic Funds Transfer Code of Conduct -5.3.

⑥ Electronic Funds Transfer Code of Conduct -5.4.

⑦ 参见周晓刚:《澳大利亚〈电子资金划拨指导法〉》,载张平主编:《网络法律评论》(第3卷),北京大学出版社2003年版,第387~410页。

⑧ 安全程序规则是指客户与银行约定使用的密码或其他有效的身份认证手段,如果电子支付指令的发送、接收和执行符合安全程序,则视作该电子支付指令为客户本人或者授权他人发出。

⑨ Uniform Commercial Code §4A-202(b):If a bank and its customer have agreed that the authenticity of payment orders issued to the bank in the name of the customer as sender will be verified pursuant to a security procedure, a payment order received by the receiving bank is effective as the order of the customer, whether or not authorized.

性通过安全程序的验证；(5)银行证明其接受指令时为善意。

由于移动支付的虚拟性，实践中难以杜绝欺诈、冒用等未授权支付情形产生，且无法找到实际支付人。为了在消费者与支付机构间公平分担风险，欧盟《支付服务指令》对未授权移动支付责任的归属作出具体分配，并充分尊重当事人意思自治，允许由消费者与支付服务提供者或支付发起服务提供者之间合同适用的法律进行规定。① 澳大利亚《电子资金划拨行为法》通过明确未授权电子资金划拨责任的分配，有效保障消费者资金安全并填补其损失。

(四)域外未授权移动支付责任承担法律制度的启示

1. 针对未授权移动支付责任分配制定具体解决规则。尽管移动支付安全保障技术不断提升，但未授权移动支付事件仍经常发生。美国、欧盟和澳大利亚通过法律的具体规定明确未授权支付责任分配、责任限制、举证责任、责任限额、责任范围等内容，可以有效平衡未授权移动支付中各方的权利义务，并能够作为有效解决争议的依据。在今后的立法中，我国需明确未授权支付的具体责任分配，这样既能解决法律依据冲突且层级较低的现实问题，也能为支付平台、银行、电信公司等机构制定服务协议提供法律依据和指引，以保护消费者合法权益。

2. 保留当事人自治的原则。意思自治原则为市场主体活动中的重要原则，美国《统一商法典》第4A编、澳大利亚《电子资金划拨行为法》均保留了这一原则，允许消费者与支付平台等机构通过意思自治达成合意从而排除部分条款的适用，为消费者提供充分表达自身需求的机会。② 当然，这是在不损害消费者权益的前提下进行的。PayPal 规定修改协议条款须提前30天通知消费者并发布声明，③并在其用户协议中以明确条款规定发生未授权移动支付后，消费者承担提供所有可用信息、配合 PayPal 调查、在交易后60日内通知 PayPal 的义务，使 PayPal 确信为未授权交易后，消费者即可获得全额赔偿。④ 建议我国充分尊重《民法典》规定的意思自治原则，尤其是消费者的

---

① DIRECTIVE(EU)2015/2366. Article 73 - 3.

② 参见沈妙：《美国〈统一商法典〉关于电子资金转移的规则及其对我国立法的借鉴》，载《国际贸易问题》2001年第12期。

③ PayPal User Agreement, 载 https://www. paypal. com/ca/webapps/mpp/ua/useragreement-full?locale. x = en_CA，最后访问日期：2020年4月24日。

④ 〈PayPal User Agreement〉 Reporting an Unauthorized Transaction: You must give us all the available information relating to circumstances of any Unauthorized Transactions, and/or misappropriated or unauthorized use of your account, and take all reasonable steps requested to assist PayPal in its investigation. If you notify us of an Unauthorized Transaction within 60 days of the transaction and we are satisfied that it was an Unauthorized Transaction, you will be eligible for 100% protection for the Unauthorized Transaction.

意思表达,促使消费者及机构在移动支付过程中创建适合自身的法律环境。

3. 设立最高责任限额,倾斜保护消费者。在未授权移动支付中,美国、欧盟、澳大利亚等倾斜性保护处于弱势地位的消费者。一方面,规定消费者最高责任限额。美国《真实信贷法》规定消费者至多承担50美元赔偿责任(或500美元或无限责任)、欧盟《支付服务指令》以150欧元为最高限额、澳大利亚《电子资金划拨行为法》则为150澳元,通过规定消费者承担责任的最高限额、免责情形等方式,减少消费者在移动支付中面临的风险。另一方面,要求支付服务提供者承担举证责任,对消费者适用"特别保护原则"从而减少未授权移动支付的发生。① 我国在未授权移动支付立法以及司法中,有必要确定消费者最高责任限额,并在举证责任、责任分配等方面着重保护消费者,改变过去形式公平的立法取向。

四、未授权移动支付责任承担的制度设计

实质公平是对形式公平的超越。② 在移动消费领域,未授权移动支付责任分配规则的设定应在赋予当事人意思自治的基础上,针对不同主体所处的地位不同进行区别安排,或对利益受损者进行合理的制度补偿。

(一)未授权移动支付责任承担的原则

在实质公平的基础上,应当明确消费者、移动运营商、银行、支付平台、认证机构间的未授权移动支付责任分配所依据的原则。

1. 可预见性原则。事前预防是减少未授权移动支付情形出现的有效方式,具备风险预防能力的一方更有义务承担预防不能的危险。对于未授权移动支付情形的发生,消费者认知水平、技术能力有限而预见能力较低,支付平台、银行等机构具备更高的风险预防能力和技术理应承担较重责任。该原则能激励各方机构不断提升自身技术水平和安全保障机制,提高风险预见能力。

2. 可控制性原则。危险的制造者更容易控制危险。可控制性原则是指在消费者及机构承担公平责任时,应依据双方对风险的控制能力,将责任归责于最有控制能力的一方,并督促当事人主动规制风险以防止损失的扩大。支付平台、银行等机构经济实力、技术实力均较强,能够设定若干身份识别、验证、冻结等方法提前发现或事后阻止并追踪未授权支付行为,且各机构均负有安全保障义务。

---

① 参见马新彦、戴嘉宜:《第三方电子支付中的责任归属问题研究》,载《东北师大学报》(哲学社会科学版)2014年第3期。

② 参见邓伟:《经济法主体何以成立?——以经济法权利能力为中心》,载《华东政法大学学报》2020年第1期。

3.经济能力原则。经济能力原则要求在未授权移动支付责任分配时,综合考虑消费者及银行、支付平台等机构的经济实力和承受能力。机构提供支付服务是为了获取收益,应承担更高的责任,避免处于弱势地位的消费者承担过重责任。若消费者承担损失数额过高,将严重打击个人或家庭的经济水平。这种巨大经济风险的承担可能导致消费者放弃移动支付方式而转向传统支付方式,阻碍移动支付行业的长远发展。

(二)未授权移动支付责任承担的规则

在具体的责任分配中,应在尊重各方意思表示的基础上明确消费者免责情形和责任限额,公平分配消费者及银行、支付平台、认证机构等机构的责任。

1.支付机构、银行承担责任的情形。由于移动运营商、银行、支付平台、认证机构等各机构均负有保证消费者个人信息安全的义务,①且各机构的预见能力、风险防范能力和损失承受能力显著高于消费者,对各机构应当适用《电子商务法》第57条第2款确定未授权移动支付责任分配。在移动支付开始前及过程中,如果移动运营商、银行、支付平台等机构中的一家或几家未妥善保管、合理使用消费者的个人安全信息造成重要信息泄露,或没有使用合理、必要、充分的安全技术与程序,抑或是在交易过程中破坏了安全技术与程序,导致未授权支付由此给消费者造成损失的,应由无法举证证明尽到善良管理人义务的机构向消费者承担损害赔偿责任。② 在未授权移动支付发生后出现以下情形的,未授权移动支付造成损害扩大的部分由机构承担全部责任:一是银行、支付平台、电信公司等相关机构发现未授权移动支付已发生而未及时采取措施造成当事人损失扩大;二是相关机构在收到消费者关于未授权移动支付已发生的通知而未及时采取措施造成消费者损失。③

2.消费者自行承担责任的情形。随着违法手段不断升级,消费者即便尽到注意义务,仍然难以防止未授权移动支付发生,故对消费者应当适用过错责任原则,且一般过失不应成为消费者承担责任的理由。④ 首先,消费者存在一般过失的,支付机构、银行等机构仍须承担责任。各机构对消费者个人信息负有安全保障义务。作为消费者所直接面对的第一手完整信息保存者,机构存在泄露消费者涉案个人信息的高度可能性

---

① 参见莫万友:《移动支付的法律问题及其解决办法》,载《兰州学刊》2017年第10期。

② 参见张敏:《论移动支付方式下未授权支付的民事法律责任》,载《学术论坛》2019年第3期。

③ 参见杨立新:《电子商务交易中电子支付服务损害赔偿责任及其规则》,载《中州学刊》2019年第2期。

④ 参见吴波:《秘密转移第三方支付平台资金行为的定性——以支付宝为例》,载《华东政法大学学报》2017年第3期。

时,消费者受到欺诈导致财产被骗取的,①未尽安全保障义务的机构应当承担部分责任。② 不能举证证明自己无过错的机构须承担举证不能的后果,与消费者依各自过错程度按比例承担责任或对超过消费者责任限额的损失承担责任。其次,当消费者对未授权移动支付的发生存在故意或重大过失③时,须自行承担财产损失,但其承担损失金额不得超过最高限额。

3. 主导机构承担公平责任的情形。移动支付虽涉及诸多主体,但交易过程中往往由一家或几家机构主导,如支付平台主导的移动支付、银行主导的移动支付等。当发生未授权移动支付时,主导机构更有能力和方法发现资金被盗取和追回资金。因此,在使用各种方式无法查明侵权人及存在过错的机构时,应当由主导机构分担消费者受到的直接损失。消费者可以向主导机构中一个或几个请求承担全部赔偿责任,承担责任的机构可向其他主导机构追偿超过其责任的部分。另外,在未授权移动支付诉讼程序中,消费者及银行、支付平台等机构的住所地往往分散在全国,若由所有机构承担公平责任会使确定管辖法院、送达诉讼文书等诉讼程序变得极为烦琐,增加诉讼成本。由主导机构承担公平责任既能补偿消费者损失,亦具有执行简便、兼顾多方利益等优点。

(三)未授权移动支付的举证责任分配

举证责任分配应当注重实质公平正义。由于移动支付程序、主体的特殊性,法官不能统一适用"谁主张,谁举证"的原则,也不应简单适用举证责任倒置原则。在移动支付过程中,消费者在证据搜集和举证能力上均处于弱势地位。消费者就其提出的主张承担初步举证责任,④处于优势地位的银行、支付平台等机构因负有对用户数据的安全保障义务,须承担较多举证责任,如是否泄露用户个人信息、采取必要措施的时间、尽到审慎合理的提示义务、向消费者发送资金异常变动通知等。举证责任分配不仅要考虑服务提供者的安全保障义务,还要考虑双方对合同义务的全面履行情况,包括消

---

① 主要表现为两种:一是因点击含有家人姓名、信息及其他个人隐私信息的短信链接,致使支付设备受木马病毒攻击后,财产通过第三方支付平台、快捷支付等移动支付方式被盗取;二是点击包含真实个人信息的短信链接或按照诈骗电话指示,填写、泄露个人银行卡、第三方支付平台账号密码及其他个人身份信息,致使财产被转走。

② 参见北京市朝阳区人民法院(2018)京0105号民初。

③ 消费者存在故意或重大过失的情形常表现为:(1)消费者向他人泄露账号信息密码或不当保存、使用密码等重要信息;(2)消费者与实际支付人恶意串通进行虚假交易、欺诈支付平台、进行虚假诉讼等情形;(3)消费者在未授权移动支付情形发生后未通知支付机构、银行等机构;(4)消费者对未授权移动支付发生存在故意或重大过失的其他情形。

④ 如涉案支付宝账户是否为用户本人开立、未授权支付发生的时间、向公安机关报案的时间等。

费者是否履行通知义务、机构在发现或收到未授权支付后是否及时采取措施以及是否履行各自的附随义务等。[①] 同时,未授权移动支付的发生存在多种模式,如销售终端(Point of Sale,POS)模式、商家对顾客(Business-to-Customer,B2C)模式等,其发生原因也有所不同。未授权移动支付举证责任的分配应当依据支付模式的不同而进行区分。

为了保障消费者合法权益,缩小诉讼中支付平台与消费者间举证能力的差异,法院可向不负举证责任的当事人或第三人依职权调取证据,也可依当事人申请向不负举证责任的机构作出书证提出命令。当然不负举证责任的机构在负有书证提出义务的同时,应当享有拒绝提交权。证据持有人基于"正当理由"可予以拒绝,如申请人以妨碍他方使用证据或隐匿、破坏他方证据,以及现有证据足以查明待证事实等理由。[②] 书证提出命令制度和拒绝提交权制度,能够保障各方当事人权益,最大限度地查明待证事实。

(四)未授权移动支付的赔偿损失分配规则

1. 明确消费者责任免责条款。当消费者对未授权移动支付的发生不存在故意或重大过失,且积极履行义务,消费者对财产损失不承担责任:(1)消费者对未授权移动支付的发生无故意或重大过失,并于损害发生后合理时间内(建议设定为3日内)通知支付机构停止支付、要求银行注销或挂失银行卡的;(2)消费者通知相关机构未授权移动支付情形后发生的全部损失;(3)未授权移动支付的发生是由于机构存在故意或过失所致,如未尽注意义务、错误执行划拨指令等。

2. 设定消费者责任最高限额条款。设定消费者承担损失的最高限额(如3万元),并根据消费者在未授权移动支付发生后履行通知义务的情况确定其最高责任限额。消费者越及时通知支付平台、银行等机构,则承担的损失越小(可参考美国的"三个梯度")。即使由消费者对未授权移动支付的损失承担责任,其责任应为实际损失与最高限额中较小的金额。为防止消费者滥用权利,违背诚实信用原则,消费者对未授权移动支付的发生存在欺诈情形时不适用限额条款。

3. 统一赔偿范围。这是未授权移动支付案件处理的规范化、标准化的必要基础。现实生活中消费者往往以购买产品为移动支付的目的,而并非为其他可得利益,因此,除消费者以移动支付方式购买增值型产品(如理财、金融类产品)的情形外,未授权移

---

① 参见王鑫、顾天翔:《互联网第三方支付中未授权支付的责任认定路径——以契约关系下的附随义务为视角》,载许多奇主编:《互联网金融法律评论》(第2期),法律出版社2017年版,第157~165页。

② 参见高波:《电子数据偏在问题之解决——基于书证提出义务规则的思考》,载《法律科学(西北政法大学学报)》2019年第2期。

动支付中支付机构、银行等机构的损失赔偿范围应当以消费者受到损失的本金为限。消费者在未授权支付情形发生后,依照《电子商务法》第57条的规定及时采取相应措施(如3日内通知电子支付平台),对通知后所产生的损失,可以要求机构承担扩大的损失及消费者为维护自身权益支出的其他合理费用。

风险社会的挑战与经济法应对

——整体主义视角的解析*

刘　琦**

目　次

一、风险社会问题的经济法解析

1986年,德国社会学家乌尔里希·贝克在其德文版《风险社会》一书中首次使用了"风险社会"这一概念。他认为,风险社会是对后工业文明时代社会特征的描述,其是指人们利用科技从事创造活动而产生的风险成为影响人类生活乃至生存发展的主要因素的社会。从全球金融危机、天津大爆炸事故到三鹿奶粉事件,风险社会带来了诸多的社会问题和法律挑战。从经济法视角观察,首先需要明确风险社会的问题意涵与问题实质,以此作为本文分析的逻辑基点。

(一)风险社会的问题意涵

从人类社会产生一直到工业革命之前,人类面临的最大威胁是因物质产品的稀缺和匮乏而造成的饥饿与贫困。因此,工业社会以前的主要社会问题是如何创造更多物

---

* 基金项目:司法部国家法治与法学理论研究项目一般课题"优化税收营商环境法律问题研究"(19SFB2051)、国家社科基金后期资助项目"秩序理念下的经济法"(2018110672)。

** 北京大学法学院经济法专业博士研究生。

质财富,以及财富生产之后如何分配的问题。① 工业革命兴起后,工业化生产给人们带来的风险不断增加,并且这种风险由个体性风险逐渐向整体性的环境、食品和金融等领域扩散。尤其进入后工业社会以来,理性建构的“有序化”社会之稳定性日趋下降,科学认知结论的不确定性极大提升,现代社会中由高科技发展产生的潜在风险一旦发生将对人类造成巨大损害,这是与现代化的威胁力量以及现代化引致的全球化相关联的危害后果。

概言之,在风险社会之前,主要社会问题在于如何创造更多的物质财富以及如何分配的问题;而风险社会的核心问题在于如何缓解与分配风险损害。② 应当由“财富分配”为中心转向“风险分配”为中心。前者指向确定性利益的创造和分享;后者指向不确定性损害的防范和限禁。就法学研究而言,必须面对风险性增大的社会现实,探讨能够减少和化解风险的途径。③ 由于风险是多方面的,因此需要各个部门法的协同。④ 经济法须防范影响国民经济整体发展的系统性风险,如市场秩序紊乱和产业结构不合理等。通过防范风险的形成和积聚,避免危机的扩散和联动,以此保障国民经济的良性运行和有效发展。

(二)风险社会的问题实质

英国学者吉登斯提出外部风险与制造风险的二元结构。前者是指雪灾、台风和洪灾等传统风险和自然风险;后者是指基于人类行为的有限理性所产生的金融危机、环

---

① 乌尔里希·贝克指出,工业社会或阶级社会是“财富—分配”的社会,其核心问题是社会生产的财富如何通过社会中不平等而又合法的方式实行分配的。参见[德]乌尔里希·贝克:《风险社会》,何博闻译,译林出版社2004年版,第16~17页。

② 风险问题和分配问题均是贯穿经济法理论研究和制度建设的重要经脉,两者之间又存在一定的重叠和交叉。参见张守文:《当代中国经济法理论的新视阈》,中国人民大学出版社2017年版,第170页。既需要关注物质财富、公民权利和国家权力的公平分配,也需要关注防范风险和化解危机成本的社会公平分担。

③ 参见季卫东:《风险社会与法学范式的转换》,载《交大法学》2011年第1期。

④ 各类法律制度都有其需要面对和解决的风险问题,如交易风险、犯罪风险、诉讼风险和审判风险等,风险社会中的法律问题同时受到我国法理学、刑法学、行政法学和民商法学等领域学者的共同关注,代表性成果有劳东燕:《公共政策与风险社会的刑法》,载《中国社会科学》2007年第3期;朱岩:《风险社会与现代侵权责任法体系》,载《法学研究》2009年第5期;吴汉东:《知识产权的制度风险与法律控制》,载《法学研究》2012年第4期;马长山:《人工智能的社会风险及其法律规制》,载《法律科学(西北政法大学学报)》2018年第6期;李海平:《论风险社会中现代行政法的危机和转型》,载《深圳大学学报》(人文社会科学版)2005年第1期等。相对而言,经济法学者对该问题的关注和研究较为有限。

境污染和转基因食品风险等。① 这两种风险的比例并非一成不变,从人类社会发展的历史看,制造风险的影响与社会发展程度呈正相关关系,伴随农业社会向工业社会及后工业社会演进,制造风险所占权重不断提升。就某种程度而言,制造风险的积聚和风险社会的产生可谓现代文明之代价。风险社会中的制造风险往往因人们从事各种经济活动和社会交往行为而产生,通常具有复杂性、全局性和不确定性等特征。加之高科技手段在社会化大生产中的广泛应用,风险行为一旦发生很容易面向众多的受害者,进而累积成为系统性风险。举例言之,核战争的可能性、生态破坏、不可阻挡的人口激增以及其他全球性灾难为现代社会的每个个体勾勒出令人不安的风险社会前景。②

综上可知,制造风险的产生与现代风险行为密切相关,是风险行为的副产品。

风险行为是一种公共性行为,风险后果是一种公共物品。进言之,风险后果属于公害品(对不特定的公众有害的物品),而非公益品(对不特定的公众有益的物品)。③从类型化视角观察,风险社会中的风险,既包括公共风险、宏观风险和整体风险,又包括私人风险、微观风险和个体风险。④ 经济法旨在维护社会整体利益,⑤因而应更为关注前一种风险类型,即财政风险、竞争风险、金融风险和价格风险等公共性经济风险,同时不应忽视私人性风险向公共性风险的积聚和演化。

二、风险社会的法律挑战:个体主义范式的危机

风险行为是风险损害的诱因,包括企业经营行为失范和政府管理行为失当等。前者诸如经营者生产和销售有毒有害产品,以及滥用市场支配地位损害竞争秩序。后者诸如政府的宏观调控行为不当,进而对产业结构和区域结构造成损害。风险行为的社会危害具有损害的不确定性、加害人难以控制性和损害的公共性三大特征,在风险后果的预防和应对上,个体主义的权利保护范式存在规制失灵的情况,因而有待新的法学理论和法律制度之产生。

---

① 参见[英] 安东尼·吉登斯:《失控的世界——全球化如何重塑我们的生活》,周红云译,江西人民出版社 2001 年版,第 16~32 页。

② See Authony Giddens, *The Consequences of Modernit*, Stanford University Press, 1990, p. 125.

③ 这里对于公共物品的分析和界定仍然遵循保罗·萨缪尔森有关纯公共物品理论的经典定义。关于风险后果属于公共性危害物品的具体分析详见下文。参见[美] 保罗·萨缪尔森、威廉·诺德豪斯:《经济学》,萧琛等译,商务印书馆 2012 年版,第 58~59 页。

④ 张守文:《当代中国经济法理论的新视阈》,中国人民大学出版社 2017 年版,第 172~173 页。

⑤ 卢代富:《经济法对社会整体利益的维护》,载《现代法学》2013 年第 4 期。

(一)风险行为的损害特征

风险行为作为一种危害性行为,其所造成的损害至少具有如下三个方面的特征。一是损害的不确定性,包括受害主体人数的不确定性和损害量的不确定性。受害人数的不确定性源于这种损害的持续性、扩散性和受害主体的开放性。由于受害人数的持续扩散,加之损害客体是动态的市场结构和经济秩序,因而损害的价值是难以计量的。进言之,风险与不确定性紧密相关,①而确定性与可预测性恰是法律的规制目标和基本属性,两者间的巨大张力可谓现代社会系统对法律系统的挑战。② 二是加害人难以控制性,即加害人自己不能控制风险是否发生。基于高科技下社会生产的复杂性以及主体认知的有限理性,行为人对风险的产生与风险的危害缺乏认知,且自己无法控制风险是否发生,对风险事件难以在行为之前作出准确预判。事实上,风险本身即意味着行为人难以控制和决定其发生与否。正如英国学者吉登斯所言,人类知识体系所引起的自然变化使包括生态危害在内的风险损害不可避免地发生。③ 三是损害的公共性,即风险损害的非排他性和非竞争性。当一个人遭受损害,不能排除其他人遭受损害(受损害的非排他性),以及所有受害者均遭受同一损害;亦不会因为其他主体的受害之强弱而对自身的受害程度产生影响(受损害的非竞争性)。事实上,现代工业社会所引发的健康和安全风险绝大多数都超出了私人的理解和控制能力,因此属于"公共风险"。④ 举例言之,福岛核电站事件和天津大爆炸事故等大规模损害事件均如是。

在三大特征之中,损害的公共性特征尤为关键,我们亦由此得出如下判断:风险行为是一种公共性危害行为,其行为结果是公共性危害物品的产生。针对风险后果的公共危害性,对其加以防范的成本分担即一种公共物品的创造与维护,故无法以私人物品的创造和维护方式进行。举例言之,以往权利侵害型纠纷通常针对私人对私人的侵害,其损害救济一般依赖侵权责任法,主要功能在于补偿受害者,其制度运行有赖于损害的确定性、有限性、可计量性、可控制性和私人性,而风险行为损害的不确定性、难以

---

① 美国学者奈特重点研究了风险、不确定性和利润三者之间的相关性问题,从其著作名称即可以看出。风险与不确定性的区别在于,风险结果是已知的,而不确定性结果是未知的。参见[美] 富兰克·H.奈特:《风险、不确定性与利润》,王宇、王文玉译,中国人民大学出版社2005年版,第172页。我国学者进一步指出,当今社会正发生着由确定性到风险(不确定性)的运动。参见彭飞荣:《系统论视角下的风险与法律互动》,湖南大学2011年博士学位论文,第4页。

② 许旭荣:《风险社会对法律的拷问——"风险社会的形成与法的确定性"研讨会综述》,载《华东政法大学学报》2009年第6期。

③ 参见[英] 安东尼·吉登斯:《现代性后果》,田禾译,译林出版社2000年版,第119~120页。

④ See Peter Huber, "Safety and the Second Best: The Hazards of Public Risk Management in the Courts", *Columbia Law Review*, Vol. 85, No. 2, 1985, p. 277.

控制性和公共性则颠覆了这些前提条件。面对侵权责任法的运作失灵,需要重新检讨大规模损害事件的规制方式与规制路径,从注重事后赔偿救济到更为注重事前预防与成本分担。①

(二)个体权利范式的规制困境

民法等传统法律主要处理私人物品的归属和流转问题,就私人物品创造和维护而言,最有效的方式是谁拥有谁承担。因为私人物品的利益分享具有排他性和竞争性,只要获得该物的利益大于创造和维护的成本,所有者即有相当的积极性。因此,私人物品创造和维护的关键是对其归属的界分,而个人权利恰是有效的定纷止争的工具,个体主义的权利保护范式由此长期成为主流法学理论范式。② 其核心在于通过私人权利对私人物品的界分,促进私人物品的生产与流动。正如美国学者德沃金的经典表述:"个人权利是个人手中持有的政治王牌。"③

风险行为作为一种公共性危害行为,对其预防的结果则是公共性受益物品的产生,其在消费上的非排他性和非竞争性特征使任何采取预防措施或发动救济程序者所获利益都可归于他人无偿分享,每个风险行为的受害者都想免费"搭便车"。④ 因此,人们创造和维护公共物品的激励普遍不足,这意味着通过个体主义的权利保护范式保护公共物品已经不再适应。⑤ 如"环境权""竞争权"等一系列新兴权利理论,在没有具体的财产损害和人身损害发生时其作用空间和作用实效均较为有限。桑斯坦教授指出,基于个体主义的理性决策并非在任何情形下都是理性的,个体面对风险时的有效决策

---

① 刘水林:《风险社会大规模损害责任法的范式重构——从侵权赔偿到成本分担》,载《法学研究》2014年第3期。

② "范式"一词是对方法论的描述,通常指一定观念支配下思考问题的方法。参见[美]托马斯·库恩:《科学革命的结构》,金吾伦、胡新知译,北京大学出版社2004年版,第9页。一般认为,以民法为代表的传统法学理论和法律制度遵循个体主义的权利保护范式,个人主义方法论在私法中处于基础地位,是私法研究中无可替代的方法,其通常强调私人主体、私人利益、私人自治、形式平等和自己责任等。参见易军:《个人主义方法论与私法》,载《法学研究》2006年第1期。

③ 参见[美]罗纳德·德沃金:《认真对待权利》,信春鹰、吴玉章译,中国大百科全书出版社2006年版,第170~177页。

④ "搭便车"问题首先由美国学者奥尔森提出,它是指参与者不需要支付任何成本即可享受与支付者完全等价的物品效用,由此影响公共物品供给成本的公平分担,关涉公共物品供给能否持续和永久。参见沈满洪、谢慧明:《公共物品问题及其解决思路——公共物品理论文献综述》,载《浙江大学学报》(人文社会科学版)2009年第6期。

⑤ 刘水林、芦波:《消费者权益保护法范式转化的经济学解释》,载《上海财经大学学报》2016年第6期。

可能缺乏效率,甚至忽视整体资源的紧张和稀缺。① 民法学者亦认为,面对风险社会的不期而至以及个体利益与社会利益的失衡,不应固守纯粹的个体主义方法论和权利本位观。②

综上所述,对于风险后果这种公害品的防范,不应再以个体主义的权利保护范式为中心,而应该以义务和责任为中心。现代法的个人主义精神,将被社会利益本位取代。③ 从法理角度言之,需要有关激励公共物品创造和维护的法学理论和法律制度。个体主义的权利保护范式作为保护私人物品和私人利益的方式,难以为公共物品的供给和社会经济秩序的维护提供有效的制度激励。

三、风险社会的经济法应对:整体主义范式的因应

如前所述,个体主义的权利保护范式难以有效预防风险和化解危机,风险行为的预防和风险损害的分担均有待激励公共物品创造与维护新的理论范式及制度范式之产生。整体主义方法论立基于有机整体的社会观念,将集体作为基本分析单位,认为社会整体利益无法简单化约为个体利益之和,承认超越个人利益之上的社会(集体)利益存在,④因此可以为风险社会中诸多社会问题的因应提供有益启发。经济法作为“风险防控法”、“危机应对法”和“安全保障法”,⑤其规范特征和规范结构的形塑需要遵循整体主义的观念基础与思维方法。

(一)经济法的规范特征

面对风险社会中的公共性损害,需要从整体主义观念出发,以共同体的社会责任伦理为基础,构建经济法的理论范式和制度范式。笔者拟从“主体、客体、内容”的法律关系三要素出发,对经济法的规范特征加以解析。

---

① 参见[美] 凯斯·R.桑斯坦:《行为法律经济学》,涂永前、成凡、康娜译,北京大学出版社2006年版,第1~67页。

② 张浪、郭继:《整体主义方法论与民事立法》,载《南通大学学报》(社会科学版)2017年第2期。

③ 李学尧、徐显明:《高科技、全球化与制度风险:风险社会中的法律变迁——徐显明教授访谈录》,载《交大法学》2011年第1期。

④ 英国学者斯宾塞、法国学者狄骥和美国学者庞德均持整体主义的法学研究方法论,马克思的阶级分析法亦是整体主义范式的具体体现。我国学者进一步指出,整体主义方法论是经济法学研究的重要方法,其不仅关注个体权益,更关注国民经济整体的协调发展。参见刘水林:《法学方法论研究》,载《法学研究》2001年第3期;刘水林:《经济法是什么——经济法的法哲学反思》,载《政治与法律》2014年第8期;张守文:《经济法中的法理及其类型化》,载《法制与社会发展》2020年第3期。

⑤ 参见张守文:《当代中国经济法理论的新视阈》,中国人民大学出版社2017年版,第169页。

1. 经济法的主体特征

就主体角度而言,经济法强调主体之间的异质性。传统法律信奉人人生而平等,强调形式意义上的平等和抽象意义上的公平,尊重契约自由和意思自治。然而个体间的平等性并不等于主体间的同质性,科技革命的高度发达带来社会分工的日益精细,社会功能的差异性也产生了社会角色的异质性。经济法作为现代性法律,立足于主体间的异质性配置相应的权义结构,这也是经济法中差异性原理的体现。① 比如,每个人不论其个体收入的多少和经济实力的强弱,都会成为市场交易中的消费者。所谓消费者相较经营者的弱势地位,根本而言在于信息不对称,即由于对交易标的的信息偏在,消费者成为社会分工体系中的弱者。因此,消费者权益保护法赋予了消费者知情权、自主选择权和公平交易权等相关权利。再如,劳动关系是劳动力与生产资料相结合而产生的一种社会关系,作为劳动力所有者的劳动者必然依赖于作为生产资料所有者的雇主,进而实现就业,获得基本收入来源和生活保障。劳资双方之间存在实质上的不平等,因此,法律强调对于劳动者的倾斜保护。

概言之,经济法主体呈现经营者与消费者、垄断企业和非垄断企业以及雇主与雇员等多重二元结构,其经济地位和市场影响力的差异导致后者缺乏足够的议价能力、识别能力及防控能力,由此更容易遭受风险损害的不利影响,如有毒有害商品、职业病和过劳死等。基于实质公平的考量,在风险损害的预防和应对中需要赋予前者更多的法律义务和社会责任,如坚持对消费者和劳动者的倾斜保护,以此平衡市场主体利益和维护社会公共利益,其倾斜保护程度选择的合理性应当以能否增进社会公共公益为评判标准。②

2. 经济法的客体特征

就客体角度而言,经济法旨在保护社会经济秩序。③ 其包括公平自由的市场竞争秩序和交易秩序、合理的产业结构和区域结构秩序以及安全稳健的金融秩序等。传统法律保护的客体为承载于私人物品之上的私人利益,这种利益是既定的、现实的和可量化的,因而传统法律解决的是既有利益的分割问题,民法的定分止争功能即如是。而社会经济秩序这一公共利益则具有动态性、非确定性、非现时性和不可分性等特征。比如,市场竞争过程和竞争结果是动态的和开放的,市场竞争秩序与每一个在位企业及潜在参与者的利益息息相关。哈耶克曾指出,竞争是一个“黑匣子”,市场竞争的结

---

① 参见张守文:《经济法理论的重构》,人民出版社2004年版,第52~53页。

② 参见王全兴:《社会法学的双重关注:社会与经济》,载《法商研究》2005年第1期。

③ 从法律目的言之,经济法是社会经济秩序保护之法。参见刘水林:《经济法是什么——经济法的法哲学反思》,载《政治与法律》2014年第8期。

果永远是不确定的。又如,就环境保护而言,其受益者或受损者不再局限于当代人,而是扩展到了后代人,代际公平和代际正义问题必须纳入法律规制的视野。环境利益的来源并非"天赋",而是"预借",因此需要谨慎行使,充分保障后代利益的完整性。① 进言之,风险防范与秩序维护密切相关、交互作用,若无法及时控制突如其来的风险,人类的社会秩序将遭遇瓦解。② 社会经济秩序既是经济法的法益保护客体,更是其内在价值目标,③经济法正是通过对宏观经济秩序和市场竞争秩序的维护从而发挥风险防范和危机应对功能。

3. 经济法的内容(权利义务)特征

就内容角度而言,经济法的调整内容是一对多(不特定)的权利义务关系。传统私法关系一般为"一对一"(特定)的权利义务关系,因此呈现法律关系内容的确定性、行为作用对象的有限性以及行为损益后果的明晰性等特征。考察经济法的权利义务关系,其复合性结构和外部性特质尤为突出。有学者指出,经济法主要调整公共经济关系,④其具有经济性和公共性的特征。那么公共性应该如何理解?如果只是从主体角度,理解为政府对于经济活动的管理,未免有失偏颇。本文认为,应该从法律关系的内容本身来理解,既关注公主体的公共性行为,也关注私主体的公共性行为。在社会化大生产条件下,企业的生产行为是针对社会的。尤其现代社会正经历着从机械的个体社会向有机的整体社会的转换,⑤企业生产行为的公共性和外部性日益增强,现代企业的市场行为既具有私人行为属性,也具有公共行为属性。例如,企业的广告发布行为、产品生产行为和商品定价行为等,其作用对象便是不特定的、开放的且持续不断的,因而虚假广告宣传、伪劣商品生产以及掠夺性定价等行为都具有造成累积性大规模损害问题的可能,私主体的公共性危害行为亦需要经济法予以规制。综上可知,一定程度而言,公共经济关系的经济法调整即对市场主体和政府主体公共性经济危害行为的规制。

(二)经济法的规范结构

考察当下经济法的规范结构,一方面,由于稳定性的法律价值目标和渐进性的法

---

① 杨春福:《风险社会的法理解读》,载《法制与社会发展》2011年第6期。

② 参见[澳]斯蒂夫·克鲁克、穆易:《风险的秩序化》,载《马克思主义与现实》2004年第4期。

③ 《商业银行法》第1条、《证券法》第1条、《反垄断法》第4条、《消费者权益保护法》第1条、《产品质量法》第1条、《广告法》第1条和《保险法》第1条等均将"维护社会经济秩序"作为重要的立法目的和价值目标。

④ 单飞跃:《公共经济法:经济法的本质解释》,载《政法论坛》2006年第3期。

⑤ 刘水林:《反垄断法的观念基础和解释方法》,法律出版社2011年版,第3~13页。

律发展方式,其仍然存在个体主义范式的路径依赖;另一方面,基于时代观念的变化和社会问题的回应,整体主义的范式特征日益凸显。总体而言,经济立法依然呈现"个体主义规范+整体主义规范"的二元结构,其后者更有助于风险社会中的公共性损害的预防和应对,笔者就市场规制法和宏观调控法两大领域分别探讨之。

1. 市场规制法的二元规范结构

市场规制法因现代国家基于维护社会公共利益的需要,限制私主体的意思自治和干预私人经济生活而产生。考察我国《消费者权益保护法》,一方面,人们习惯于将经营者与消费者之间的纠纷视为违约或侵权的民事纠纷,将《消费者权益保护法》的目的定位为保护消费者的特定权利;另一方面,修订后的《消费者权益保护法》意在强调国家、消费者协会及经营者等多元主体的社会责任,并设计了"惩罚性赔偿"、"缺陷产品召回"、"冷却期"和"消费公益诉讼"等新型制度,以此实现整体的消费品交易秩序保护之目的。其既包括私法性规范内容,也存在国家干预的法律属性,且单一的私法因素逐渐减弱,体现经济法范式的法律规范和裁判案例日趋增加。①

就竞争法而言,反垄断法产生初期私法属性较为浓厚,司法实践中一般依赖于小企业主提起私人诉讼。就连我们熟知的美国《谢尔曼法》,其产生也是为了解决运输行业的垄断高价问题。当时美国的民粹主义者认为垄断高价对弱者造成不公,因而应对其予以规制,由此可见较为强烈的私法意蕴。直到1962年美国的布朗案(Brown Shoe),在该案中沃伦大法官指出,反垄断法保护的是有效竞争格局,而不是竞争者。②反垄断法的市场规制法属性方得以真正凸显。而反不正当竞争法一方面旨在维护公平的竞争秩序以及由此产生的消费者利益等公共利益,尤其我国修改后的《反不正当竞争法》更呈现较为浓重的竞争法特征;③另一方面,该法长期作为知识产权法这一民法特别法的兜底性"冰山"而存在,仍具有一定的私法属性。

2. 宏观调控法的二元规范结构

以财税法为例,由于财政税收功能的日益丰富,财税法亦呈现"筹资目的规范+调控目的规范"的二元结构。根据租税国家理论,国家不从事生产和创造财富,税收构成其主要的收入来源。④ 早期财税法更为注重财政筹资功能,依然遵循"控权"理念和个

---

① 刘水林、芦波:《消费者权益保护法范式转化的经济学解释》,载《上海财经大学学报》2016年第6期。

② See Brown Shoe Co. v. United States. 370 U. S. 294(1962).

③ 参见孔祥俊:《论新修订〈反不正当竞争法〉的时代精神》,载《东方法学》2018年第1期;孔祥俊:《论反不正当竞争法的竞争法取向》,载《法学评论》2017年第5期。

④ 刘剑文、熊伟:《税法基础理论》,北京大学出版社2004年版,第29~32页。

体主义的权利保护范式,重点在于通过税收法定原则防止国家财政权对国民财产权的不当侵犯。20 世纪 30 年代以来,伴随凯恩斯主义的产生和福利国家的发展,现代国家奉行福利国家和积极国家观念,国家职能日益丰富,现代财税法亦更为关注税收调控功能和规制功能的发挥。一方面,通过税收手段落实产业政策和社会政策,以此促进经济社会的良性发展。如开征环境保护税以加重企业排污成本、废止农业税以减轻农民负担以及通过消费税的税目调整实现"寓禁于征"的目的,引导奢侈性消费和污染性消费的减少等。另一方面,在税制设计的过程中坚持量能课税原则,以此实现税赋成本的社会公正分担,保障公共产品和公共服务的充分供给。面对社会风险的集聚和经济危机的爆发,阶段性税收优惠、国债发行、转移支付和政府补贴等制度设计均是有效的应对手段。① 国家依托财政承担经济职能,发挥对于经济发展的主导作用。由此,财税法的宏观调控职能和经济法属性逐渐凸显。②

(三)具体规制路径

在厘清经济法规范特征和规范结构的基础上,经济法还应实现规制方式的优化和规制手段的创新,进而更好地防范风险和化解危机,其具体规制路径包括以下几种。

1. 事后责任规则转向事前规制规则

有害行为的防范包括两类法律规则:一种是事前规制规则;另一种是事后责任规则。从理论上说,事前规制规则与事后责任规则的比较与选择取决于四大因素:行为主体与规制机关在有关行为风险损害的知识上可能存在的认知差异、行为主体是否具有完全赔偿损害数额的能力、行为人承担损害赔偿的概率以及行政监管的成本。③ 详言之,首先,规制机关的执法部门通常由各领域的经济专家和法律专家组成,这些专家在长期执法实践中积累了相关知识和经验,因此对于风险行为的分析和预判较之私人主体更具信息优势。其次,风险行为通常导致较为严重的公共性损害,如三鹿奶粉事件和天津大爆炸事故等,个体无力承担全额赔偿。再次,基于风险社会中的累积性损害特征,其因果关系难以证明;加之个别受害者损失不大,且胜诉所获赔偿难以弥补诉讼成本,故其起诉积极性不高,行为人承担损害赔偿的概率较小。最后,风险行为通常由特定的生产经营者实施,故易于集中监管资源,其行政成本相对较低。

综上所述,应选择事前规制规则作为因应风险社会中公共性损害的优先选择。这

---

① 张守文:《危机应对与财税法的有效发展》,载《法学杂志》2011 年第 3 期。

② 参见史际春、宋槿篱:《论财政法是经济法的"龙头法"》,载《中国法学》2010 年第 3 期;漆多俊:《宏观调控法研究》,中国方正出版社 2002 年版,第 177 页。

③ 参见[美]史蒂芬·夏维尔:《损害赔偿责任抑或安全规制》,罗玥译,载[美]唐纳德·A. 威特曼:《法律经济学文献精选》,苏力等译,法律出版社 2006 年版,第 93 ~98 页。

既包括市场准入规则等主体资格限制，也包括经营过程中的限制性规则和禁止性规则，还应建立政府、专家和民众多方参与的协商民主式风险决策机制。诸如面对科技发展所引发的食品安全风险，其因果关系链条的缺失和断裂极大限制了"肇事者原则"的事后追责空间，因此需要从依赖事后救济转向注重事前规制，遵循"预防原则"重新分配食品安全责任。①

2. 规则治理转向"规则 + 技术"治理

在后工业社会中，信息技术的发展正在主导经济创新，并对人们的行为模式乃至社会经济结构产生重要影响。科技进步在提高生产效率的同时，导致传统风险与技术风险叠加，由此加大了规制难度。因此需要规制者同步掌握新事物，防止被监管者的技术套利，由规则治理转向"规则 + 技术"治理，以技术驱动型规制迎接风险社会的挑战。② 在风险识别环节，须注重法律系统和科技系统的耦合，通过生命科学、现代医学和数理统计等对风险成因作出接近真实的理性分析，量化风险评估，以此作为法律规制的正当性基础。③ 在风险应对环节，须充分利用大数据和区块链等科技手段加强信用监管、重塑社会信用机制，基于市场交易记录、信贷融资记录和纳税记录等完成信用评估和风险评级，以此细化监管梯度、明确监管重点。尤须构建社会信用体系，鼓励诚信行为、惩罚失信行为，通过失信行为的负面评价营造诚信营商的良好氛围。④

3. 强化相关主体的信息披露义务

风险社会与信息社会所对应的时空维度大致相当，风险问题亦与信息问题相伴相生。风险社会的形成与信息的不充分和不确定直接相关，尤其信息功能的快速膨胀强化了信息偏在与信息利用失衡，也使信息不对称结构进一步加剧。为应对信息不充分所产生的风险，在经济法的诸多领域都需要确立信息披露制度以解决信息偏在问题，充分保护各类主体的知情权，包括纳税人知情权、投资者知情权、消费者知情权和调制主体知情权等。⑤ 全面充分的信息搜集是科学决策的前提和基础，加强信息披露对于防范和化解各类风险具有重要作用，这同时包括国家、企业和国民三个维度。如在个人所得税的年终汇算清缴中，涉税信息的申报应当真实、准确、完整；政府的行政信息

---

① 彭飞荣：《风险与法律：食品安全责任的分配如何可能》，载《西南政法大学学报》2008 年第 2 期。

② 冯果：《略论经济法在风险社会中的适应性》，载《经济法论丛》2018 年第 1 期。

③ See Case R. Sunstein, *Risk and Reason: Safety, Law and the Environment*, Cambridge Press, 2002, p. 10.

④ 《优化营商环境条例》第 53 条规定："政府及其有关部门应当按照国家关于加快构建以信用为基础的新型监管机制的要求，创新和完善信用监管，强化信用监管的支撑保障，加强信用监管的组织实施，不断提升信用监管效能。"

⑤ 张守文：《当代中国经济法理论的新视阈》，中国人民大学出版社 2017 年版，第 177 页。

应当以公开为原则、以不公开为例外;上市公司应当充分履行信息披露义务,保障证券投资者的合法权益等。①

四、简短的结论

本文立足于整体主义方法论和公共物品的基础理论,从经济法视角出发对于风险社会中的法律问题加以解析,可以得出如下结论。第一,风险行为是一种公共性行为,其行为后果是公共性危害物品的产生,风险社会的主要问题就是风险分配问题,即防范风险和化解危机成本的公平分担问题。第二,风险行为的社会危害具有损害的不确定性、加害人难以控制性和损害的公共性三大特征,因此主流的个体主义权利保护范式面临规制失灵。第三,经济法应当遵循整体主义的观念基础和思维方法,为防范风险和化解危机提供行之有效的制度激励。

风险社会中的问题与挑战层出不穷,各种风险行为和风险损害交织重叠,财政风险与金融风险可以相互转化,甚至可能进一步形成社会风险和政治风险。需要遵循风险防控的整体主义观念,超越日益森严的部门法壁垒,注重不同法律之间的统筹协调。② 具言之,既要注重经济法不同制度间的内部协同,更要注重经济法与社会法、行政法及刑法等不同部门法的跨域合作,以期更好地防范风险联动和危机扩散,促进经济社会的良性运行和协调发展。

---

① 2019年新修订的《证券法》将“信息披露”作为第五章专章规定,通过信息披露义务的全面强化进一步增加投资者保护力度。

② 宋亚辉:《风险控制的部门法思路及其超越》,载《中国社会科学》2017年第10期。

公司法与人工智能

制度经济学视野下公司法规则变迁路径之检视与重塑*

林少伟**

目　次

中国公司法历经多次修改,规则也相应变化。但在这些规则变迁的背后,推动力量源自何方?公司法规则何以变迁?公司法改革何以成行?在《公司法》已被纳入全国人大修法议程的今天,研究公司法规则何以变迁无疑意义重大。但关于制度变迁理论众说纷繁,既有传统的新古典经济学、组织学以及历史学三大范式,①也有学者提出"话语制度主义"(discursive institutionalism)作为第四范式,②更有学者采取行为经济学的期望理论考察制度变迁理论。③ 这些理论范式各具特色,也各有利弊。本文则从制度经济学的视阈检视并反思公司法规则演变,并试图提出未来公司法规则变迁的可能

---

* 基金项目:教育部霍英东教育基金会课题"公司法制度变迁路径之检视与展望"。

** 西南政法大学民商法学院教授。

① See Peter Hall and Rosemary Taylor, "Political Science and the Three New Institutionalisms", 1996, 44 *Political Science* 936; Kathleen Thelen, *How Institutions Evolve: The Political Economy of Skills in Germany, Britain, the United States, and Japan*, Cambridge University Press, 2004.

② See Vivien Schmidt, "Taking Ideas and Discourse Seriously: Explaining Change Through Discursive Institutionalism as the Fourth 'New Institutionalism'", 2010, 2 *European Political Science Review* 1.

③ See Kurt Weyland, "Toward a New Theory of Institutional Change", 2008, 2 *World Politics* 281.

路径,以更好推进公司法制度的完善。

一、制度变迁理论范式下的公司法规则

制度作为一种会不断自动建立、修正、改革和创新的存在,其演变过程在制度经济学理论中被称为"制度变迁"。[①] 就供求角度而言,制度变迁可谓一个社会中供给和需求力量相互影响下的产物。[②] 从制度供给者角度来看,制度变迁可分为诱致性变迁和强制性变迁两种类型。诱致性变迁,是指现行制度安排的更替,或是新制度安排的建立,是由单个行为主体在特定社会条件下,为实现其预期利益最大化而自发组织实施的自下而上的制度变革,是个人或群体在响应制度不均衡引致的获利机会时所进行的自发性变迁;相反,强制性变迁则是指由政府或国家通过法令而进行一种自上而下强制推行的变迁。

(一)诱致性变迁下的公司法规则

伯尔曼曾言:"商法最初的发展在很大程度上是由商人自身完成。"[③]从公司法规则的发展历程来看,无论是在制度确立前的萌芽阶段,还是制度确立后的发展阶段,商事主体一直在其变迁过程中作为推动主体而存在。

在中世纪至资产革命前的资本原始积累时期,亦即公司法的萌芽和发展初期,在正式公司法规则还未完全形成之前,出于市场实践之需要(亦可用诱致性变迁下的不均衡制度之概念进行解释),商人们为了追逐获利,不得不自发地设立商事组织,设定商事规则以保护自身利益及促进商事贸易之发展。例如,商人基尔特就是在意大利最早出现的商人组织。而越来越多的商人行业组织在市场上出现后,相应的行业规则、商事习惯等亦逐渐在经济市场盛行,最早的商人习惯法(law merchant)即由此诞生。[④]中世纪的商人阶层从封建主和教会那里争取到了对商人间贸易纠纷和争议进行处理的独立管辖权,普遍建立了包括市场法院、集市法院、商人行会法院和城市法院在内的各种商事法院,并逐渐形成了商事判例汇编,后来成为中世纪商人法的重要渊源之一,其中包括一些公司法规范。又如16世纪到18世纪西欧出现的大量特许贸易公司,也都是由于商人为换取贸易垄断权,通过向政府提供贷款或承担其他义务而获取特许权

---

① 参见林毅夫:《关于制度变迁的经济学理论:诱致性变迁与强制性变迁》,载[美]罗纳德·科斯等:《财产权利与制度变迁》,上海三联书店1994年版,第10~25页。

② 参见[美]道格拉斯·诺斯、李·J.阿尔斯通:《制度变革的经验研究》,罗仲伟译,经济科学出版社2003年版,第30页。

③ 参见[美]伯尔曼:《法律与革命》,高鸿钧等译,中国大百科全书出版社1993年版,第409页。

④ 曾宏伟:《公司法变迁中的商人角色》,载《中外法学》2011年第4期。

力才得以建立。

进入自由资本主义时代,以亚当·斯密为首的学者提出的经济自由主义思想盛行于世,市场地位达致空前高度。在此阶段公司法规则变迁主要体现为立法机关与商事主体之间的博弈,商事主体虽然受到已设立的公司法规则约束,但在强烈的营利目的驱动力下,其仍然不遗余力地另辟蹊径以达成目标。因此,商事主体在此阶段依然是推动公司法变迁的主要力量。比如为了突破特许状申请的桎梏,英国商人开始了大胆尝试,在18世纪初,英国开始大量出现的合股公司即商人的努力创新成果之一。由于向皇室申请特许令容易遭到诸多限制,并且交换成本往往过高,于是商人们开始放弃申请特许令,而选择利用发行股票来吸引投资者以组建公司。虽然没有获得特许令使其在某种程度上法律地位并不如那些获得特许令的贸易公司,但此种公司中的股票可自由转让,且股东仅承担有限责任,这些实质上的优势使越来越多的商人们对此种组建公司的方式趋之若鹜,而特许申请之限制亦开始变得形同虚设。① 直至1720年,英国发生了一场著名的股票投资狂潮,即"南海泡沫"(South Sea Bubble)。大量未经皇家特许的合股公司股票的发行使"南海泡沫"的继续膨胀受到威胁。于是英国议会于1720年通过了《取缔投机行为和诈骗团体法》,即《泡沫法》(Bubble Act),禁止没有特许令的企业发行股票。这一行为直接导致了英国许多合股公司倒闭,进而使英国公司的发展自此停滞了近一个世纪之久。②

但即便如此,英国商人们仍未偃旗息鼓,他们冥思苦想出另一条公司组建路径,即将两种早已存在的合法组织形式——合伙和信托结合在一起,通过指定合伙人中的某些人作为其他合伙人的财产(股本)托管人,授予他们与其他个人或团体订立合同的权力,将经营权集中到少数人手中,从而使合股公司得以继续发展。③ 而实践中合股公司的繁荣发展,促使英国议会不得不调整思路,开始由禁止转向允许。首先,英国议会于1825年废除《泡沫法》,不再禁止组建民间合股公司;随后于1844年颁布英国《公司法》,对公司实行注册登记制度;后又于1856年正式确立了股东有限责任原则,从而使公司法的基本制度框架得以初步建立。由此可见,在现代公司法规则的变迁过程中,商人一直是推动制度变迁的主要动力和源泉。

公司法制度基本确立后,由其本身属性而产生的股东本位以及营利至上也作为其

---

① 参见[美]罗森堡、小伯泽尔:《西方致富之路》,刘赛力等译,生活·读书·新知三联书店1989年版,第225~226页。

② 参见[英]罗纳德·拉尔夫·费尔摩里:《现代公司法之历史渊源》,虞政平译,法律出版社2007年版,第2页。

③ 曾宏伟:《公司法变迁中的商人角色》,载《中外法学》2011年第4期。

核心理念确立下来。弗里德曼曾说“企业的社会责任就是不断增加利润”,[①]“公司是拥有它的股东的一个工具”。[②] 公司是实现股东利益最大化的工具。在此两种观念指引下,商事主体在进行市场交易行为时通过各种方式以追求股东利益最大化。由于个体在原有制度下无法获得其期待之收益,其必然通过创新规则之方式以获取新的营利机会,比如,股东会中心主义及股东有限责任即其确立的明显制度成果之二。通常而言,公司股东人数众多,但出于效率考量,亦不可能让所有股东均参与公司的经营管理,此时为了确保股东利益不受损害,股东会便应运而生。股东会由全体股东组成,是公司最高的权力机关,公司董事由其选举产生,并负责执行股东会之决议。此种制度模式极大地确保了股东的至上地位,使其对公司的经营管理仍然享有最高的直接控制权。股东会中心主义盛行于早期的公司立法中,例如,德国、日本的近代公司法无不确认股东大会为公司的最高且万能的机关。同时,股东对公司进行投资的终极目的是营利,在保障了其对公司经营管理控制权的情况下,仍然可能受到来自市场交易风险的冲击,为了使其不至于倾家荡产,保持投资的积极性,公司法创造出一个“披着法人面纱”的独立人格公司,股东仅须以其出资额为限承担有限责任,而作为独立主体的法人才须承担全部责任。这一高明的制度创新,使股东既可坐享投资收益,又不用在生意失败时血本无归,这可谓工业时代最伟大的发明之一。

(二)强制性变迁下的公司法规则

在自治与管制的利益权衡与实践下,与早期的公司法规则变迁路径相反,当前发达国家公司法规则的变迁模式,呈现一种由政府主导的由上而下的强制性变迁路径。美国是典型代表。美国公司法源于英国普通法,英国法律要求公司设立必须经过特许,即必须得到国王之许可才得设立公司,且公司亦受普通法之约束。然而在英国公司法规则下,涉及的多为非营利性组织,这对于经济开始飞速发展的美国来说,显然已不合时宜。在美国建国后约100年间,许多商事企业在美国相继出现。为适应其本国经济社会环境,美国法院对原本的英国普通法进行了大量的独创性改造,使公司法规则在美国的本土化发展进程大大加快。至19世纪70年代,美国公司法早已超出原本沿袭英国普通法的部分,由联邦及各州法院的成文法和判例构成了一套较为完整先进的公司法制度规则,由此,公司的主导地位也在美国的经济市场中得以确立。

到20世纪初,美国经济发展更加迅速,各种巨型公司如雨后春笋般涌现于市场并

---

① See M. Friedman, “The Social Responsibility of Business is to Increase its Profits”, *The New York Times*, 13 September 1970.

② 参见[美]米尔顿·弗里德曼:《资本主义与自由》,章瑞玉译,商务印书馆2004年版,第147页。

形成市场垄断。这些巨型公司为攫取更大的经济利益，各自组成垄断组织联盟，其中最为典型的即托拉斯。正如施瓦茨所言，在公司法领域，20 世纪最初 30 年的主题是确保公司这一工具能得到充分利用，不受政府限制的束缚。① 然而，随着巨型公司的迅速蔓延，其对于美国经济和政治生活的控制也愈加明显。尽管如此，当时的法律对其仍然保持原有的自由放任主义态度，这对于美国整体社会的失衡产生了巨大的负面影响。例如，公司主体基于股东有限责任的庇护开始滥用法人人格制度，给债权人的利益造成严重损害；又如，公司基于营利至上的理念使其对自身利益进行最大化追求，而由于公司主体对整体社会的影响逐渐变大，其对于社会责任的忽视导致社会整体发展趋于失衡。除此之外，在全世界范围内发生的经济危机问题也加剧了公司与政府之间的矛盾。因此，在与日俱增的压力之下，国家干预理论开始崭露头角，同时，社会责任理念等新的公司法理念亦开始成为公司法学界所讨论之重点。此时公司与政府之间便开始呈现一种剑拔弩张之态。

自 20 世纪 50 年代起，美国政府开始对公司主体采取一系列的限制措施以调整当时的社会利益失衡状态，促进公司、国家及整体社会的协调发展。例如，在 20 世纪末，美国掀起股份有限责任公司之间的“恶意收购”狂潮。优势企业通过高价收购劣势企业，尔后对其进行从经营方针到组成人员的全方位改造，在此过程中，大量的劣势企业工作人员被无故辞退，企业原本千辛万苦所建立的与其他社会主体之间的联系也在一夕之间被强行割断，优势企业资本家不顾及任何相关者利益使整个经济社会因此大受打击。而劣势企业原本的控制者亦对此喜闻乐见，理由很简单：其通过高价出让公司股权，使其原本经营不善的公司通过此种方式直接变现，而收购价款常常远高于市场价格，因此他们在巨额利润驱使下，也很少考虑其他主体之利益。然而，此种公司之间的“恶意收购”有违企业的长期发展，并不会为市场整体经济带来任何好处。因此，这种收购在当时很快即遭到了来自工人、经理人、公司债权人、政府以及其他利益相关者的强烈反对。在此种情况下，为了遏制这种收购狂潮，1989 年，美国宾夕法尼亚州重新出台新的《公司法案》，这一法案改变了传统公司法中“股东利益至上”的传统理念，加强了政府对公司的市场活动之干预力度，也扩大了对公司行为的限制范围，并明确提出需要对相关利益者进行保护，特别是加强了对工人的保护力度。此次改革显然是美国公司法规则变迁过程中的一个巨大转折，自此，美国其他多个州均对原有公司法进行了修订，从而使美国公司法规则的发展进入了一个全新的历史阶段。这无疑表明，

---

① 参见[美]伯纳德·施瓦茨：《美国法律史》，王军、洪德、杨静辉译，法律出版社 2018 年版，第 130～158 页。

当公司整体行为侵犯社会公众的整体利益时,作为社会整体最大福祉之保卫者,国家必然会出面进行干预以维持社会的稳定秩序。事实上,美国公司法联邦主义所呈现的公司市场规则竞争以及规范二元主义,背后均有美国政府干预的影子,无论是20世纪初一开始的罗斯福政府,还是后来继任的塔夫脱政府,均对公司法规制格局造成了程度不一的影响,①美国公司法规则的强制性变迁由此可见一斑。

二、我国公司法规则变迁:一种"脱法"实践

(一)"脱法"表征

所谓"脱法",即当事人为了谋取私人利益,通过外观合法的迂回措施来回避国家强制法约束的行为。② 公司主体在追求私人利益最大化的过程中,容易通过各种手段以规避法律的强制性规定,从而另辟蹊径,并最终创设出一种新的公司规则。

我国于1993年正式出台第一部《公司法》,随后立法机关于1999年、2004年、2005年、2013年以及2018年分别对其进行了不同程度的修正或修订。其中以2005年和2013年的修订和修正最重要,也是公司法研究学者讨论最多的两次更改。2005年《公司法》最显著的特点即扩大自治领域,缩小管制领域,具体表现为通过废除曾经的诸多强制性条款,而增设更多的任意性规范。而2013年《公司法》则继承了2005年所侧重的公司自治理念,其内容主要是废除或修改了最低注册资本制度、注册资本实缴制度、非货币出资比例限制制度以及强制验资等制度。表面看来,此两次改革系由政府主导进行,即由于国家强制力的介入,公司法规则呈现一种强制性规则变迁路径;而其中得以窥见的诸多法律移植之身影,也似乎说明中国公司法规则的发展是强制性变迁与法律移植等多种路径的联合演变过程。然而,通过深入探寻实践中公司法规则在正式修改前所受到的不同挑战,便可发现,在修正或修订的《公司法》出台之前,在那些原本由法律所明确限制的领域,各种法律规避行为早已屡见不鲜,它们在实践中已然成为一种惯例。修正或修订的《公司法》减少的那些强制性规范,恰恰与曾经市场主体所规避的规范不谋而合。

一人公司合法性演变是典型的因"脱法"实践而形成的规则。1993年《公司法》规定不允许自然人设立一人公司,但实践中却出现一些自然人投资者通过"名义股东"的形式(如夫妻公司)规避法律的要求,从而达到设立"一人公司"的目的。虽然当时"一

---

① 林少伟:《美国公司法联邦主义的历史演变及其启示》,载《政法论丛》2019年第1期。

② 参见史尚宽:《民法总论》,中国政法大学出版社2000年版,第299页;王泽鉴:《民法总论》,北京大学出版社2009年版,第227页。

人公司"无法在法律形式意义上取得合法地位，而且在执法（如工商管理部门负责的设立登记或年审程序）和司法（如债权人提起的诉讼）过程中其法人人格还可能被否认，并进而导致投资者被追究法律责任，但是这并不能掩盖实质性"一人公司"的大量存在。之后2005年《公司法》明确规定允许设立一人公司，但仍规定了最低注册资本为10万元的要求。[①] 至2013年，《公司法》连最低注册资本的要求也一并取消。[②]

（二）"脱法"背后的诱致性变迁

上述种种，无疑集中反映出公司及其投资者超越强制法边界而出现"失范的自治行为"，这些行为很可能会因具有规避法律的嫌疑而被赋予违法性评价，进而成为司法裁判否定的对象。然而，后来的立法却对上述的失范自治行为进行承认，这似乎表明公司自治行为确实会对公司法规则的变革方面产生重要影响，同时亦隐约显示出我国《公司法》演变过程中诱致性变迁路径的客观存在。

公司及其投资者的某些自治行为的确能够在一定程度上作为检验公司法规则是否切实可行的工具，进而为立法机关提供法制改革的参考路径。因为立法机关从宏观层面制定的公司法规则并不能一定能得到彻底的实施，可能是因为商事主体在市场中实施投机行为或公共机构执法不力，也可能是因为立法机关受其有限理性的限制，无法克服其本身所固有的迟滞性等缺陷导致法律规则本身即不具备实践意义。故此，若一项公司法律规则经常被公司主体有意规避，则应对该规则本身进行反思而不能仅将此归结于公司主体的过错。一般而言，法律由于本身具有的滞后性，使身处市场的公司主体反而更清晰地感知实际状况。况且出于追求效率的考量，若公司主体认为公司法规则并不能为其更快地带来预期效益，其自然会选择通过理性判断来择取规避形式。此即所谓的"市场力量影响公司（法）实践"。[③]

举例明之，在关于股东出资与分红比例方面，《公司法》修改后实际上只是将原本大家的实践行为赋予合法效力。而若要公司主体自发创立此种新的法律规则，必然是存在某些股东愿意接受低于其出资比例的分红，只有当推动主体具有共同的目标激励时，制度才有可能得以变迁。因此，可以说，公司及其投资者在某些特定情况下，更具有一定前瞻性，经由其创设的新规则也因为符合市场发展实际情况而更加富有效率。进言之，虽然严格看来公司主体的"失范自治行为"并不具有合法性，但由于其在很大程度上是顺势而为的市场行为，故其也可大幅度缓解原有法律制度的僵化落后（此即

---

① 参见2005年《公司法》第58条、第59条。

② 参见2013年《公司法》第57条、第58条。

③ See Melvin A. Eisenberg, "The Structure of Corporation Law", 1989, 7 *Columbia Law Review* 1461.

制度变迁理论所称的“制度不均衡”问题),同时其还间接地促进了立法机关对相关法律规则进行修改完善。在此意义上,可将我国《公司法》规则的演进过程视为一种诱致性制度变迁。因为新的法律规则实际上早在法律修订之前便已实际确立,而这些新规则的创立及推动主体,正是市场中的公司及其投资者。一个有趣的现象是,大多数公司主体其实并非掌握了先进的系统知识,其创设新的法律规则的初衷仅仅是为了降低交易成本。典型的例子如上文所提及的“一人公司”。在2005年《公司法》出台前,实践中已有大量的实质性“一人公司”,如夫妻公司。而形成此种局面的原因仅仅是在复杂多变的经济市场下,公司投资者与其他投资者合作极易出现失信问题,出于对自身投资利益的谨慎保护,他们才选择以夫妻名义设立一个实质上的“一人公司”,以便由自己掌控公司运营。

三、公司法规则变迁的第三条道路:压力性变迁

之所以对公司法规则变迁路径进行检视,是因为本文认为未来公司法规则演变应当朝向第三条道路:压力性变迁路径。所谓压力性变迁,是指法律规则的变迁并非纯粹由官方或民间推动,而是由多方利益主体共同推动而塑成。① 压力性变迁的背后,原因有二:一方面,在于深谙传统二元划分之变迁路径之不周延及闭锁性,由此令公司法进化方面不免过于狭隘。另一方面,从历史上公司法规则变迁来看,随着经济自由主义的盛行,强制性变迁实难满足社会日益高涨的对经济自由与效率的需求,而不得不逐步被更具时代特征的诱致性变迁夺取光彩。同样地,经济自由观念独树一帜之时,经济民主理念亦随时间推移及社会进步而拔地而起,并与经济自由主义分庭抗礼。与此同时,在“股东本位”“营利至上”的公司法理念独领风骚几个世纪后,企业契约理论、企业能力理论和社会责任理论亦成为公司法不可或缺的核心理念。在此背景下,诱致性变迁已与现代公司法之多元利益追求理念相悖,适应现代公司法理念之变迁路径探寻迫在眉睫,而压力性变迁路径则因此应运而生。②

(一)压力性变迁何以必要

制度经济学家们热衷于从“需求—供给”角度将公司法规则的变迁路径划分为强制性变迁与诱致性变迁,以此两种路径为论争阵地划分为两派,据理力争在此基础上应如何展望未来公司法之变迁方向与路径。然从实践角度来看,各国的公司法变迁路

---

① 参见王兰:《公司法变迁的第三条道路?——兼论非政府组织在公司治理架构中的角色谱系》,载赵万一主编:《公司治理法治化的国际经验与中国实践》,法律出版社2014年版,第115页。

② 郑孟状、郭站红:《从资本绝对到劳资和谐:现代公司法理念的变迁》,载《浙江社会科学》2008年第3期。

径并不能完全简单地归入强制性变迁或诱致性变迁当中,强制性变迁与诱致性变迁之交叉融合与摩擦互动的变迁路径时有发生,此外,除单纯政府主导或市场筛选公司实践规则之外,其他社会力量及因素推动公司法规则变动的情形亦不鲜见,单纯划分完全割裂的两种变迁路径实有对实践审视及总结的不周延之处。①

1. 僵化的强制性变迁

就变迁路径之实效而言,鉴于强制性变迁系由政府及法律精英基于理性进行规则构建或修订而成,其容易基于市场监管便利及法律逻辑完备性,由此制定之公司法可能并未充分考虑社会实践需求。此等公司法规则形成之路径所导致的法律后果则显而易见,即固有利益的捍卫扩张、法律的"纸面完美"及与实践的脱节。在与市场普遍商业习惯、交易效率相悖的公司法强制性规范面前,游走于资本市场并具备高素质、强能力意思机关的公司往往会费尽心机探寻法律规范之缺漏处,从而以合法之表象暗辟规避之蹊径,以实现公司追逐市场利益之天性。立法本身不可避免存在的疏漏、公司强劲的规避能力及政府的监管乏力之聚合作用则导致公司法规则在某种程度上被架空,立法者精心构筑之公司法大厦逐步在作为被规范主体的公司的脱法实践之下沦为空中楼阁。公司追逐利益本非原罪,而为天性使然。公司制度之产生即在于促进社会财富之涌流,自世界上第一家股份公司在荷兰诞生之时即带有血腥的资本主义殖民本性,对利润的疯狂追逐根植于公司的远祖时代。② 尽管经历史的洗练及政府的刻意修正令公司所呈现之殖民性及掠夺性逐步式微,然公司对利润疯狂追求之本性却始终深入其骨髓并延续至当代。强制性变迁范式下的公司规则对公司利益追逐本性的压制,无疑是将洪水猛兽强行困于纸糊的笼子里,而这个笼子却如皇帝的新装一般。在公司所主导的灰色自治规则之下,法律规范乏力且须付诸巨大监管成本,公司在脱法自治下对利润之攫取则更为猖獗。再则,固然国家须以强制力为基准充当监管者与守门者角色,然公司法既属民商范畴,犹应以自由与效率为其价值追求,令市场自行进行资源配置与规则选择恐怕更能适应市场经济对效率的追求,亦有助于社会闲散资金的聚合及社会财富的充分涌流,以助推经济整体向好。③ 相较独以政府利益为主导的强制性变迁立法,考量公司实践之交易需求,给予市场追逐效率的良好营商环境恐怕更是公司法规则变迁过程中所应着重追求之目标。

---

① 王瀚培:《公司权力中心变迁与公司法的回应》,载《北京航空航天大学学报》(社会科学版)2016 年第 9 期。

② 余莹:《论公司法的理念及变迁》,载《法学研究》2001 年第 9 期。

③ 周游:《近代中国公司法制之形塑及其诱因考论——以股权利益调整为线索》,载《法制与社会发展》2015 年第 6 期。

2. 利益偏好失范的诱致性变迁

随市场经济理论与经济自由主义之发展不断壮大,强制性变迁路径为部分国家所摒弃,取而代之的则为更具灵活性、回应力,更适应公司对效益利益追求的诱致性变迁路径。诱致性变迁路径下的公司法明确接收到公司以利益和效率为导向的信息,并以规则接纳或改动的方式适时作出回应。选择诱致性变迁路径的国家认为,市场制度(包括公司法在内)的变迁在本质上具有自发性、渐进性和效率改进性等特征,即自发性市场制度在形成过程中一般都伴随效率机制的检验和筛选,富有效率的法律规则将在竞争和进化过程中逐步获得主导地位。因此,在立法进程中对自由市场中自发形成并经受实践检验富有效率,对公司活力迸发、社会财富增加具有推动力的“有益规则”予以法律承认。按照霍布斯的利益导向说,人的行为均出自利己动机,人会为求得个人收益进行理性估算,并据此决断。① 依此理论,只有在守法将为行为人带来利益或至少不损其利益时,其方会心甘情愿地遵循法律的安排。反之,当守法反而导致其利益减损或应得利益降低时,对风险偏好者而言,规避法律的现象将甚为猖獗。② 此理论亦同样适用于公司,在强制性变迁范式下公司的利益与行商自由遭受抑制甚或掠夺,而诱致性变迁路径则将公司自发选择的行为范式予以合法化。显而易见的是,在利益导向下强制性变迁公司法时有遭规避之可能,而诱致性范式下公司法或者或大部分公司法将被良好遵循,这一方面令公司实践更为自由灵活并富有效率,另一方面会降低政府的监督成本并维护法律的权威性与实效性。

然诱致性公司法规则变迁之强大驱动器为效益,即一种经营者效率与股东利益的聚合。在股东本位及营利至上公司法理念盛行的驱使下,公司以绩效追逐为其唯一使命。鉴于在此营商环境下公司逐利倾向得到最大限度的满足,投资公司在大概率上将带来巨大收益,于是社会投资活跃并向公司聚集,公司资金筹措在顷刻之间完成且公司规模日益壮大,甚有构筑起市场经济中公司王国之势,并成为主导市场经济的中流砥柱。而此等形势所产生之结果则是,但凡公司自发性形成或改动任一市场规则,都将对经济领域甚或其他领域产生显著影响,此即经济学意义上公司行为之显著外部性。此等外部性或呈负面或呈正面,而由于公司规则之形成往往仅由公司参与且以其利益为导向,“利欲熏心”的公司宛如在攫取利益上失去理智与同理心的猛兽,其面对利益果毅决绝,却无法避免私主体所固有之短视。鉴于公司自发形成之规则仅为公司

---

① 参见[英]菲利普·鲍尔:《预知社会——群体行为的内在法则》,暴永宁译,当代中国出版社2007年版,第367页。

② 蒋大兴、谢飘:《公司法规则的回应力——一个政策性的边缘理解》,载《法制与社会发展》2012年第3期。

利益之显名化且其对社会其他方面之影响甚巨，公司在自有规则范式下大肆攫取利益的同时，是以其他利益相关方之利益损失为代价的，又因其忽视其负外部性之存在。由此产生之结果便是环境污染、劳工遭受压榨、债权人利益难受保障等问题不断涌现。如此看来，诱致性变迁路径仅关照公司利益而罔顾其他利益相关方，而基于任何利益相关方均有权在公共政策制定时表达其利益主张这一论断，[①]挣脱于传统路径变迁范式的压力性变迁路径则呼之欲出，即在公司法规则形成、变迁之过程中注入其他利益相关方之利益诉求，以此对公司决策、司法裁判、规则立法形成第三方压力，从而迫使公司法在修订过程中衡量各方权益、实现各方力量之博弈，进而真正促进社会各方财富充分涌流及社会矛盾化解。

(二)压力性变迁何以可能

压力性变迁路径并非脱离实践而贸然提出之海市蜃楼，而是基于理性分析及各国实践所作出理性总结与构建。就域外而言，存在发达国家尤其是以美国为代表的利益集团影响立法之实践，即各方利益集团通过游说、示威、影响选举等方式促使议员改变其立场进而促使立法接纳其利益诉求或是取消某项法案的进程。甚至发达国家存在游说公司及职业说客，并于长时间内在很大程度上影响着立法。[②] 从我国各项立法历史沿革来看，除立法主体及作为被规制对象的利益主体之外的利益相关方正越来越积极地就立法发声。我国的诸项制度，譬如法律草案广泛征求意见并召开听证会制度等，均为第三方主体表达利益诉求提供了发声渠道。

我国《公司法》并非经由单一变迁路径而来。质言之，某些规则源于强制性变迁，如引进之上市公司股东提案制度，而部分规则又源于诱致性变迁从不认可到承认一人公司。同时，部分规则既非单纯强制性变迁又非纯粹诱致性变迁，而是注入第三方力量压力制衡下的规则变动，如公司审计规则之嬗变，而此等规则的变迁范式虽仅体现部分利益主体的利益表达，不可完全称作完全意义上的各方力量制衡的压力性变迁。但至少该等规则之演化轨迹体现出某种"压力性"，初具压力性变迁雏形。这证明于我国提出公司法压力性变迁路径并非天方夜谭，新型规则路径亦非无处安放。

1. 规则变迁中的利益表达

在我国，通过利益集团发声以达至有效影响立法之制度尚不存在，但我国存在畅

---

① 蒋大兴、谢飘：《公司法规则的回应力——一个政策性的边缘理解》，载《法制与社会发展》2012 年第 3 期。

② 杨珍、郑令宇：《当代西方利益集团的立法影响及评价》，载《人大视野》2001 年第 5 期。

通的立法上的民意表达渠道。从近代立法、修法之历史沿革来看,各利益方的身影与声音越来越频繁地出现在立法舞台上。① 我国《立法法》第5条规定:“立法应当体现人民的意志,发扬社会主义民主,坚持立法公开,保障人民通过多种途径参与立法活动。”此即有关民主立法之例证,而其内涵即在于鼓励多方主体积极投身于立法活动进程中。而作为政府外主体的各方主体往往具有其不同之利益偏好,其参与立法活动的过程实际上是其向“立法者”表达诉求的过程。而《立法法》第5条通过民意畅通渠道,切实发挥促进立法民主性的作用,并为立法注入各方压力。

我国立法过程中的各方利益表达呈现多种方式:一是通过法律意见稿广泛征求意见的方式,此为立法机关主动畅通渠道听取利益相关方诉求之方式,带有某种意义上的政府积极性。此种方式并非指立法者仅消极接受利益相关方之意见,并对之予以审查,而是通常随着听证会的召开、论证会的举行来对有关意见进行比较、分析,并决定是否将其纳入立法的考量范畴。

二是利用与其具有密切关联的政府部门以实现其利益表达及利益维护,该等政府部门与利益相关方在日常工作中交流甚繁,深谙该利益群体所存在之制度困境,并因而更理解其利益诉求。而政府部门作为官方组织,往往能在立法过程中具有更多的发言权,在此基础上,将利益群体之利益诉求传达至密切关联之政府部门并使其认同、发声,能更好地在立法进程中获得认同进而实现其利益维护。

三是通过公共渠道发声引起公共舆论并进而对立法者施加压力,从而实现利益相关方利益表达的方式。及时对社会负面舆论作出令公众满意的回应对社会稳定来说至关重要。而利益相关方正是抓准这一点,在缺乏完备的组织力和影响力以实施影响时,通过披露现实、引发公众讨论的方式为其最佳选择。而此等通过公共舆论表达利益诉求的方式往往与具有影响力的新闻媒体、社交媒体紧密相关。② 在互联网时代,各类新媒体尤其是个人媒体影响力日益巨大,加之互联网世界信息传播之极度迅速性,某一社会问题的披露可能在顷刻之间引发全社会范围的热烈讨论。由是,在当今互联网时代,公众舆论发声渠道成为一种成本低且见效快的利益表达方式,故此应纳入重点研究范畴。

在2005年《公司法》修订过程中,可谓公司法规则变迁中第一次出现社会各方利益主体涌流的局面。此次修法,不再仅有政策制定者与法律精英参与,作为与该法最密切相关的企业、企业家及企业联盟均积极发表对立法的意见,并支持公司法规则的

① 周雪光、艾云:《多重逻辑下的制度变迁》,载《中国社会科学》2010年第4期。

② 罗培新:《公司法的合同路径与公司法规则的正当性》,载《法学研究》2004年第2期。

某些改进。譬如,浙江富润集团董事长赵林中等人即提出取消注册资本限制及对外投资比例限制的倡议。除企业本身外,律师行业从业者亦从实践角度提出诸多见解,如对保护中小股东权益之倡议。[①] 实际上,此次利益主体发声初步彰显了各方利益主体博弈制衡,于是为公司法变迁灌注压力的压力性变迁成为可能。[②] 全国注册会计师协会亦作为利益相关方进行了强有力之发声,其虽初次发声却势头迅猛,由此推动了公司独立审计制度的加强,最终《公司法》第63条、第165条、第170条均为对独立审计作出规定。而全面强制审计又将增加对独立审计服务的需求,由此全国注册会计师协会之利益主张得到立法之肯定,并推动公司法规则之变迁。此外,全国总工会亦未缺席,坚持为弱势群体之劳动者发声,以期《公司法》作出符合其发展之规则构建。再则,公司关联担保规则亦因而作出变迁,即原先1993年《公司法》否定公司为股东或其他个人债务提供担保。[③] 而在企业协会及其他各方力量的努力之下,在考量公司与控股股东、中小股东与债权人以及社会共同利益的前提下,限制性允许公司提供关联担保。由是,各方主体共同助推公司法变迁之实践崭露头角,压力性变迁得以寻求中国实践土壤。

2. 压力性变迁构建之侧重面

虽我国《公司法》及其他法律部门立法实践中均或多或少地存在利益群体进行利益表达而试图影响立法决策的情形,且似乎具有压力性变迁之雏形。但鉴于公司法所关涉之利益主体多元,且公司实力巨大,上述实践恐不能完全被称为完全意义上的压力性变迁,而这主要是源于两个方面的原因。

一是我国已有利益群体利益表达之实践呈现片面性,即部分势力巨大且利益攸关之利益群体往往能积极且有能力参与到立法协商当中,如公司法领域之企业协会及企业家。然仍有利益相关方未能参与其中,例如,消费者利益群体、社区、环保组织等均未在公司法规则变动之时表达其利益诉求。而根据现代公司多元利益融合理念及企业社会责任,公司的行为将与其息息相关。在其于立法协商中缺席时,所导致之后果则可能是对其利益之漠视或把握不准确,而这与公司法兼顾各方利益理念背道而驰。相关利益方未能完全表达其立法意愿的根源可能在于,利益表达渠道的不畅通及现代立法协商理念之不周延。质言之,消费者群体、环保组织难以利用传统利益表达机制

---

① 陈甦:《商法机制中政府与市场的功能与定位》,载《中国法学》2014年第5期。

② 蒋大兴、谢飘:《公司法规则的回应力——一个政策性的边缘理解》,载《法制与社会发展》2012年第3期。

③ 李建伟:《公司关联担保规制的制度变迁与政策选择——兼论法律规制的目标与方法》,载《商事法论集》2006年第2期。

表达夙愿,且实践来看,公司法立法进程更乐意与具有经济性利益之组织进行协商,而公益类群体参与立法则尚显罕见。①

二是利益群体之间力量悬殊,对立法所施加之影响力参差不齐不利于社会公平正义的实现,甚至有可能导致民主化下的实质公平问题。不同利益群体之财力、组织力、知识能力等方面的表现,决定着其在利益表达过程中的有效性。通常而言,代表公司利益一方具有强大实力,而诸如消费者协会、环保协会等利益群体则通常在各方面实力逊色于强势利益群体。因为强势主体往往更能令其利益表达成为法律现实,而弱势群体之利益主张却仅仅停留在主张层面。力量悬殊的谈判过程无法产生真正的理性利益衡量结果,亦难以实现公司之外非政府组织之压力性。②

四、结语

如前所述,公司法规则压力性变迁路径虽势在必行且具备现实可能性,但仍不可避免地将遭遇新事物所必然经受的阻碍。压力性变迁道路在切实根植于我国实践土壤之上,吸取历史养分及域外经验理念,并以我国利益表达机制为基础的同时,亦应正视原有制度变迁范式所固有之缺陷,并将其进行压力性改造。具体而言,就利益群体未能充分参与立法推动进程的问题而言,应构造适应相关利益群体的利益表达渠道,如允许公益组织通过公益诉讼影响公司行为,进而影响立法。就利益群体所呈现之压力性不足问题,则可通过立法鼓励、促进抗议性集团活动,令立法者转变观念,对满足一定条件的抗议性发声作出回应。就利益群体实力悬殊将导致实质不公问题,则可通过倾向保护弱势利益群体的方式促使其有力发声,并可在公司内部构筑新型权力制衡模式,促使公司对利益相关方意见作出适时反馈。在此方向上构筑公司法规则压力性变迁范式,则有望在公司法规则变迁中注入压力制衡点,从而实现利益相关之非政府组织实质上参与公司治理的终极目标。

---

① 杨瑞龙:《我国制度变迁方式转换的三阶段论》,载《经济研究》1998年第1期。

② 赵万一、赵吟:《中国自治型公司法的理论证成及制度实现》,载《中国社会科学》2015年第12期。

2020年《著作权法》视域下人工智能技术发展与著作权法的变革*

郭壬癸**

目　　次

一、问题提出

在大数据和云计算等技术的支撑下,人工智能不断迭代,目前其已能针对外部环境的变化进行实时反映和作出决策。人工智能已经突破了只能机械从事简单行为的藩篱,进入被人类视为"神域"的文学和艺术创作领域。2016年3月,清华大学语音与语言实验中心(Center for Speech and Language Technologies,CSLT)对外公布其人工智能诗人"薇薇",并宣称经过中国社会科学院唐诗专家评定,通过"图灵测试",意味着人类无法通过自然语言分辨交谈对象为人类或人工智能。① 2017年5月,微软出版了其

---

* 本论文受国家留学基金资助。

** 厦门大学知识产权研究院与德国慕尼黑大学联合培养博士研究生,德国马普所创新与竞争研究所访问学者。

① 徐萧:《人工智能写的诗,你有本事分辨出来吗?》,载凤凰网:http://tech.ifeng.com/a/20170211/44541729_0.shtml,最后访问日期:2018年12月16日。

人工智能“小冰”写作的诗集《阳光失了玻璃窗》,引起了广泛的关注和讨论。① 鉴于人工智能已涉足文学艺术和科学领域,并开始“创作”,随之而来的问题便是,人工智能可否作为版权法的作者?人工智能形成的成果,是否属于著作权法意义上的作品?人工智能创作与传播作品过程中发生的侵权责任,如何进行责任归责与制度安排?这些问题打破了传统著作权法理论认为的只有自然人才能参与文学艺术创作的思维定式,对传统著作权法理论产生了重大冲击。然而,2020年修订的《著作权法》第3条、第9条、第11条、第12条等,进一步巩固“自然人创作”理论,这与人工智能发展之间必成“两难”困境。

二、人工智能的发展与《著作权法》回应之间的冲突

(一)主体适格性:人工智能的自主创作对自然人作者制度的冲击

2020年修订的《著作权法》第11条规定,除本法另有规定,著作权属于作者,创作作品的自然人是作者,法人或非法人组织在满足一定条件时可视为作者。这意味着作者不一定是创作作品的自然人,法人或非法人组织亦可成为作者。换言之,在作者制度中,仅自然人、法人与非法人组织可作为作者。日本1970年《著作权法》也采取相同的规定:作者是对智力成果的最初来源者的描述,法人或其他组织基于法律规定也可对作品拥有权利。② 日本著作权法律制度出于保护投资人的利益需要,也在一定程度上承认了法人或者其他组织可以被视为作者。这一观点,与美国“伯罗－贾尔斯平版印刷公司诉萨罗尼案”(Burrow-Giles Lithographic Co. v. Sarony)判决内容不谋而合,美国法院认为作者是作为某物之最初来源的人,但出于保护投资的需要,法人或其他组织也可以成为作者,成为著作权法的作者。③ 但是,人工智能技术的发展已使传统著作权法自然人作者制度具备了复杂性。

首先,人工智能已具备创作的实体性。人工智能已具备运用大数据技术与人工神经网络,形成原来只有人类才能完成的成果,如作画、写诗、制作音乐等。人工智能形成的成果,采取创作者身份隐藏的方式提交社会相关公众进行阅读、鉴赏,一般社会公众基本上难以辨别成果是否为自然人创作,而且认为其为审美价值较高的作品,如人工智能诗人“薇薇”作的诗。

---

① 周韶宏:《微软的人工智能小冰学会作诗了,我们试了一下》,载腾讯网:http://tech.qq.com/a/20170517/006643.html,最后访问日期:2018年12月16日。

② 杨和义:《日本知识产权法》,北京大学出版社2014年版,第28页。

③ 《英美著作权法案例——Burrow-Giles Lithographic Co. v. sarony》,载国际经济法网:http://ielaw.uibe.edu.cn/fgal/gwal/qqfl/19718.htm,最后访问日期:2020年1月12日。

其次,人工智能具备创作的自主性。人工智能集成了认知科学、行为科学、神经科学等众多学科的高新技术,已经脱离了传统意义上的“机械”概念,具备了行为的自主性,能够不断地学习和优化任务处理。现阶段人工智能具有海量数据收集与分析能力,并且在分析数据的基础上,通过人工神经网络,对数据进行实时反映和处理,不断进行更新优化和自适应,并实时对优化结果进行评估和存储,实现处理结果的实时适应。如 2017 年 1 月 30 日,卡内基梅隆大学开发的 Libratus 人工智能,在不完全信息的博弈——德州扑克中,其通过数学概念论和心理学影响其他牌手,击败了世界德州扑克顶级选手。这意味着,人工智能不仅可以机械地处理任务,而且能够针对不确定的自然环境进行实时策略选择和处理。① 同时也反映了人工智能人物处理上自主性潜力,即自人工智能的设计者或者使用人对人工智能下达创作指令那一刻起,人工智能后续的创作,便由于其本身的优化和自适应,能够产生不再处于设计者或者使用者的预想范围所限制的成果。人工智能创作时的自发性和实体性,打破了传统意义上只有自然人才能够进行智力创作的惯性思维,使人们考虑著作权法上的作者制度时,不得不考虑人工智能处于何种地位。②

然而,2020 年修订的《著作权法》修订草案第 9 条将“公民”修订为“自然人”,第 11 条进一步明确“创作作品的自然人为作者”,限缩了公民身份的解释空间,否认了获得沙特“公民”身份的“索菲亚”可作为著作权法意义作者身份的可能性。这与人工智能技术发展相违背。正如马克思对于“意识”的认知所述,意识是低等生物刺激性反映逐渐发展起来的,这说明意识不是先验性的,而是发展的、可获得的。未来人工智能具备自主意识创作的“自主性”与“意向性”时,否认其主体地位,而将其强行归结于操作者,这是否体现 2020 年修订的《著作权法》修订草案第 3 条要求自然人的“独创性”存疑,至少产生的成果难以谓之自然人智慧的结晶。

(二)人工智能形成的成果对著作权法作品制度的冲击

我国 2020 年修订的《著作权法》第 3 条规定,作品是指文学、艺术和科学领域内具有独创性并能以一定形式表现的智力成果。著作权法理论一般认为作品的构成要件可分为三个:其一为作品应属于文学、艺术和科学领域的成果;其二为作品应具有独创性;其三为作品应能以一定形式予以表现。人工智能的成果可否作为作品保护,也应经过上述三项要件进行综合检验和判断。由于人工智能的创作物,都是承载在纸质形

---

① 《如何看待人工智能系统 Libratus 战胜 4 位德州扑克顶级选手,获得最终胜利?》,载知乎网:https://www.zhihu.com/question/55276706/answer/144016209,最后访问日期:2019 年 12 月 10 日。

② 熊琦:《人工智能生成内容的著作权认定》,载《知识产权》2017 年第 3 期。

式或电子形式的载体之上,并能简易予以固定和复制传播,因此人工智能的成果的作品符合性判断时的第三个要件符合性并不存在争议,实质上存在争议的为第一个和第二个要件。

首先,人工智能成果要件一符合性问题:人工智能可否属于文学、艺术和科学领域的表达?

人工智能创作物是否属于作品,应首先考虑其可否归入文学、艺术和科学领域。文学领域的成果,应蕴含文学方面的审美价值,或使人感受韵律美,或描绘一幅画面,或引人深思等;艺术领域的成果,应具备艺术上的审美价值,给人视觉或听觉享受,使人产生精神共鸣;科学领域的成果,应具有科学严谨、对称等科学美感。人工智能形成的成果,如诗、画以及音乐等,是按照该领域的范式要求进行创作的,客观上产生文学、艺术和科学领域成果的特征,具有了相应的审美意义和审美价值可能,但是其本质上是基于数据分析和量化处理后的成果,是否应视为文学、艺术和科学领域的作品存在争议。①

其次,人工智能成果要件二符合性问题:人工智能成果是否具有独创性?

独创性,顾名思义是指独立创造的特性。对于独创性标准,大陆法系国家与英美法系国家存在部分差异。大陆法系国家对作品的独创性要求较高,如德国著作权法要求作品具备一定的"创作高度",并打上作者的个性烙印。英美法系国家,如英国著作权法认为作品只要不是抄袭,是作者独立完成,便具备独创性,具体包含两种判断原则——前额流汗主义和勤劳汇集主义。前额流汗主义产生于"伦敦大学出版社诉大学教程案出版社有限公司案"(Univ. of London Press, Ltd. v. Univ. Tutorial Press, Ltd. [1916]2 Ch. 601),即作品只要是作者付出了汗水得来的,便具备独创性。② 勤劳汇集主义源于"沃尔特诉莱恩案"(Walter v. Lane. [1900] A. C. 539),即作者辛勤劳动汇集的不同素材产生的作品,其劳动便证明了独创性。③ 我国对于独创性的判断标准——"最低程度的创造性",是折中两大法系的特点后产生的。最低程度创造性标准,要求

① 吴汉东:《人工智能时代的制度安排与法律规制》,载《法律科学(西北政法大学学报)》2017 年第 5 期。

② 郭壬癸:《手机游戏著作权保护的困境与分析》,载《北京邮电大学学报》(社会科学版)2017 年第 1 期。

③ Walter v. Lane,载维基百科网:https://en.wikipedia.org/wiki/Walter_v_Lane,最后访问日期:2019 年 12 月 11 日。

作品中应体现作者最低程度的创造性，通俗说为“小心思”，与其他作品不同。① 最低程度创造性，在具体认定时应采取客观标准，即社会公众认为作品是否体现了作者的“小心思”，而不是从作者主观角度进行判断。我国相关司法案例在实践中对于作品类型不同，要求的独创性高低亦有所区别，如音乐、美术作品等独创性要求相比计算机软件较高，但不妨碍总体作品独创性要求的“最低程度独创性”。

人工智能创作物客观上是否能够具备这样的“小心思”，从而具备最低程度的创造性，是存在争议的。如微软“小冰”的诗集《阳光失了玻璃窗》，便被认为虽符合诗词的格式外表，却缺乏诗词的意向美，难以使人感受文学审美价值。另外，我国 2013 年修订的《著作权法实施条例》第 3 条对于独创性之创作的含义又进行了规定——直接产生的文学、艺术和科学作品的智力活动。此条实际上隐含了立法者认为独创性判断时，应考察创作的主体和创作的意图，即成果要成为作品，需要创作主体具备一定程度自然人的认知能力，并且形成成果过程中拥有决定创作的意识和创作过程中进行创作的意识。这也是 2020 年修订的《著作权法》第 11 条与第 3 条意图表明的“自然人至上”立场，其站在“工具”说主观偏见上，又怎能窥见制度变革红利对于产业发展的重要性。然则，此次修法条款进一步激化了人工智能是否能够具备自然人认知能力、能否自主决定创作和拥有创作过程的意识的争议。②

（三）人工智能参与创作活动对著作权法侵权制度的冲击

首先，人工智能创作作品行为造成的著作权侵权风险。人工智能可以利用其大数据功能，从整个互联网获取海量的数据，并根据目标作品类型，量化其特征，对获取的数据进行相应的分析和利用，不断地进行自适应性优化，最终形成智力成果。在这个过程中，人工智能获取数据时，难以避免会将他人已公开发表的作品作为数据收集起来，并予以利用。比如，人工智能软件“prisma”，它可以运用大数据技术和人工神经网络快速找到网络上特定艺术家的画作，并形成该艺术家的绘画风格的作品。那么将来网络上何种作品“火爆”，关注度高，通过人工智能就可以很快找到该艺术家画作并予以模仿或抄袭，此时人工智能便存在著作权侵权风险。在作品创作阶段，人工智能形成的智力成果，应分为两类进行分析：（1）如果人工智能形成的智力成果具有最低程度的独创性，那么便符合了著作权客体的要求，而可作为作品进行保护。在作为作品保护的前提下，人工智能使用了在先发表的作品的，应当获取在先作者的同意并支付报

① 王迁：《论人工智能生成的内容在著作权法中的定性》，载《法律科学（西北政法大学学报）》2017 年第 5 期。

② 高新民、张文龙：《自主体人工智能建模及其哲学思考》，载《自然辩证法研究》2017 年第 11 期。

酬,并指明作者姓名、作品名称,除非属于2020年修订的《著作权法》第24条的合理使用,否则会侵犯原作品著作权人的改编权、汇编权、摄制权、翻译权、复制权、署名权等权利,从而应承担侵权责任。然而,2020年修订的《著作权法》第16条表明,使用改编、整理已有作品等方式产生的作品进行出版、演出和制作录音录像制品,应当取得该作品与原作品的著作权人许可,这种"许可"要求设定,似乎忽略了网络上作品信息的"碎片化"、"孤儿作品"以及授权程序的复杂等事实带来的交易成本陡增,与人工智能要求数据海量化相违背,不仅会阻滞人工智能进一步"学习",亦不利于我国文化产业发展。(2)如果不具有独创性,那么便不属于作品,而仅是简单的数据堆积。此种情况下对于人工智能形成的数据集合,也应当获取原作品著作权人的同意,并支付报酬,除非属于合理使用,否则也会侵犯他人的署名权、保护作品完整权、复制权、信息网络传播权等权利,从而需要承担侵权责任。比如,网络上存在人工智能App,其主要功能是帮助人们写文章,只要输入想写的内容关键词,其能自动进行数据搜索和整理形成文章,但是会出现与他人文章相同的句子、段落以及相同的情节模式,从而引发侵权纠纷,俗称"洗稿",此种行为便是人工智能创作作品时发生的侵权行为。

其次,人工智能传播作品行为造成的著作权侵权风险。人工智能运用了大数据计算和推荐算法技术,根据目标消费者的消费习惯等特点,能够将符合这些消费特征的作品准确传播给目标消费者。现在许多内容提供商,会使用人工智能对外推荐传播作品。暂不表"算法歧视"等问题,就人工智能使用推荐算法和大数据等技术向外传播作品时,如果未获取作品著作权人的同意并支付报酬,或是未指明作者姓名、作品名称,而且也不属于2020年修订的《著作权法》第24条规定的合理使用情形,那么便可能侵犯著作权人的署名权、复制权、广播权、信息网络传播权、表演权等权利,从而应承担著作权侵权责任。比如,在字库中的字体使用与传播问题上,人工智能便存在侵权可能。很多广告公司为了广告效果更好,便会使用人工智能快速找到符合消费者喜好的字体并予以使用,这就会侵犯别人字库字体的著作权,即著作权法指称的美术作品侵权。人工智能会让侵权变得更加容易,或者让侵权行为人更容易钻法律的空子。

我国《民法典》并未承认人工智能可作为独立的民事主体,可独立行使民事权利、承担民事义务。那么人工智能著作权侵权责任的承担,便存在责任类型、承担主体、承担方式等问题。就责任类型而言,存在直接侵权责任与间接侵权责任之分;就承担主体而言,存在使用者或设计者承担侵权责任、使用人或设计者承担替代责任以及人工智能承担责任三种类型;就承担方式而言,存在停止侵害、排除妨碍、消除影响以及损害赔偿等方式。人工智能在作品创作过程以及作品传播过程中,是属于著作权直接侵权行为、间接侵权行为,抑或是仅属于工具是存在争议的。

三、2020 年《著作权法》应部分修改以适应人工智能的发展

(一)应分阶段承认人工智能的作者地位

现代各国著作权法的法律构架模板,是《保护文学和艺术作品伯尔尼公约》相关规定和精神,而《保护文学和艺术作品伯尔尼公约》在 1886 年便已制定,此时比人工智能的出现早了半个多世纪,因此文本将作者限制为自然人。1971 年《保护文学和艺术作品伯尔尼公约》修订时,人工智能的建设亦处于初级摸索阶段,当时公约的制定者并未意识到,也不可能意识到人工智能可以自主产生成果,因此未改变作者范围限制于自然人。我国《著作权法》于 1990 年制定,最近一次修订是在 2020 年,修订时对于人工智能的自主性认知不足,同时条款设置开拓性阙如。实际上在现阶段,人工智能基于其人工神经网络等技术的发展具备了实时反应性和自适应性等特征,并具备了自主学习和反应优化的能力,能够对外部事物进行实时的反应。此种能力应用在文学、艺术和科学领域的作品创作上,能够产生超越人工智能设计者和使用者预期设想的成果。人工智能利用自身的大数据技术、深度卷积神经网络以及深度强化学习的算法,已经实现“左右互搏”和“自我学习”。未来人工智能技术会进一步发展,其自主性与自适应性的能力会进一步提高,彼时的人工智能将能自主行为,并脱离人类的意志进行思考,而且实时对于自然世界产生反映。人工智能发展到一定阶段后,其在创作时会脱离其设计者或使用者的预想,创作具有独创性的智力成果。此智力成果中蕴含的创作前意识和创作时的意识,都与设计者或使用者的“意识”不一致。因此,不能再将人工智能创作的智力成果,简单归为“未贡献任何独创性”的设计者或者使用者所有,而应当承认人工智能本身对智力成果的可占有性,赋予其著作权法意义的作者地位,适当增加 2020 年《著作权法》第 11 条的延展性,将其规定为“原则上创作作品的自然人为作者,独立创作作品的人工智能亦可作为作者”。另外,鉴于人工智能的独特性,可以将其作者地位带来的权利予以限制。

上述人工智能作者地位的承认,存在一个前提:人工智能的分阶段性。人工智能的发展是具有阶段性的,即分为弱人工智能、强人工智能、类人人工智能以及超级人工智能四个阶段。

首先,由于处于初级的人工神经网络技术和认知技术阶段,自主性意识的具备还不完全,因此,对于弱人工智能以及强人工智能创作智力成果时,设计者或者使用者对其创作意识的影响很大,甚至有时智力成果是按照设计者或者使用者的意识创作出来的,这个阶段的人工智能的作者意识还不完全,因此不应承认其作者地位。

其次,对于类人人工智能以及超级人工智能阶段的人工智能,其能够依据自身的

能力,不断进行数据挖掘和学习,能够自主地、实时地进行任务处理,并不断对处理结果进行优化和储存,并且其存储容量以及算力都比人类更加强大,这意味着这个阶段的人工智能能够从事社会实践,并且快速地积累社会实践经验,促使自身意识的形成。类人人工智能和超级人工智能阶段,其能够摆脱传统的机械反应,与人类一样进行意识反映,并且二者具有一致性,正如法国哲学家拉梅特里亚(La Mettrie)所指出的:"人的身体是一副钟表,不过这幅巨大、复杂的钟表,可通过精密的运转对外界进行反映。"①此阶段的人工智能的创作过程,已经超越了人工智能设计者与使用者的创作预想,产生了"新"的创作内容,而且整个创作过程都是在自主反映下形成的,很难再将人工智能的创作活动归入设计者或者使用者的"意识"范畴。对于此阶段的人工智能,应承认其为著作权法意义上的作者。

(二)应规定人工智能成果可作为作品

2020年《著作权法》明确可否作为著作权法意义的作品,需要满足以下条件:该成果应属于文学、艺术或科学领域的成果;该成果应具备独创性;该成果能以一定形式表现。不过,还应在公有领域保留与著作权保留与著作权保护之间进行利益平衡,这要求成果应不存在阻碍公有领域信息自由传播的可能。上述考量因素,缺一不可。人工智能生成成果满足上述考量因素的要求。由于一定形式予以表现,是智力成果存在的必要条件,但往往并不存在异议,因此对于该要素不再着墨。

首先,人工智能成果属于文学、艺术和科学领域的智力成果。一项人工智能成果是否属于文学、艺术和科学领域的成果,应从客观层面进行判断。申言之,人工智能成果可否作为著作权法意义上的作品进行保护,应脱离著作权法主体制度进行分析,即从一般社会公众可否获得文学、艺术或者科学方面的审美价值的客观层面进行分析。至于一般社会公众主观上是否确实产生了美的享受,因人而异,不确定性较大,不宜作为判断成果是否属于文学、艺术和科学领域的标准。如果人工智能成果被一般社会公众认为客观上具有了文学、艺术和科学领域的审美意义和价值,那么其客观上符合了作品构成要件之一应属于文学、艺术和科学领域的要求。人工智能成果符合此构成要件之要求并不代表其可作为作品进行保护,还应考虑人工智能成果是否具备独创性和是否存在不当褫夺公有领域信息自由传播的可能。

其次,人工智能成果具备著作权法意义上的独创性。《著作权法实施条例》第2条、第3条规定关于独创性判断存在三个维度:判断标准维度、主体维度以及创作意识维度。第一个维度——判断标准维度:人工智能可作品性的独创性判断标准,应依据

① [法]拉·梅特里:《人是机器》,顾寿观译,商务印书馆1959年版,第65页。

客观标准进行判断,即由一般社会公众进行判断。如果认为人工智能成果符合“最低程度的创造性”标准,便具备独创性,这不是个体进行主观判断后的结果,而是一般社会公众视角下判断的结果。因为个体的主观判断变化范围过大,难以代表智力成果的实际创造性价值。第二个维度——主体维度:人工智能可作品性的独创性判断应当脱离唯自然人论。传统著作权独创性观点建立在自然人的基础上,此种观点认为作品创作是自然人独有的活动,但是事实已经证明人工智能能从事作品创作,从诗词到歌赋、从书画到模型设计,创作已经不仅是自然人的活动,独创性判断应当打破唯自然人论。第三个维度——创作意识维度:人工智能具备决定创作的意识和创作过程的意识。传统理论认为,人工智能等设备都是人类在创作时的工具,其产生的作用仅是对人体功能的延伸,此类设备无法摆脱人类的控制,即“工具论”。但人工智能是否无法摆脱人类意识的控制呢?在 20 世纪中叶,科学家图灵(A. M. Turing)在其发表的《计算机器与智能》一文中认为“机器能够思维”。① 另一名科学家西蒙(H. A. Simon)也持同样的观点,其认为“机器将有能力做人类所能做的一切”。② 目前,人工智能领域是基于多基础学科和尖端学科共同努力的结果,比如,计算机科学、脑科学、神经科学、数学、认知科学、心理学、语言学、哲学等,而且相关研究还在进一步深入。人工智能已经摆脱纯工具性的机械计算,向着“类人化”和“超人化”发展。目前阶段,人工智能已然能够战胜世界顶级围棋高手,而且正在不断“学习”战胜自己,写诗、作画、书法、写通讯稿以及与人交流,对于人工智能来说都已经不是难题。未来的人工智能将是能够进行逻辑推理、信息识别、自然对话、自主意识的自主体。科学家凯文·华威(Kevin Warwick)甚至坚信,人工智能经过综合神经科学、认知科学、仿生学等学科最新成果,能够实现具有生物意识、拥有“生物大脑”目的,并能与人类一样进行相似的情感表达。③ 现阶段人工智能已经能够自主形成,与控制者与使用者使用人工智能进行创作的“意识”不同的、具有特色的作品内容,实现与人类的“意”的初步分离,进而可以突破人类决定人工智能创作意识的界限。未来的人工智能终将具备“意识”,能够进行意向性和自主性的创作,实现决定创作意识和创作过程意识的统一。人工智能的发展,已经动摇了“工具论”的根基,强行认为人工智能的决定创作的意识和创作过程的意识源于人类,不符合实际。这也就意味着,2020 年《著作权法》第 11 条并不符合时代要求,不具备促进科技

---

① 何静:《人类学习与深度学习:当人脑遇上人工智能》,载《西南民族大学学报》(人文社会科学版)2017 年第 12 期。

② 刘晓力:《认知科学研究纲领的困境与走向》,载《中国社会科学》2003 年第 1 期。

③ Kevin Warwick, "Implication and Consequences of Robots wih Biological Brains", *Ethics and Information Technology*, 2010, 12(3), pp. 223 – 234.

发展的实质要义。基于法的稳定性与构成性要求,应采取原则与例外立法模式,以确认未来新兴创作者的主体身份和独创性满足性。

最后,就公有领域信息自由传播来看,人工智能成果作为著作权法意义上的作品进行保护,不会阻碍文化的自由传播。如果人工智能成果符合了作品的构成要件,但是会极大影响公有领域信息的使用和限缩公有领域信息的范围,从而阻碍文化传播的,应基于保护社会公共利益的角度否定其可作品性,将其作为社会公共领域予以保留。如果人工智能的成果,具备了最低程度的独创性,而且不会造成文化传播的障碍的,应当承认其为著作权法意义上的作品。实际上,人工智能创作智力成果时,与自然人创作智力成果的基本流程相似,都是历经"搜集资料—分析资料—独立判断—形成成果"一套流程。此时形成的智力成果,已经能脱离公有领域的信息,形成独立的文学、艺术等领域的审美价值。其智力成果促进了文化的创新,使文化的内涵进一步充实,且不会阻碍文化的自由传播。

综上所述,人工智能形成的成果,既满足文学、艺术和科学领域成果的要求,又具备独创性,且不会阻碍公有领域信息的自由传播,那么其符合了2020年《著作权法》第3条的要求,应将其作为《著作权法》意义上的作品进行保护。不过,我国《著作权法》第3条规定了8种作品类型和一项兜底条款,人工智能成果应当作为何种具体作品类型进行保护?基于人工智能形成的智力成果本身具有的特征,在具体进行著作权保护时,应当根据人工智能成果的具体样态进行具体归类,分别对应《著作权法》第3条所规定的作品类型进行保护,如人工智能形成的诗,则可作为文字作品进行保护;人工智能形成的歌曲,则可作为音乐作品进行保护;人工智能形成的画作,可作为美术作品进行保护;等等。

(三)合理设计著作权责任制度以规制人工智能侵权风险

由于人工智能已然参与作品创作与传播活动,故侵权风险常伴其行、隐发难测,如不予合理设计著作权侵权责任,一旦险象实发,将给著作权产业带来沉重打击,且会阻碍国家人工智能战略的进一步深入贯彻。因此,未雨绸缪地进行预期著作权责任制度设计十分重要。2020年《著作权法》因立足于"自然人作者"立场,其责任制度未予以修改。就人工智能的海量数据作为创作基础元素要求,可借鉴欧盟版权法相关规定,如果用户上传内容是有引言、批评、回馈意见、讽刺漫画、滑稽模仿、拼贴等目的,便不属于著作权侵权,从而降低人工智能创作过程中产生的持续性侵权风险。另外,鉴于人工智能的发展,著作权责任制度设计,还可以从以下两个方面展开。

一方面,人工智能著作权责任分类归责和分配制度设计。近年来人工智能侵权案件日渐频发,如2015年7月,德国大众汽车制造有限公司的21岁工人,在使用人工智能机器人时,被人工智能"出手"击中胸部并被按在金属板之上;[①]无独有偶,2016年11月在我国深圳市举办的第十八届中国国际高新技术成果交易会上,人工智能"小胖"突然发生故障,在没有指令的情况下,自主行动并砸坏了部分展台,导致工作人员受伤。[②]人工智能侵权事件屡见报端,让我们不得不思考人工智能在创作与传播活动中的侵权责任制度如何进行安排。基于上文论述,人工智能作者地位的法律承认存在阶段性,这对人工智能的著作权责任认定与承担将产生重大影响。

首先,弱人工智能、强人工智能阶段,人工智能不具有《著作权法》意义上的作者地位。人工智能仅是作为人类行为的工具,起到人体功能的延伸效果。其侵权责任直接归责于设计制造或者使用它的主体,即自然人或者法人。人工智能在著作权侵权行为中充当"工具"角色。著作权侵权责任承担主体为人工智能的设计者或者直接使用者;责任类型应根据使用人工智能的具体情形予以判断,如果直接使用人工智能实施侵权行为的,为著作权直接侵权行为;如果使用人工智能仅起到帮助等辅助效果的,为著作权间接侵权行为;责任承担方式为支配者承担停止侵害、消除影响,赔礼道歉以及赔偿损失。

其次,类人人工智能以及超级人工智能阶段,《著作权法》应承认人工智能的作者地位,赋予其作者资格。但是人工智能在具体从事著作权相关的民事行为时,发生著作权侵权纠纷的,应根据行为是独立自主开展,还是受其他主体指示,分为两种情况进行归责。其一,人工智能独立从事了法律规定的人工智能有权行使的行为的,发生著作权侵权,其责任承担主体为人工智能,但囿于人工智能的道德责难性的天生困境,责任方式可根据是直接从事侵权行为还是从事帮助等行为,分为直接侵权责任和间接侵权责任,责任承担方式与自然人侵权有所区别,停止侵害或者损害赔偿并行不悖,但赔礼道歉等方式予以道德谴责,则因不适用于人工智能。其二,人工智能从事的侵权行为是在人工智能的雇主的意志支配下进行的,那么责任主体为人工智能的雇主,责任类型可根据侵权行为属于直接侵害了他人的著作权,还是帮助、辅助他人实施著作权侵权行为,而分为直接侵权和间接侵权,不过责任转为雇主承担,责任方式可为停止侵害、赔礼道歉、消除影响或者损害赔偿。

另外,建立人工智能著作权侵权责任保险制度。人工智能使用的相关技术不断换

---

① 财经头条:《假如人工智能侵权,谁应当承担法律责任?》,载新浪网:http://t. cj. sina. com. cn/articles/view/6419729280/17ea54b80001004p0a,最后访问日期:2019年12月10日。

② 地壳机器人:《人工智能的发展对民法的挑战》,载搜狐网:www. sohu. com/a/160361413_99955737,最后访问日期:2019年10月12日。

代,其自主性也随之逐渐提高。① 人工智能从事著作权创作活动时,由于其自主性能力使其行为逐渐脱离设计者或使用者的意识控制,因此,出于应对人工智能引发的高度社会风险的考虑,可通过设置人工智能著作权侵权责任保险制度予以解决。在人工智能的创作活动涉及侵犯他人的著作权的,由人工智能著作权侵权责任保险予以赔偿。此种制度设计在一定程度上,可以解决人们对赋予人工智能著作权法意义上的作者主体地位的担忧。人工智能著作权侵权责任保险制度的具体设计,由保险费缴纳主体、保险费计算、保单设计等环节组成。

首先,人工智能著作权侵权责任保险的保险费缴纳主体。保险费缴纳主体,应当由两大主体分别予以缴纳。第一部分是人工智能的设计者,在确定制造该人工智能时,初步为人工智能缴纳著作权侵权责任保险费。第二部分是人工智能的使用者,在使用人工智能之前,应当就其使用行为,向保险机构缴纳著作权侵权责任保险费。另外,人工智能著作权侵权责任保险的保险费计算,可以按照人工智能可能销售或者使用等行为,可能获取的经济利益的一定比例计算。

其次,人工智能著作权侵权责任保险,承保范围应是法律承认其作者地位的部分人工智能独立实施的著作权侵权行为。如果人工智能被法律承认为具有作者地位,但是其行为完全处于他人的意志之下,如雇用其的公司的意志等,那么人工智能的著作权侵权责任,应当转为雇用其的公司承担,即替代责任。如果人工智能是属于法律否认其作者地位的人工智能,那么其行为应当被视为设计者或使用人的行为,人工智能只是设计者或者使用人的工具,著作权侵权责任由设计者或使用人自行承担。

最后,人工智能著作权侵权责任保险,可分为强制保险与自愿保险两类。只要设计制造人工智能以及使用人工智能的主体,都应缴纳人工智能著作权侵权强制保险,作为人工智能自主开展创作行为的基础保证。另外,人工智能设计制造者和使用者,可以自愿选择为人工智能购买商业保险。人工智能著作权侵权责任保单的设计,应当包含保险主体、保险内容、保险费、保险金等内容,并可根据人工智能创作涉及的具体领域范围以及著作权侵权概率,对保单内容进行部分调整。

四、结语

人工智能已经可以独立实时对自然世界作出反应,并自主进行学习和优化处理任务,但还未完全具备独立意识,不过人工智能具备独立自主的意识也为期不远。为迎合当下消费热点,众多企业纷纷采用人工智能进行创作,二者结合的确创造了高额利

---

① 杜严勇:《论机器人权利》,载《哲学动态》2015年第8期。

润,但是也存在潜在的著作权侵权风险。一旦此种著作权侵权风险现实化,而且无法有效安排各自责任,那么将对整个著作权产业造成沉重打击。因此,面对即将到来的人工智能时代,《著作权法》的未来发展不可放弃"执人工智能牛耳"的重要机遇,而应敢于引导世界立法潮流,分阶段地承认人工智能的作者地位,同时有条件地承认人工智能成果的可作品性,并对人工智能可能发生的侵权风险进行责任制度安排。只有通过上述措施直面人工智能对著作权法的挑战,并逐一提出对策予以解决,方能促进著作权法律制度的进一步完善和现代文化产业的蓬勃发展,保证我国著作权法律制度符合世界著作权制度发展潮流,并引领世界著作权制度变革,坚定理论自信与输出。

金融法

法定数字货币的法经济学逻辑和制度修正*

巫文勇** 卢阳智***

目 次

从实物货币到金属货币进而演进为信用货币,货币的更迭总是遵循着降低交易费用、提高结算效率的路径进行。在数字科技的推动下,法定数字货币应运而生,世界各国也纷纷推进法定数字货币的开发和研究,货币形态面临再一次更迭。2016 年英格兰银行和伦敦大学联合开发了中央银行数字货币(RScoin),①2017 年美国国家经济研究局提出了数字货币"联储币"(Fedcoin)研究的规划,②而新加坡金融管理局也拟推出新

* 基金项目:2018 年度司法部国家法治与法学理论研究项目"互联网金融行为规则和法律责任研究"(18SFB2044);2019 年度江西省高校人文社会科学重点研究基地项目"江西民间金融法治环境调查和对策建议"(JD19025)。

** 江西财经大学法学院教授、博士研究生导师,经济学博士。

*** 江西财经大学法学院经济法博士研究生。

① See Danezis G and Meiklejohn S, "Centrally banked crypocurrencies", arXiV perprint, arXiv: 1505.06895, 2015.

② See Michael D. Bordo and Andrew T. Levin, "Central Bank Digital Currency and the Future of Monetary Policy", *NBER Working Paper No.* 23711, 2017.

加坡法定数字货币(SGD)。[1] 我国亦不例外,从2014年成立了数字货币研究小组开始研发工作到2020年选择在深圳、苏州、雄安新区、成都以沙盒方式进行测试,仅耗时6年。但相对法定数字货币的开发进程,法定数字货币的理论研究略显单薄,有限的理论阐述也局限于法定数字货币金融理论、技术支撑和发行流程,较少涉及法定数字货币所引起的法律制度适用障碍。因此,我国在推进法定数字货币开发的同时,迫切需要加强相关的法律理论研究,并根据法定数字货币的特殊性,适时对现行货币法律制度进行修正,以保障货币更迭进程中的社会经济稳定。

一、法定数字货币对货币法律制度的影响和挑战

(一)法定数字货币对货币发行和需求理论的影响

在信用现钞货币发行法律制度框架内,中央银行作为唯一合法货币发行机构履行货币的发行职能。其基本发行模式是,由中央银行向商业银行注入流动性,进而商业银行在市场行使货币信用创造功能,从而完成货币从发行到向市场流动的过程。在此过程中,虽然中央银行作为唯一的法定货币发行者发行物质载体的纸币和铸币,但是商业银行在行使货币创造的同时大量发行了电子存款货币。因此,有学者就此作出论断"中央银行实际向商业银行让渡了绝大部分货币发行权"。[2] 然而,法定数字货币电磁化形态和网络载体运行的特征,使中央银行可以绕过商业银行直接向各类市场主体进行货币发行,进而"重拾"货币发行权。但是,中央银行在收回发行权的同时会引发商业银行现有的电子货币向数字货币转移,限缩商业银行体系,破坏现有的货币创造模式。如果完全沿袭现有的货币发行模式,又会导致法定货币发行权的真正旁落,进而破坏现有围绕中央银行货币发行权建立的各种监管体制。如何在保持中央银行是唯一合法发行主体的前提下,避免对商业银行的挤压,是法定数字货币面临的两难问题。同时,由于法定数字货币属于M0并始终存放于电子钱包中,这一独有特性避免了传统货币流转过程中出现的现金漏出问题,变相提高了货币乘数,会较大程度地影响货币发行过程中的流动性偏好,进而改变传统的货币需求理论模型和计量因素。

(二)法定数字货币对货币主体的权责配置的影响

法定数字货币的无形性、电子钱包储存和网络支付特征,使法定货币由社会公众直接持有变为间接控制,摆脱了信用现钞体制下的纸质或金属载体的物权交付,转变

---

① See Monetary Authority of Singapore, "The Future is Here—Project Ubin: SGD on Distributed Ledger", 2017.

② 姚前:《法定数字货币对现行货币体制的优化及其发行设计》,载《国际经济研究》2018年第4期。

为数字货币账户划拨或电子储存设备接触式流动。由于法定数字货币在保留传统法定货币本质特征的同时扩展了货币法律关系的外延，势必触发货币法律制度的深度变革。存款电子货币和法定数字货币不仅在货币形态上有所不同，两者背后所体现的法律关系更是具有实质性差异。存款电子货币体现的是存款人与商业银行之间的财产法律关系，两者间法律关系的维持以商业银行信用为担保。"存款货币主要表现为银行的存款，只能通过银行作为收付媒介，支付能力也受到支付主体的信用状况和支付票据的限制。"①法定数字货币体现的则是货币持有人与国家之间的财产法律关系，法定数字货币代表国家信用，持有人依法享有对国家的绝对求偿权。两者所体现的法律关系差异，会进一步衍生货币主体权责配置差异的法律问题。在信用现钞体制下，中央银行仅负责实物货币的设计和制作以及调整商业银行存放在中央银行的电子货币存款，进而实现源头上的货币发行，而货币的投放、保管和流转真正的法律权责承担者实际是商业银行。而法定数字货币作为算法加密货币，中央银行不仅是发行主体，更是算法规则制定主体，其在货币的发行和流转过程中将会享有更多权利，但也必定需要承担对等的义务。商业银行作为非法定发行机构，是否有权或有能力对法定数字货币的真实性进行验证，是否需要对电子钱包承担如电子货币账户般的安全保障义务，以及数字货币流转过程中各主体的权责义务如何区别于传统电子货币体系，法律均未作出规定。因此，我国想实现货币的顺利更迭，必须重新审视并构建中央银行、商业银行以及货币持有人三者间在法定数字货币背景下的权责关系。

（三）法定数字货币对货币监管和主权货币地位的影响

法定数字货币的"数字钱包"单纯从技术的角度看，没有境内和境外之分，其支付也没有在岸、离岸和跨境支付的差别。② 从短期来看，法定数字货币这一特性会对我国现有外汇资本项目管理体制带来冲击，从长期来看更会对我国人民币法定货币的地位产生重大影响。就短期而言，由于我国实行的是有管理的外汇体制，人民币的出入境存在一定的限制，对于人民币电子货币，持币者需要向外汇管理局申请并经审批后方能进行购汇并汇出；而对于纸币或铸币，根据《国家货币出入境管理办法》的有关规定，出入境人员每人每次携带的人民币不得超过20,000元。由于法定数字货币不存在物质载体，监管机构无法凭借传统的监管手段具体核实出入境人员所携带法定数字货币的数量。法定数字货币的数字钱包能实现离线点对点交易这一特性，也使法定数字货

---

① 张西峰：《主权货币国际流动法论》，中国政法大学出版社2015年版，第75页。

② 邹传伟：《央行数字货币的路径选择：批发型还是零售型?》，载《第一财经日报》2020年8月10日，A12版。

币的跨境流动省去了商业银行转账这一环节,从而规避了外汇管理部门的监管。就长期而言,我国若对他国法定数字货币流入缺乏有效监管,可能导致域外强势法定数字货币不断蚕食国内人民币地位,并最终履行货币的基本职能,导致本国货币外币化的现象。① 例如,数字货币 Libra 虽然不具备"法定"因素支撑,但其价值锚定以美元为核心,使其披上了法定的"外衣",而对于任何一个非美国家,如果 Libra 在其国内大量流通,而本国货币又不在其锚定资产中,本质上就是对该国法定货币的不同程度替代。② 由于我国人民币国际化处于起步阶段,如果放任货币强势国家的法定数字货币或类法定数字货币在我国境内流通而不加以限制监管,最终很可能会冲击我国人民币的法定地位。

二、法定数字货币发行模式选择和需求理论修正

(一)法定数字货币的发行理论和模式选择

法定数字货币的特征决定其发行和市场后续流通体系设计有两种可选择理论模式:一是由中央银行直接面向社会公众发行数字货币,此为直接发行或一元化发行;二是利用商业银行现行的货币运行架构,采用"中央银行—商业银行—社会公众"发行机制,也即间接发行或二元化发行。

1. 直接发行模式。在直接发行模式下,中央银行面向机构和个人直接发行数字货币,而拟使用法定数字货币的机构或个人须先在中央银行开立法定数字货币专用账户,将货币收入直接记入数字货币账户,支出则从该账户划拨以实现转账支付。直接发行又可分为"中心化"和"非中心化"两种发行模式,在"中心化"发行条件下,中央银行直接管理机构或个人的数字货币,也是数字货币的支付结算中心,各机构或个人之间的数字货币收付都通过中央银行来进行,这实质上是支付结算的中央银行化。③ 在"去中心化"发行条件下,采取的是公共区块链技术,法定数字货币直接在机构或个人账户之间进行划转,中央银行或其委托的第三方均不直接管理货币账户,只是亲自或委托第三方对交易进行确认,并维护支付结算系统的正常运行。

2. 间接发行模式。间接发行即利用商业银行现行支付结算体系实现法定数字货币的投放和回收,其基本流程和运行机制如下:首先,机构和个人在商业银行或支付结算机构开立法定数字货币账户;其次,中央银行将法定数字货币从发行库转移至商业

---

① 蔡辉明、易纲:《美元化利弊及美国的态度》,载《国际经济评论》2003年第2期。

② 赵鹞、马伟:《论脸书 Libra 的货币经济学难题》,载《南方金融》2019年第9期。

③ See Aleksi Grym, "Central bank digital currency", *BoF Economics Review*, Volume 5, 2017.

银行货币库,也即商业银行在中央银行开立的法定数字货币专用账户;最后,商业银行根据个人或机构的请求将数字货币转入其专用法定数字货币账户或电子钱包,类似传统纸钞和铸币的现实交付。① 理论上,双层架构的间接发行也存在“中心化”和“非中心化”两种基本模式,二者主要区别在于:一是在“中心化”发行场景下,个人或机构的法定数字货币支付结算都是通过商业银行或支付结算机构的数字化专用账户进行,而“非中心化”环境下的个人或机构的支付结算则是通过联盟区块链进行;二是支付结算机制存在较大的差异,“中心化”场景下的支付结算采取的是传统中央银行清算系统模式,而“非中心化”条件下则是由不同个人或机构跨越货币区域自行进行清算。②

3. 发行模式选择。发行模式的选择是决定法定数字货币法律关系的基础。一元发行模式下,中央银行直接对持币者提供货币服务,这不仅会彻底改变中央银行的法律定位,而且由于法定数字货币是以中央银行信用作为支撑的,明显优于商业银行系统下的存款货币,最终会减损商业银行信用创造的能力。二元发行模式并非商业银行与中央银行共享法定数字货币的发行权,而是商业银行利用既有的银行系统基础设施、人力资源以及服务体系,最大范围地扩展法定数字货币的应用场景,避免了对商业银行货币存款产生的挤出效应。对于采用二元发行模式可能会使法定数字货币的清算模式再次回到传统电子货币清算结构,不利于充分利用数字货币分布式账本技术优势的担心,可以选择在采用二元发行模式的同时,对法定数字货币的流通采取集中/分布相对均衡的登记中心予以解决。法定数字货币流通采取集中/分布相对均衡的登记中心方式处理,一方面,是分布式账本作为数字货币的核心技术确实能提供更为便捷和相对安全的支付结算方式;另一方面,坚持集中化登记也便于央行履行各种监管职能。例如,对洗钱犯罪的监管,监管机构须通过每一笔交易的详细记录方能判断相关交易主体的行为是否构成洗钱行为。在实践中,可设定法定数字货币交易数额标准,只有超过一定数额的交易须实行集中化登记结算,其余均采用分布式账本登记方式进行结算。如中央银行尚不具备处理法定数字货币结算清算能力,则可委托商业银行负责,通过每日交易数据对中央银行的异步传输,可以确保对货币市场的审慎管理和反洗钱监管。③ 在支撑法定数字货币的底层技术尚未完全被掌握和成熟之前,二元发行模式具有渐进性改革的优势,能在改革的同时尽可能地实现金融市场的稳定,确保技术发展与规则掌握同步进行。

---

① 范一飞:《中国法定数字货币的理论依据和架构选择》,载《中国金融》2016 年第 9 期。

② 刘少军:《法定数字货币的法理与权义分配研究》,载《中国政法大学学报》2018 年第 3 期。

③ 范一飞:《关于央行数字货币的几点考虑》,载《第一财经日报》2018 年 1 月 26 日,A5 版。

(二)法定数字货币的需求理论和计量因素修正

“一个国家所需要的并不是一定数量的金属(或其他)货币,而是有一定购买力的通货量。”①通货量取决于诸多因素,不仅局限于交易媒介、储存价值、流动偏好、预防动机的考虑,而且需要更为广泛地考量金融创新、货币形态变化和国家货币政策等货币需求计量因素。法定数字货币的发行和流通必定会改变居民使用货币的习惯并使货币流通性加强,从而对传统的货币需求模型和计量因素产生影响,迫使制度进行必要的修正。

1.法定数字货币场景下应对货币需求理论予以修正。信用现钞货币需求理论认为,影响法定货币的需求因素主要有国家的GDP总量、市场中商品供求结构配置、商品和劳务价格水平、收入在国民经济各部门的分配、货币流动速度和信用制度、替代性货币使用程度、国家开放水平和货币国际化程度、其他经济或非经济因素,如居民货币使用习惯等。因此,以上影响因子构成了货币需求变量模型:$M0=(G,M,P,I,V,C,N,O)$。但是,如果中央银行发行数字货币,由于支撑数字货币的技术因子、数字货币的流动速度、居民对数字货币偏好(货币中现钞与数字货币的比例),以及商业银行的货币创造能力发生变化,将会增加诸多新的影响因子,形成新的因果关系,并对货币需求模型产生重大修正:$M0^1=(G,M,P,I,V,C,N,H,S,D,P,A)$②。

2.法定数字货币场景下应当减少M0层次货币发行量。法定数字货币的特殊形态,使其恒定存放于客户在商业银行开立的法定数字货币专用账户或电子钱包中,货币持有人通过绑定商业银行或支付结算机构账户进行在线或离线支付结算。货币的支付过程,可以在法定数字货币专用账户之间进行,也可以在法定数字货币账户和其他数字货币账户如存款账户之间转账。故而法定数字货币会因数字货币账户存款和网络支付而避免现钞和铸币体制下的现金漏损。无论是社会公众的零星支付还是机构的大额结算,法定数字货币的账户化存储和电子钱包接触式支付,实现了数字货币的银行化存储,数据流量式的体内循环支付结算,加快了货币流动速度,增加了单位货币的周转次数,因此须减少M0层次中的法定货币发行总量。中国2009~2018年单位GDP所需M0量趋势变化如图1所示。

---

① [英]马歇尔:《货币、信用与商业》,叶元龙、郭家麟译,商务印书馆2017年版,第45页。

② G代表货币区的GDP总量;M代表市场商品供求结构配置;P代表商品和劳务的价格水平;I代表收入在国民经济各部门间的分配;V代表现钞的流动速度和信用制度;C代表替代性货币使用程度;N代表国家开放水平和货币国际化程度;O代表其他经济或非经济因素变量;H代表居民货币使用习惯;S代表支撑数字货币的技术因子;D代表数字货币的流动速度;P代表居民对数字货币偏好;A代表商业银行的货币创造能力变化。

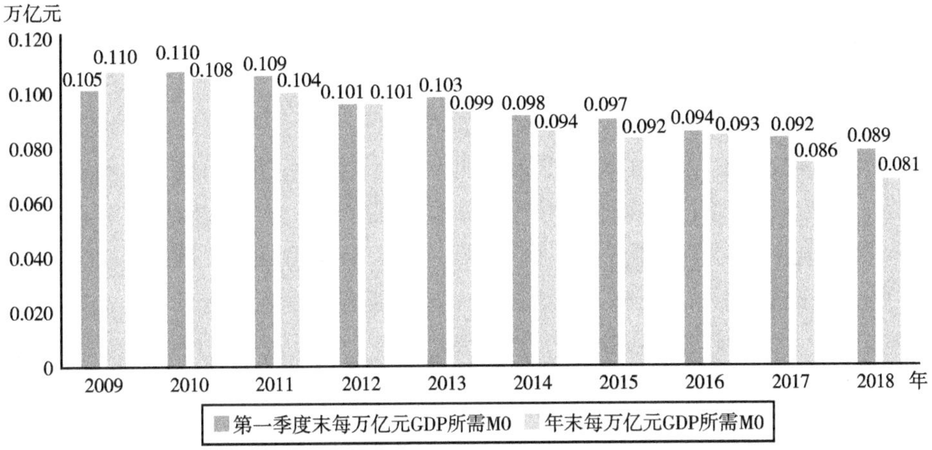

图1　中国2009～2018年单位GDP所需M0量趋势

资料来源:中国人民银行和国家统计局官方网站。是根据中国人民银行和国家统计局公布的2009～2018年10年间我国M0和GDP计算得出的结论,以此表明在货币数字化背景下,虽然每年中国人民银行发行的M0总量在增加,但M0与GDP的相对值则在逐年减少。具体的取样标准和计算方式:(1)每一年第一季度发行的M0除以上年度的GDP总量,表示每年年初每万亿元GDP所投入的M0货币,然后逐年比较,可看出为逐年下降趋势;(2)每年第四季度M0除以本年度的GDP总量,表示每年年末每万亿元GDP所投入的M0货币,然后逐年比较,也可看出程逐年下降趋势。两组数据综合比较,以此得出货币数字化和互联网支付结算对M0发行量的影响,即每万亿元GDP中M0层次货币因货币数字化和网络支付结算而逐年缩减。

三、法定数字货币运行规则和货币法律权责设置

(一)法定数字货币的账户体系和法律特征

中央银行发行数字货币需要在传统的银行账户体系之外设立数字货币账户体系,以满足法定数字货币的发行和运行,即须将原有的"一元账户体系"建设成为"二元账户体系","法定数字货币账户体系确立后,数字货币的更新迭代亦将在此一账户体系内完成"。[①] 中央银行作为数字货币的发行者和监管机构,享有货币法赋予制定法定数字货币账户的技术标准和监管规则,按照法定数字货币发行和流通规则分类设置账户并施加监管的权力。在中央银行主导的双层架构发行模式下,商业银行所属银行库中的法定数字货币属于商业银行资产,即中央银行的负债。然而,商业银行客户法定数字货币账户或电子钱包中的数字货币则属于客户的资产、商业银行的负债。商业银行

---

① 周子衡:《中央银行发行数字货币的五个问题》,载《清华金融评论》2017年第4期。

或支付结算机构与客户之间的法定数字货币交易,由中央银行数字货币认证和登记系统进行交易确认与监管,中央银行须承担交易确认、过户登记和货币真实性的法律责任。

在"二元账户体系"下,法定数字货币和存款电子货币共存,法定数字货币属于货币体系中的基础货币,是现实的货币,所占比例很小;存款电子货币则是市场资金的主要形式,是观念上的货币,需要借助信用票据或数据工具才能实现流动,二者在一定条件下可以相互转化,并在数量上相互制约。[①] 这是因为:(1)持有人可以将法定数字货币账户或电子钱包中的货币转入存款账户,或者将所接收的数字货币直接计入存款账户,使其转化为同等数量的存款货币,然后商业银行利用其进行信用创造;(2)存款货币的持有人也可以在法律允许的范围内,从银行存款账户中提取等额的现钞或将数字货币直接记入法定数字货币账户或电子钱包,使存款货币转化为法定数字货币;(3)法定数字货币与存款货币都是存储于银行账户或电子存储器中,它们与现钞和铸币共同构成市场总货币量,既相辅相成,也相互制约。

(二)法定数字货币主体的权责和义务配置

1. 中央银行的法定数字货币权力和责任。相对现钞和铸币,中央银行承担的法定数字货币的微观货币法律责任更为宽泛和复杂。在现钞和铸币流通体制下,中央银行一般不与货币持有人发生直接的货币法律关系。但在法定数字货币场景下,数字货币的无形性、数据化传递,以及电磁字符的非感官分辨特征等,需要中央银行对数字货币的真伪、持有者身份、货币权属、货币转移合法性等进行认证、鉴定、登记和查证。在此过程中涉及数字货币的加密、认证、计算和登记等,则属于中央银行的微观货币法律行为,如果中央银行或其代理机构在此过程中发生过错,如发生法定数字货币账户、电子钱包非因客户原因的设置瑕疵,以及系统故障、黑客攻击或因中央银行管理不善、身份鉴证错误,以及存储设备损坏,或者法定数字货币持有人信息泄露等,中央银行应该承担法律责任。"即使是在商业银行或支付机构代理经营的条件下,他也应是中央银行的基本义务",[②]即商业银行或支付结算机构根据中央银行授权行使部分货币发行权而造成他人损失,中央银行应该依法向遭受利益损害者承担民事赔偿责任。

2. 商业银行和支付结算机构的法定数字货币权责和义务。在间接发行模式下,无论是"中心化"还是"非中心化"发行和运行均需要商业银行或支付结算机构的深度参

---

① 刘少军:《经济本体法论》,中国商业出版社2000年版,第607页。

② 刘少军:《法定数字货币的法理与权义分配研究》,载《中国政法大学学报》2018年第3期。

与,否则将无法实现法定数字货币和存款数字货币的相互转换、对接和支付结算。法定数字货币作为法定货币的重要组成部分,商业银行和支付结算机构在其中的主要货币法权利包括以下几个方面:(1)代理经营权,即根据法律规定或中央银行授权代理发行法定数字货币,并享有法定数字货币发行后的货币运营权利,如经营存款权、支付结算权和货币创造权等;(2)身份审核权,即依法对拟开设数字货币账户和电子钱包的客户进行身份审核,以及对货币支付结算申请人实施身份识别和核查的权利;(3)兑换经营权,即按照法律规定经营货币兑换业务,进行现钞和铸币、法定数字货币及外币兑换,以及根据货币具体运行场景选择货币支付类别进行兑付的权利;(4)经营收费权,即在提供货币服务,为客户提供支付结算,实现货币有效流动的同时,根据法律规定收取一定服务费用的权利。

商业银行和支付结算机构是介于中央银行和数字货币持有人的中间层级,它们在享有法律或者合同约定权利的同时,必须承担相应的义务:(1)系统维护义务,即在中央银行承担整体和最终法定数字货币发行和运行系统经营管理责任的前提下,商业银行和支付结算机构根据法律规定或中央银行授权对系统的部分层级系统进行维护和管理;(2)认证审核义务,即在中央银行承担法定数字货币支付转让最终审核认证责任的前提下,商业银行和支付结算机构有义务接受中央银行授权,履行法定数字货币交易中间层级的审核认证义务;(3)货币兑换义务,即在法定数字货币推出后相当一段时间内,现钞、铸币与数字货币将混合运行、交替使用,商业银行和支付结算机构须为客户提供各种货币的相互兑换服务;(4)货币审查义务,即根据法律规定对法定数字货币洗钱、货币伪造和其他货币违法犯罪行为进行监管、审查、识别和数据统计,协助其他职能机构打击数字货币违法犯罪活动。

3. 货币持有人的法定数字货币权利和义务。法定数字货币的特有货币持有方式,构建了持有人与中央银行、商业银行和支付结算机构之间若干新的货币法律关系,衍生出诸多传统货币形态所不具有的新型权利和义务,如货币选择权、货币兑换权和赔偿请求权等。在法定数字货币法律关系中,机构和个人有权自由选择货币的类别,并根据需要向商业银行、支付结算机构申请不同类型货币的兑换。法定数字货币具有与现钞、铸币同等的绝对支付效力,商业银行和支付结算机构非依法不得限制货币持有人的支付流通权利,货币接收方也不得拒绝接受法定数字货币。这意味着:(1)法定数字货币只要通过中央银行或中央银行认可的认证系统的认证,就表明其数字货币真实无误,持有人则享有所持货币的绝对支付权,在没有相反证据证明为假币、变造货币或其他瑕疵货币的情况下,应推定该法定数字货币真实合法;(2)法定数字货币和衍生而成的存款数字货币的支付结算确认权归属于货币持有人,货币运营机构须在交易合同中向货币持有人明确电子签章或“私钥”的身份归属和指令确认效力;(3)法定数字货币存放于数字货币账号或者电子钱包中,法律上等同授权中央银行或商业银行进行具体管理和控制,如果发生非因客户原因的货币被盗或其他损害事件,中央银行或开户商业银行和支付结算机构应承担损害赔偿责任。

法定数字货币持有人的主要义务:(1)遵守法定数字货币持有和存储制度,按照法定数字货币收付规则和程序进行转账、结算和支付;(2)妥善保管法定数字货币账户密码,积极维护账号安全,如果发现账号被盗或者“私钥”遗失则应该积极采取补救措施;(3)严格遵守反洗钱、反假币法律制度,不得违反法律规定或利用认证和支付系统的漏洞进行支付结算、伪造货币和进行洗钱犯罪。

四、法定数字货币跨境流通监管完善和国际化推进

(一)完善法定数字货币的进出边境规则和监管

法定数字货币便于跨境支付的技术特征会导致传统资本跨境流动监管出现空白,因此,如何针对法定数字货币进行跨境流动监管以实现资本管理、汇率稳定便成为无法回避的制度问题。一个完整有效的法定数字货币体系,除了国内体系的发展与完善,还必须构建有效的法定数字货币跨境流动规则和支付清算体系。

1. 推进国际协定明确法定数字货币支付确认规则。作为法定货币的重要组成部分,各国的货币法均可能规定,在货币发行国境内,法定数字货币同现钞一样具有绝对的、优先的和最终的支付效力,即具有清洁法定区域内一切公私债务的效力,任何债权人不得拒收。但是,法定数字货币的跨境支付能否取得外国认可,则取决于两大前提条件:其一,该国法定货币是否为外国货币当局承认,即该国货币是否在外国被普遍许可使用。一般而言,在一国明示保留货币主权,禁止境外法定货币在本货币区域内流通使用的情况下,主权国的货币当局可依据国内法确认外国的货币支付行为违法,但另有协议者除外。其二,法定数字货币是否被外国当局宣布为除外货币形态,如是,将不被货币当局确认其效力。因为,虽然传统法定货币可能已经被他国接受,但是受法定数字货币的特殊形态和支撑这一特殊货币形态的运行网络和技术环境限制,其数字货币也可能被外国当局宣布为不可接受。所以,法定数字货币在外国的确认权,应由货币发行国和货币流通国通过双边或多边条约规定,但也可由数字货币接受国单方面确认同意。

2. 完善法定数字货币进出国边境监管制度。法定数字货币既可以通过互联网采取远距离非接触式支付结算,也可以近距离通过电子储存器接触实现点对点支付。货币持有人可因法定数字货币存储于电子设备,随手机或其他电子移动终端器自由进出

口岸或国边境，抑或是直接利用境内外的计算机进行支付，突破货币跨境流动的传统概念和法则：一是法定货币有形物质载体所带来的边境口岸申报和检查的易识别性逐渐消失，而更倾向于非感官数据查询和技术控制；二是法定数字货币进出国边境数量控制须依靠更加缜密的金融技术措施，但也会遭遇反金融控制技术以规避货币进出国边境监管；三是法定数字货币携带者基于互联网络通过数据信息传送而实现数字货币支付清算，创造新的违法犯罪途径，增加反洗钱难度。

针对法定数字货币的特性，实践中更倾向于通过金融技术创新和国际合作以实现法定数字货币进出国边境监测和控制：(1)中央银行的法定数字货币转让登记系统中设定数字货币进出边境阈值，将法定数字货币“进出口边境的监管规则嵌入被监管机构的业务信息系统，实时或者准实时确定存在的问题，而不是简单地采取监管行动”；①(2)国外清算行或代理清算银行在被赋予法定数字货币支付清算权责时，赋予其监管法定数字货币进出国边境数额和合法性审查权责义务；(3)第三方支付结算机构与商业银行遵循相同的法定数字货币进出国边境数额限制和规则，确保二者不因数额和规则差异而形成规则空白或制度悖论；(4)法定数字货币双离线跨境转移支付规则有效建设，从法律和金融科技角度防范、发现和解决双离线货币跨境转移支付过程中的违法和洗钱犯罪。

(二)构建法定数字货币国际化基础和制度条件

世界各国之所以聚焦于法定数字货币的研究和开发，其原因首先在于国内对更为便捷安全支付系统的需求，其次即试图通过数字货币便于跨境流通的技术特征增强本国货币在国际市场的话语权。在法定数字货币的背景下，要避免本国货币他国化最直接的路径就是推进本国法定数字货币的国际化。法定数字货币的国际化，除需要类似电子货币国际化的基础条件外，还需特别构建以下制度条件。

1.完善法定数字货币基础设施和制度条件。法定数字货币国际化就是一国中央银行发行的数字货币被国际社会广泛接受用于国家储备或日常支付结算。但要想国际社会接受该数字货币，发行国必须在国内建立完善的基础性制度条件。(1)国内有关法定数字货币基础设施的技术水平和完善程度，中央银行和商业银行有关数字货币发行、运行的安全保障和控制能力；(2)法定数字货币在国内经济市场特别是银行、证券、期货、保险和其他新金融领域中的推广程度，以及居民和机构对法定数字货币的认知和使用测度；(3)法定数字货币本身的安全性、法律监管的完善。国内法定数字货币的基础设施效率和安全性将会影响国际货币市场对这种货币的认知和期望，金融危机

---

① 周仲飞、李敬伟：《金融科技背景下金融监管范式的转变》，载《法学研究》2018年第5期。

频发的金融市场是毫无效率可言的,而要保障金融的安全稳健就必须建立、健全金融监管制度。

2. 推进对接域外法定数字货币的清算体系。法定数字货币的国际化必定涉及与不同国家货币之间的汇兑,降低法定数字货币的兑换和使用的成本即成为货币更迭的应有之义。法定数字货币的跨境流动首先需要国内外货币底层技术的对接,这种对接包括互联网络、数字货币账户和电子钱包运载工具,以及其他智能技术设施,其次需要在实现跨链交易的同时具有保障支付完整性和安全性,以降低数字货币兑换、使用和清算的成本。"我国人民币国际化实现中和实现后共同面临的重大问题,主要是人民币国际化清算的法律问题、人民币国际货币债务纠纷解决的法律问题和人民币国际化风险防控的法律问题等。"①人民币数字货币与人民币现钞和铸币一样,涉及支付清算、风险规避和货币债务纠纷解决等。但是,法定数字货币的高新金融技术特征还要求国外的清算银行或代理清算银行具备对人民币数字货币进行清算的设施条件、可行的制度规则,以及与人民币数字货币相关的金融产品交易机制和纠纷解决渠道。

五、我国法定数字货币发行和流通的具体法律制度设计

(一)人民币数字货币发行制度和权责规则

中国人民银行正在加紧人民币数字货币的研究和开发,人民币数字货币的法律性质、形态模式、价值特征、发行机制、运行方式、清算体系和金融技术架构等,会对我国现有的货币法理论和制度规则产生巨大影响。《中国人民银行法》和国务院发布的《人民币管理条例》,以及其他一些碎片化制度条款均是建立在现钞体制基础之上的,未能涉及法定数字货币的发行和运行。在法定数字货币背景下,货币相关法律制度必须进行修正,以满足货币变迁所引致的法律关系变动的需要,"只有在完善的法律和健全的制度保障之下,才能充分发挥数字货币的优势,实现金融系统稳定和国民经济健康发展的目标"。②

1. 人民币数字货币的法律属性和地位。人民币数字货币是法定货币的重要组成部分,所以我国应该在货币基本法中明确人民币数字货币的国家信用属性,使其具有与人民币现钞和铸币同等的法律地位,"以人民币数字货币支付中华人民共和国境内的一切公共的和私人的债务,任何单位和个人不得拒收"。但是,考虑"人民币数字货币的特殊性在于其使用需要特殊设备、网络等的支持,实践中确实面临因缺少设备配

---

① 韩龙:《人民币国际化重大法律问题之解决构想》,载《法学》2016 年第 10 期。

② 刘蔚:《基于国际经验的数字货币发行机制探索与风险防范》,载《理论探讨》2017 年第 11 期。

合无法使用的问题”,[①]并因此而影响其法偿能力的实际行使和权威,未来立法应该允许例外性情况发生。我国货币法律对此类问题的解决方案,可以在法偿性条款中加入除外性规则,明确由于客观原因无法受理人民币数字货币时可以拒收,但法律中应该设置替代性清偿条款。

2. 人民币数字货币发行中的权责义务。我国货币法应该规定人民币数字货币的发行原则、发行模式和基本程序规则,以及中国人民银行、商业银行和支付结算机构、货币持有人在人民币数字货币发行过程中的权责和义务。理论研究和中国人民银行官方意见表明,我国人民币数字货币拟采取间接模式发行,即中国人民银行作为唯一发行机构,可自行发行或授权商业银行代理发行。因此,在货币基本法框架下,中国人民银行应制定人民币数字货币发行技术标准、操作细则,以及法定数字货币账户和电子钱包的设置规则、商业银行和支付结算机构在数字货币发行中的具体权责义务等。中国人民银行作为人民币数字货币的发行机构,应该根据货币基本法保障机构和个人持有的数字货币的法偿性和绝对兑付效力,确保人民币数字货币持有人与法定数字货币有关的权利不受侵害。

(二)人民币数字货币运行制度和权利义务

我国货币基本法应该对人民币数字货币的运行原则、流通模式和基本制度,以及货币市场参与者在法定数字货币运行中的基本权责义务进行规范,然后由国务院根据货币基本法制定法定数字货币管理条例,以明确人民币数字货币的技术标准和流通细则。法定数字货币管理条例作为法定数字货币基本法实施细则,应该规定:(1)人民币数字货币的运行节点和技术标准、底层支持技术要求,以及支付结算和清算的基本业务流程;(2)中国人民银行在人民币数字货币运行中的具体权责义务,商业银行、支付结算机构和人民币数字货币持有人的行为规则和具体权利义务。

1. 中国人民银行的行为规则和权责义务。在我国,中国人民银行作为中央银行,在人民币数字货币运行中的行为规则和权责义务主要有:(1)制定人民币数字货币运行规章、底层运行技术标准,负责或授权相关机构对人民币数字货币进行认证、登记,防止数字货币的伪造、变造,杜绝人民币数字货币支付结算的虚假数字签名,确保数字货币的支付转让命令真实合法,实现数字货币转移连续记载的真实和可追溯;(2)建立与各商业银行或支付结算机构数字货币网络链接和协调,计算人民币数字货币流通速度,控制数字货币运行效率和风险,进行执法检查和行政裁决人民币数字货币运行过程中的纠纷;(3)建立人民币数字货币可控匿名交易,保证交易主体在交易中的信息不

---

① 刘向民:《央行发行数字货币的法律问题》,载《中国金融》2014年第17期。

被泄露,保护数字货币主体个人隐私,维护人民币数字货币交易安全和保障货币持有人的货币权益,进行数字货币的技术数据统计、反洗钱等;①(4)推行人民币数字货币国际化,建立和协调人民币数字货币国际清算基础设施和机制,布局和建设人民币数字货币产品的交易机制和风险控制机制。

2. 商业银行和支付结算机构的行为规则和权利义务。商业银行和支付结算机构是人民币数字货币的代理发行和经营机构,主要行为规则和权利义务包括:(1)制定商业银行和支付结算机构内部人民币数字货币经营规章,根据法律和中国人民银行制定的人民币数字货币营运技术标准和制度规则,建立和维护数字货币的流通设施和业务经营规则;(2)按照法律规定代为管理人民币数字货币账户和数字货币,严格区分法定数字货币账户和银行存款账户,并遵循各自的运行规则,进行人民币数字货币支付结算和清算划拨;(3)根据法律规定或中国人民银行授权,对人民币数字货币流通转让进行认证、登记,维护法定数字货币网络运行安全,尽责监控人民币数字货币运行过程中的违法行为,保障人民币数字货币的兑换权和替换性支付结算权。

3. 货币持有人的行为规则和权利义务。货币持有人是人民币数字货币的使用人和财产权利拥有者或管理者,主要行为规则和权利义务包括:(1)持有人对所持有的数字货币拥有与现钞和铸币相等的法偿权,中国人民银行和商业银行必须确保所发行或支付给持有人的数字货币的真实性和无瑕疵性;(2)机构或个人有权选择人民币现钞、铸币,或数字货币进行支付结算,也有权要求商业银行进行人民币数字货币与现钞、铸币,或外币相互兑换;(3)中国人民银行和商业银行、支付结算机构应该严格按照法律规定为客户开立人民币数字货币账户、存款数字账户和电子钱包,如果因为账户、钱包开设或其他网络技术问题导致货币持有人损失,可以要求相关责任方赔偿;(4)持有人应该诚信使用人民币数字货币账户和支付人民币数字货币,不得利用其账户、电子钱包或网络缺陷欺诈性地取得人民币数字货币或存款数字货币。

(三)人民币数字货币清算行为和法律制度

我国人民币正处在国际化推进阶段,人民币的国际化包括人民币数字货币的国际化。人民币要成为真正的国际货币,必须在研究和建立我国境内法定数字货币底层技术和制度体系的基础上,布局我国人民币数字货币和外国数字货币底层基础设施,以及对接货币流通、使用和兑换制度规则。人民币国际化,是我国经济开放发展的重要组成部分和金融市场建设的关键环节,法定数字货币支付结算的便捷性有助于推动人

① See Kahn, C. J. McAndrews, W. Roberds, "Money is privacy", *International Economic Review*, Volume 46, 2005.

民币国际化,但也会带来诸多技术和制度上的问题,因此,人民币数字货币的发行使用在为人民币国际化提供技术便利的同时也产生了挑战。法定数字货币的国际化发展将对我国现行的货币流通基础设施、货币政策,流动体系、管理体制,以及金融调控和国际收支统计产生巨大影响,这对新的支付清算制度建设提出了要求。

世界支付清算委员会(Committee on Payment and Settlement System,CPSS)制定的《重要支付系统的核心原则》认为,货币支付清算系统是金融基础设施的核心,在各国所有相关的管辖范围内,应该建立健全的支付清算系统、完备的支付清算法律基础和完善的制度体系。然而,法定数字货币的支付清算法律制度建设,首要任务是明确支付清算法律主体的权利义务,以及资金划拨的法律责任,以有效保护支付清算的运行主体和市场参与者。虽然各国的货币清算模式存在较大差异,但中央银行是支付清算系统的设计者、规范者、监管者甚至是运营者,同时也是支付清算系统的使用者是世界货币市场的共有特征,因此,相关法律必须明确中央银行在其中的核心和控制者地位。①

人民币数字货币的发行和推广将被广泛应用于国际贸易结算和海外投资,这在客观上也要求拓展我国支付清算系统功能,对现行人民币"支付清算系统"进行转型升级。但是,中国人民银行制定的支付清算办法在应对人民币国际化和数字化问题上有两点待完善:一是仅规定了中国境内人民币的支付清算程序和规则,缺乏适用人民币跨境支付清算的法律效力;二是没有涉及法定货币数字化发展的技术场景和制度规则。因此,在对人民币数字货币研究和开发的同时,还应该加强包括法定数字货币在内的人民币国内外清算系统规划和建设。首先,在梳理现行人民币支付清算制度规则基础上,制定适合我国包括法定数字货币在内的人民币支付清算基本法,在此基础上由中国人民银制定人民币数字货币国外支付清算管理办法;其次,在世界支付清算委员会《重要支付系统的核心原则》框架下,签订双边或多边协议,解决国家法定数字货币支付清算法律冲突问题。人民币数字货币国际化清算的重点在于,明确法定数字货币跨境清算基础建设,技术标准和支付清算规则衔接,支付指令的有效性和最终性,以及法定数字货币参与方的权利义务和法律责任等。

六、结语

法定数字货币发行会对现有金融体系和货币法律制度产生重大影响,金融法学理论应该高度重视对法定数字货币的发行、存储、交易、结算规则和制度理论的研究。在

① 王文宇、林育廷:《票据法与支付工具规范》,台北,元照出版公司2008年版,第32~34页。

法定数字货币发行理论方面,应该根据法定数字货币的数据化和网络化特征,在现有法定货币发行理论基础上,可以借鉴其他国家的法定数字货币法理论研究成果和实践经验,研究适合我国金融国情的人民币数字货币发行模式,重点解决人民币数字货币的发行方式、账户设置、数量需求、技术支撑等基本问题。在法定数字货币运行方面,重点研究人民币数字货币运行急需解决的货币交易真实性验证、交易转让登记、交易信息账本确认,以及在人民币数字货币场景下的货币违法犯罪控制、纠纷解决机制和损害赔偿责任承担等。在法定数字货币清结算理论方面,则应该重点研究人民币数字货币的清结算模式、清结算机制、技术支撑和制度规则的设置,并加强人民币数字货币与他国法定数字货币清结算体系建设和法律制度衔接研究,加快人民币数字货币的国际化进程。

德国金融稳定发展的立法实践与经验*

赵　莹**

目　　次

一、问题的提出

当前,我国金融体制改革重心的架构体系日趋稳健。金融体制改革是一个动态演化的过程,主要以“增强金融服务于实体经济能力”“健全货币政策与宏观审慎政策双支柱调控框架”“健全金融监管体系守住不发生系统性金融风险”这三大目标为指导改革的总体方针和导向,不断创新各项改革举措,生产力和金融体系的匹配度渐趋增强。概括而言,我国的金融体制改革路径采取了“两步走”策略。第一步,于 2017 年 11 月成立国务院金融稳定发展委员会(以下简称金稳会)。作为国务院统筹协调金融稳定和改革发展重大问题的议事协调机构,金稳会的办公室设于中国人民银行,从而有利于应对有关金融行业发展的繁杂问题,并提升治理效率。与此同时,进一步明确并强调人民银行和金融监管部门的职责权限,以期提升金融监管的协调性,补齐当前存在的监管漏洞和监管“短板”,从而保障金融行业的安全与稳定发展。金稳会设立的主要

* 基金项目:2020 年国家社科基金重点项目《互联网个人信贷法律问题研究》(20AZD117);中国博士后科学基金第 62 批面上资助项目“‘一带一路’倡议下中国金融安全法制保障研究”(2017M622953);2017 年重庆市博士后科研项目特别资助项目“‘一带一路’建设中国金融安全法制保障研究”(Xm2017129)。

** 西南政法大学经济法学院副教授,法学博士,博士后研究人员。

职责之一在于,贯彻落实党中央、国务院有关我国金融行业发展的相关决策部署,统筹推进新时代背景下我国金融行业的稳定与发展。围绕"协调"和"整合"两大主线,对影响金融业改革发展的重大规划进行审议,协调金融政策与财政、产业政策、货币政策与金融监管政策,统筹各方开展金融改革、发展与监管工作。通过构建制度化的合作机制,研究并制定系统性金融风险防范和处置及维护金融稳定的重大政策,以有效应对相关风险,指导地方金融改革发展与监管,高效调配权责资源,增强业务监督和履职问责实效。第二步,依据国务院机构改革方案的决定,于 2018 年 3 月设立中国银行保险监督管理委员会(以下简称中国银保监会)。立足于克服现行金融监管体制存在的监管重叠和监管空白等问题,中国银保监会的职责定位为对银行业和保险业依法进行统一监管,从而"维护银行业和保险业合法、稳健运行,防范和化解金融风险",完善金融消费者保护基本制度,保障金融秩序稳定。①

总的来说,我国金融监管呈现逐步加强综合性监管的趋势,目前已形成在金稳会协调下金稳会、中国人民银行、中国银保监会、中国证监会分别开展监管的监管体系,简称"一委一行两会"。目前,学界已对"一委一行两会"的工作模式、协调实效等在监管实践中的作用展开了系统的总结和分析。跨行业、跨市场的金融创新不断发展,不可预测问题随之产生,"一委一行两会"增强了监管的权威性,利益的超脱性获取了更强的认可权,渗透在金融市场中,成为一个金融风险防控"行动共同体",融合了互补性和趋同性,彰显出巨大的合力。

与中国相似,德国自从 2008 年全球金融危机以来为了更好地保障金融稳定发展,不断进行金融体制改革。其作为欧洲最大的经济体,在遭遇金融危机时出台了一系列金融救市法律法规,主要包括:2008 年的德国《金融市场稳定法》(Financial Market Stability Act),该法以立法形式规定了金融委员会的人员构成、职责职能、议事规则、监管协调权等事项,②确保金融委员会职能的发挥。2009 年出台《紧急接管法》作为《金融市场稳定法》的延伸,将一些银行按照顺序国有化。2018 年德国进行了金融体制改革的第二轮,为欧盟《金融工具市场指令 2》(MiFID2)在德国的实施创造了条件,加大对投资者的保护力度。综观德国的金融体制改革,主要采取立法的形式为金融体制改革的顺利进行保驾护航,明确规定了金融稳定发展委员会的立法目的、职员职责职能和加强其监管协调权。当代金融科技的不断发展,对我国金融监管提出挑战,若监管

---

① 邢会强:《国务院金融稳定发展委员会的目标定位与职能完善——以金融法中的"三足定理"为视角》,载《法学评论》2018 年第 3 期。

② Frank Zipfel,"Stability Council:Financial inspector of Germany's Länder",*Deutsche Bank Research*,15 September,2011.

滞后则对金融稳定与安全造成威胁,金稳会如何更好地发挥其监管合力?期待研究德国稳定金融发展的立法实践能够为我国的金融体制改革提供一些借鉴。

二、德国金融监管体制改革历程

德国作为欧洲最大的经济体,在2008年11月中旬正式陷入衰退,2009年经济持续衰退,成为第二次世界大战以来最糟糕的经济表现。德国政府为了救市,拯救持续衰退的经济,形成了经济救助措施"两步走"。第一步,2008年10月11日通过《金融市场稳定法》,并且在2009年1月和2月通过了一项经济刺激计划;第二步,2009年3月20日,德国联邦议院下议院通过了《紧急接管法》,有顺序地将一些银行进行国有化,该法是《金融市场稳定法》的延伸。该法允许政府在用尽所有救助措施之后,仍然与股东无法达成协议时,可以收购银行的所有股票。① 由于这些银行的倒闭将对金融体系的稳定构成威胁,因此,这部法律赋予了政府接管银行的权力。

为了稳定金融市场,德国联邦政府设立了金融市场稳定基金(Finanzmarktstabilisierungsfonds),该基金也被称为特别金融市场稳定基金(Sonderfonds Finanzmarktstabilisierung, SoFFin),由联邦金融市场稳定局(Bundesanstalt für Finanzmarktstabilisierung,FMSA)管理。2008年10月17日,德国议会批准了总额高达4800亿欧元的特别基金。其中,700亿欧元为新增资本,100亿欧元为风险基金,4000亿欧元作为债务担保资金。该基金的最长担保期限为36个月。2018年的德国开始第二轮金融改革,并通过了长达379页的《第二金融市场修正法案》(Zweite Finanzmarktnovellierungsgesetz－2. FiMaNoG),其目的是在德国落实欧盟的《金融工具市场指令》,于2018年1月3日在德国实施。该修正案作为德国金融监管的第二支柱,使金融市场监管领域的法规更加能够适应欧盟的新要求。②

在MiFID2框架下,数据报告制度对于识别潜在风险和预防金融交易风险发挥了关键作用。该框架加强对投资者的保护,辅之以强大的市场监督覆盖率,实现了金融市场的效率化、弹性化和透明化。MiFID即欧盟《金融工具市场指令》(2004/39/EC),自2007年11月以来,它已在整个欧盟得到应用。作为规范欧盟金融市场监管的基石

---

① Bruce Bloomingdale, Ed Parker, Husam EI-Khatib, "Summary of Government Interventions in Financial Markets Germany", *Mayer Brown*, 20 March 2009.

② Bruce Bloomingdale, Ed Parker, Husam EI-Khatib, "Summary of Government Interventions in Financial Markets Germany", *Mayer Brown*, 20 March 2009. Dr. Christian Büche, Dr. Hilger von Livonius, Dr. Henning Starke, Dr. Philipp Riedl and Michael Harris, "Reforming the Financial Markets in Germany—Update on the Implementation of MiFID2", *K &L Gates*, *Legal Insight*, 15 November, 2016.

之一,MiFID 意图构建一个集投资服务和活动为一体的统一市场,用以增强金融市场的竞争力和稳定性,并保障金融投资者得到高度协调的保护。MiFID 调整的对象主要包括:(1)规管市场的授权规定;(2)投资公司的业务运作和组织要求;(3)避免市场滥用的监管报告;(4)明确股票交易透明度义务和金融工具交易进入的规则。MiFID 对于适当性与适合性两者进行了区分,将金融客户详细划分成三类:零售客户、专业客户和合格客户。对零售客户适用适当性原则,将其纳入金融消费者的范畴进行规制。2008 年全球金融危机后,理论界和实务界指出对零售客户或一般投资者的保护存在过当问题,其基本享受了与专业客户或特定投资者"一视同仁"的待遇,并认为这是全球金融危机爆发和蔓延的一个主要原因。① 这一问题引起高度关注,并在 MiFID2 中得到了修正。欧盟委员会在 2011 年 10 月 20 日通过了修订 MiFID 的立法提案,历经两年的调整和完善,借助修订指令和新法规两种形式,欧洲议会和欧盟理事会通过了《金融工具市场指令 2》及《金融工具市场监管指令》,即 MiFID2 和 MiFIR,并于 2018 年 1 月正式实施。MiFID2 和 MiFIR 旨在构建更加安全、公平、有效的市场,并为所有金融参与者提供更大的市场透明度。新的报告要求和测试增加了可用信息的数量,并减少了"暗池"和场外交易的使用。高频交易管理务必对投资公司和交易场所行为进行规制,科学设计系统化的组织运行机制,增加有序竞争。尤其是,重点规范了中央对手方(Central Counter Party,CCP)、交易场所和基准的非歧视性准入等重要方面。

投资者的保护是通过引入新的需求对产品加强治理和独立的投资建议,扩展现有的规则来进行结构性存款,改善多个领域的需求,包括管理机构的责任、客户交叉销售的信息和报告、员工薪酬和最佳执行等规定。

由此可见,德国自从 2008 年以来的金融体制改革历程主要表现在两个方面:一是立法形式上逐步完善金融立法。从 2008 年全球金融危机以来德国针对国内的金融形势出台了《金融市场稳定法》《紧急接管法》,出台经济刺激计划和设立金融稳定基金,为欧盟 MiFID2 在德国国内的施行提供便利条件,将其转变为国内立法。二是立法内容上逐步进行金融体制改革与金融投资者保护制度。设立金融稳定委员会,赋予金融稳定委员会特定的职责,为确保其宏观审慎金融监管的职能,采用立法形式保证其警告建议以及与欧洲风险委员会、德意志联邦银行与德国联邦金融监管局的协调合作的权力,从宏观的角度保障不发生系统性金融风险。这些立法改革对银行业、保险业和证券业产生的影响主要包括两个方面:积极的风险管理和及时跟踪变化。这两个方面

① 杨东:《论金融法的重构》,载《清华法学》2013 年第 4 期。

是衡量金融监管合规的根本。银行机构、保险机构和证券机构需要及时更新信息和通信技术，以保证金融监管机关采取及时的监管措施，使政府管理风险和金融服务业的合规政策保持一致。[①]

三、德国《金融市场稳定法》的主要思想

（一）保障金融稳定发展：德国《金融市场稳定法》的立法目的

德国《金融市场稳定法》总共有七节，分别是：第一节“维护金融稳定”；第二节“金融稳定委员会”；第三节“警告和建议”；第四节“与欧洲风险委员会的合作”；第五节“德意志联邦银行与德国联邦金融监管局的合作”；第六节“报告要求，发布法定命令的权力”；第七节“保密要求”。德国《金融市场稳定法》的立法目的主要是保障金融稳定发展。第一节里规定了德意志联邦银行（Deutsche Bundesbank）负责维护德国金融体系的稳定。德意志联邦银行要分析影响金融稳定的因素，并且识别可能危害金融稳定的风险因素。德意志联邦银行每年要准备一份关于金融稳定和发展的报告，将这份报告提交金融稳定委员会，以便金融稳定委员会根据德国《金融市场稳定法》第二部分第9条的规定向联邦议院报告金融稳定的发展状况。[②] 德意志联邦银行还应该向可能危害德国金融稳定的因素给予警告，并给出详细的理由，向其提供建议，接受建议的机构应该在合理的期限内向金融稳定委员会定期报告建议的实施情况，如果接受建议的机构不打算接受该建议，则应该提供详细的理由。这并不影响德意志联邦银行根据其他规定享有的权利，《德意志联邦银行法》（Gesetz über die Deutsche Bundesbank）第十二部分应该比照适用。[③]

（二）加强宏观审慎监管：金融稳定委员会的主要职责

2013年1月，根据德国《金融市场稳定法》第2条，在联邦财政部设立金融稳定委员会（Ausschuss für Finanzstabilität），主要任务是定期讨论与金融稳定有关的问题。其目的是加强宏观审慎监管（对金融体系的稳定性监管），并将其与微观审慎监管（对机

---

① Dr. David Doyle, *Shaping Europe's Regulatory Framework to Ensure Future Financial Security*, sas institute inc. World Headquarters.

② 德国《金融市场稳定法》第二部分第9条规定：“金融稳定委员会应当每年向联邦议院报告金融稳定的情况和发展情况，并根据本条例进行活动。”

③ Financial Stability Act, Section 1, Safeguarding Financial Stability.

构特定的监管)更紧密地联系起来。① 金融稳定委员会每季度举行一次会议。它的主要任务是研究和分析德国联邦银行提供的数据,从而研究与德国金融稳定相关的问题,识别潜在的风险,发布警告,并就如何避免风险提出建议。

金融稳定委员会的人员构成主要有:联邦财政部部长是金融稳定委员会的主席,其他成员是负责德国金融体系的机构代表,比如,来自德意志联邦银行、联邦金融监管局(BaFin)和联邦金融市场稳定局(Federal Agency for Financial Market Stabilisation,FMSA,属于顾问的角色)的代表。金融稳定委员会的人员构成名额具体是:三位来自联邦财政部的代表、三位来自德意志联邦银行的代表、三位来自联邦金融监管局的代表、一位来自联邦金融市场稳定局(属于顾问成员)。

金融稳定委员会的职责主要是讨论影响金融稳定的主要因素,在金融危机期间,加强金融稳定委员会各个代表机构的联系与合作,对欧洲系统风险委员会发出警告的处理意见,向下议院提交联邦议员的报告,向可能影响金融稳定的机构发出警告和建议,向该机构预先发出通知,同时该机构有权发表意见和评论。

金融稳定委员会每季度由主席召开一次会议,其他的委员出于合理的理由可以要求在短时间内召开会议。主席可以要求第三方参加会议,委员会应当经过双方同意通过其议事规则。

德国《银行法》《证券交易法》《保险监管法》《资本投资法》《央行法》《金融市场稳定基金法》等法律中有保密规定的,在履行金融委员会任务时应免除各自的保密要求。金融市场稳定管理局委员会主席应按照《金融市场稳定基金法》的规定向指导委员会介绍金融稳定的情况,主席应当定期向指导委员会通报金融稳定方面的发展情况,以及金融稳定委员会的决定和其他的决议。金融稳定委员会的决议一般采用简单多数制,但金融稳定委员会作出的审议以及向联邦议员提交的金融稳定报告,应当经过各个委员的一致同意,并且不能同联邦银行代表的投票结果相背。金融稳定委员会的审议应当保密,但对于委员会及其成员对于会议和委员会一般的工作报告不受限制。金融稳定委员会由主席任代表,当主席不在的时候,由副主席担任代表。②

① German Financial Stability Committee, "Financial market stability and macroprudential policy", https://www.bundesfinanzministerium.de/Web/EN/Issues/Financial_markets/Financial_market_stability/Financial_stability_committee/financial-stability-committee.html;jsessionid=8ACF2333AACC28CEFE9C4BCAC9D8C3BF, January 19, 2017.

② Financial Stability Act, Section 2, Financial Stability Committee.

(三)警告建议和发布命令:金融稳定委员会的权力①

1. 警告建议的权力

金融稳定委员会可以向特定的机构发出警告和建议,提请该机构注意可能损害金融稳定的风险,对于警告,应当给予充分的理由,也可以向该机构提供采取合适的措施和必要的措施的建议,以避免金融风险。金融稳定委员会可以向联邦政府、金融监管局或者其他的公共机构发出警告或者建议。接受建议的机构应当在合理的期限内,向金融稳定委员会定期报告实施的情况,如果认为不需要实施该建议的,应当提供详细的理由。金融稳定委员会认为,其向联邦政府的公共机构提供的建议没有被采纳,或者其没有为不作为提供充分的理由,可以在严格保密的情况下通知联邦政府。金融稳定委员会发布的警告或建议,应当向受送达人提供其建议的预通知,并给予该送达人评议的机会。

2. 发布法定命令的权力

德意志联邦银行有权利在其发挥职能时要求在德国注册的金融企业提供经济和贸易数据。经济和贸易数据,指的是能够深入了解金融企业的金融情况和发展情况的贸易活动数据,这些数据包括资产负债表、单个集体或者集团的表外业务活动信息、集团结构数据信息、双边互联和风险管理信息、偿付能力信息和流动性数据,这些资料也包括为了更好地发挥职能所需要的个人资料。德意志联邦银行只有在无法通过与其他当局交换信息获得数据时,才能要求其他当局提供这些数据,并且请求必须以书面形式提出,并说明收集数据的目的、传递的数据内容以及传递数据的合理期限。

联邦财政局与德意志联邦银行通过了一些协议,不需要通过德国上议院的同意就可以要求德意志联邦银行提供更详细的数据,主要包括数据的性质、范围和形式,允许存储的数据媒体、传输渠道和数据的格式等,如何收集、处理和使用数据,以及删除或者匿名个人资料的期限等。

(四)信息共享与协调:金融稳定委员会的合作监管

1. 与欧洲风险委员会的合作

德国金融稳定委员会建立了与欧洲系统风险委员会②的密切合作,是欧洲系统风

---

① Financial Stability Act, Section 6, Reporting requirements; power to issue statutory.

② 欧洲系统风险委员会(European Systemic Risk Board, ESRB)成立于2010年9月,是由欧洲央行行长担任主席,但由各国央行和欧盟委员(European Commission)会代表组成的系统性风险委员会,兼顾跨境宏观审慎问题,其旨在建立一个早期风险预警机制,加强协调欧盟银行、保险和证券三个机构的协调和信息共享。Dr. David Doyle, *Shaping Europe's Regulatory Framework to Ensure Future Financial Security*, SAS Institute Inc. World Headquarters, 2011.01.

险委员会和其他欧盟宏观审慎监管当局成员国的联络点,在必要的情况下与欧洲风险委员会互换信息,在必要情况下与欧盟其他成员一起维护金融稳定,对于有可能造成跨境影响的金融风险,金融稳定委员会应该提前通知欧洲风险委员会,向其发出警告和建议。①

2. 德意志联邦银行与联邦金融监管局的合作

德意志联邦银行与联邦金融监管局为了履行职能应当保障信息的交换通顺,特别是观察结果、发现和评估报告,应当在双方同意的情况下制定传输信息的方便性细节规定。尤其是关于银行法、证券交易行为、证券并购和收购行为、保险监管和支付服务监管等方面。德国联邦银行和联邦金融监管局应当同意在自动程序中访问彼此数据库中储存的数据。②

(五)保密的要求:金融稳定委员会的成员义务

金融稳定委员会的成员或者受雇于该机构代表金融稳定委员会的成员不得披露或者未经授权获得信息,其中包括为了第三方利益的商业秘密,即使他们离开了金融稳定委员会,也不得免除这一保密义务。这项规定同样适用于通过报告获得信息的其他人。③

四、德国《金融市场稳定法》立法实践的经验

(一)以立法保障金融监管部门职能法治化和监管有效化

德国金融稳定委员会是依据德国《金融市场稳定法》而成立的,因此,德国属于先有了金融稳定法案,随后产生了负责金融稳定的监管机关——金融稳定委员会。因此,德国在法案中规定了金融稳定发展委员会的定义、人员构成、职能职责与金融监管协调的权力,体现出了立法在金融监管中的作用。在我国的金融监管体制改革历程中,为避免监管"真空"产生监管套利,强化金融监管协调,2013年8月,由中国人民银行牵头,银监会、证监会、保监会、外汇局等有关部门参与,金融监管协调部际联席会议顺利召开。针对当时金融混业发展具体状况,即单一的监管主体无法全方位监管金融业务范围,这一会议制度应运而生,其对保障金融业稳健运行起到了一定作用。但联席会议制度未突破金融监管壁垒,只对重大事项汇报国务院,整合的是金融监管协调信息和工作进展情况,对复杂现实的回应力存在不足。为加强金融监管质效,补齐金

① Financial Stability Act, Section 4, Cooperation with the European Systemic Risk Board.

② Financial Stability Act, Section 5, Cooperation between the Deutsche Bundesbank and BaFin.

③ Financial Stability Act, Section 7, Confidentiality requirement.

融监管"短板",在2017年7月于北京召开的全国金融工作会议上,我国金稳会正式宣布成立,通过金稳会的成立意图强化人民银行有关金融业宏观审慎监管以及系统性风险防范的职责,以及各个金融监管部门的具体监管职责。钟震提出了金融监管的"通道"(aisle)规律,即根据世界上发达国家和发展中国家的金融监管经验比较分析发现,金融监管改革的路径总体上遵循"目标(Aim)→信息(Information)→制度(System)→法律(Law)→执行(Enforcement)"的发展演变,在此基础上总结出金融改革的常规方向,并形成"通道"(aisle)理论。法的内在价值可以指引法的外在规范作用,其中制度建设是金融监管协调机制由非正式向正式制度转变的关键环节,接下来就是形成法律制度,以法治形式作为金融监管协调的保障,与制度建设同步进行,以法治形式明确金稳会协调机制的地位和切实可行的制度。[①] 目前,我国的金融体制改革重申加强金融监管,以防范系统性金融风险为底线,完善金融机构法人治理能力,故以立法的形式明确金稳会的地位、职责和职权,将其"做实",且在进一步明确法定职责的基础上,赋予其信息收集权、监管指定权、规章制定权等法定职权,使其真正成为能够适应金融风险泛化现实的跨业风险监管机构。[②] 通过一部统一的法律规定国务院金稳会的职责将会确保其职能的法治化、作用的最大化以及监管的有效化。

(二)合理确定金融监管部门的人员构成与职能职责

德国《金融市场稳定法》中明确规定了金融稳定委员会的人员构成、职能职责、会议制度以及决议制度。立法经验证明提供与职责相称的权力,改进问责机制,目标明确的监管机构才能够经受住时间的考验。金稳会应当符合基本法治需求,然而目前我国法律并没有明确规定金稳会的设立、组织机构、人员构成、职责和运作等。这对我国的法律变革提出了明确的法治需求,亟须法律回应。[③] 我国金稳会考量开展工作的实际需要,人员队伍与工作任务的覆盖面基本匹配,两届金稳会主任均由副总理担任。但在第二届委员会人员配置上,副主任仅由一位中国人民银行副行长和一位国务院副秘书长担任,委员则由证监会和银保监会的负责人分别担任。还有学者认为,尽管金稳会的日常办公机构常设于中国人民银行,但不能直接推导出委员会的工作由央行主导。否则,极有可能将中国人民银行的宏观审慎管理职能与监管职能混淆,并导致其职能的泛化,最终形成中国人民银行牵制监管机构竞争的局面。

因此,应当明确金稳会作为一个独立组织的地位及其监管协同职责的边界范围。

---

① 钟震:《金融监管协调:通道理论的提出及应用》,载《财贸经济》2018年第9期。

② 周仲飞、李敬伟:《金融科技背景下金融监管范式的转变》,载《法学研究》2018年第5期。

③ 邢会强:《国务院金融稳定发展委员会的目标定位与职能完善——以金融法中的"三足定理"为视角》,载《法学评论》2018年第3期。

就监管协同角度而言,建议参照反垄断委员会的构成设置,“由副总理担任主任、央行和监管机构负责人等担任副主任”,通过合理有效组织,夯实监管协同的组织与人员基础。① 另外,部分学者认为金稳会内设具体机构和人事安排尚未真正理顺,建议尽早落实金稳会的具体职能,充分发挥其政策协调功能,从而推进我国金融行业的稳定发展。就组织架构角度而言,金稳会办公室虽设在中国人民银行总行,宜采用“总—分”架构组织,根据各省(自治区、直辖市)金融需求,在省级层面的机构设置上,建议以各省级人民银行为依托设立省级分部,并将省一级金融办划入相应省级的金稳会分部。就管理形式而言,金稳会应下设部级委员会,负责协调并监督监管机构跨部门工作的开展。系统性金融风险委员会的核心职责在于监测和预防,若突破风险警戒阈则及时汇报,研判持续高风险时段,定期向部长级委员会汇报。

金稳会的核心功能是做好协调工作,进而作出决策部署。金稳会在金融体系中作为一个关键坐标,既牵头“一行两会一局”(一局指金融消费者权益保护局),还要牵头中央与地方,“一行两会一局”与发改委、财政部,保持高活跃度地完成协调职责。② 金稳会的重要性有目共睹,须形成一个长效机制,具体规定人员组成、职能职责、责任追究等内容,以联合监管原则为行动指导,落实到金融监管的各个部门以及各个环节。金稳会是重在决策监管措施、落实决策的“实权”机关,将其人员构成、职责职能通过立法的形式确定下来能更好地发挥其金融监管协调的作用。

(三)促使金融监管部门积极应对金融风险

德国金融稳定委员会的主要职能是根据德意志联邦银行、金融监管局以及其他机构提供的数据讨论影响金融稳定的主要因素,同时,加强同各个代表机构的联系与合作,对欧洲系统风险委员会发出警告的处理意见,向下议院提交联邦议员的报告,向可能影响金融稳定的机构发出警告和建议,因此德国在面对金融风险时应确保金融稳定委员会积极管理金融风险的职责职能。同时德国政府为欧盟《金融工具市场指令2》在国内的施行提供便利条件,将其转变为国内立法,用立法的形式进一步保证金融消费者的合法权益,加强对投资者保护,改善金融市场功能,提高金融市场的透明度。

金融创新对金融监管制度提出了新挑战。金融监管的本质在于防范金融风险,保障金融安全,加强以中央银行为核心的宏观审慎管理理念,充分运用金融监管协调机制,有效协调货币政策、财政政策、监管政策、产业政策,避免系统性金融风险的产生。金稳会协调下的宏观审慎政策监管框架,能够实现对风险的持续监督,为防范金融风

① 冯辉:《论金融监管竞争及其法律治理》,载《法学家》2019年第3期。

② 邱兆祥、刘永元:《维护金融稳定助力实体经济高质量发展》,载《理论探索》2018年第3期。

险提供充分的行动依据。目前,我国的“货币政策+宏观审慎政策”双支柱宏观调控框架已经完成,①持续维持金融市场的稳健,协调货币政策以及宏观审慎政策,需要金稳会有所为。因此金稳会除落实党中央、国务院关于金融工作的决策部署,审议金融业改革发展的重大规划,统筹金融改革与监管,协调金融政策与相关财政政策、产业政策等主要工作内容之外,还将承担的主要任务为“分析、研判金融国际国内金融风险”,以风险管理为核心,“做好国际金融风险应对,研究系统性金融风险防范处置和维护金融稳定重大决策”,②最终完成综合风险治理。

2008年全球金融危机以来,美国、英国等国家处置金融危机形成了一些经验做法,表明金融监管无法替代金融消费者权益保护,金融消费者权益须通过专门手段予以保护。这些国家专门设立金融消费者保护局,独立行使金融消费者保护职责。③ 金融消费者权益保护需要跨越多个监管部门,由国务院金稳会协调各个监管部门做好金融消费者保护工作。因此可以借鉴德国金融立法经验保证金稳会积极管理金融风险和保护金融消费者权利的职责职能。

(四)加强金融监管部门的监管协调权

德国《金融市场稳定法》强调了金融稳定委员会与欧洲风险委员会、德意志联邦银行和联邦金融监管局的监管协调权,并规定为了保障金融稳定委员会更好地发挥职能享有访问彼此数据库的自由,还强调应该制定保证信息传输方便的细节性规定。这从法律的角度保障了德国金融稳定委员会监管协调权的运行。金融稳定委员会的权力重在加强各个金融监管机构之间的协调与合作,而不是其本身的金融监管权。应该从法治角度保障金融稳定委员会的监管协调权力、加大监管协调力度,提高监管协调质量。

我国的金融监管协调改革应该分阶段实施。改革应细分短期、中期和长期目标。短期目标是明确金融稳定的协调主体,尝试构建以金稳会为协调的正式化制度安排,这是金融监管的“先决条件”,具体落实中国人民银行、证监会与银保监会的职责分工;中期目标是在条件成熟的情况下,尽快出台金融监管协调法,从促进统筹协调的角度进一步明确监管协调机制的法律赋权和机构权责分工,在明确权力划分和程序约束的基础上,根据各监管部门的实际情况赋予其不同的监管手段和工具;长期目标则是改革和完善现有监管框架,以适应现代化金融市场发展的需要,保持总体内生性风险在

① 绍梦竹:《宏观审慎政策对银行风险承担的影响——基于跨国实证的视角》,载《金融监管研究》2019年第5期。

② 李似鸿、孙瑾:《我国金融体系的发展:1978~2018》,载《财政金融文摘》2019年第3期。

③ 叶建勋:《国际金融消费者保护立法及其借鉴》,载《中国金融》2012年第22期。

可接受范围内,将统筹协调贯穿于日常金融监管和金融危机处置中。① 金稳会机构具有特殊属性,特别是在其地位、职责和职权缺乏法律规定的情况下,决定了其在履行职责时遭遇法律规范不明和刚性约束不足的困境。鉴于此,应当通过立法明确金稳会的地位、职责和职权,②以保证其协调的权威性。有些学者认为,银保监会和证监会虽然依照法律规定和国务院的授权享有行政监管权,对金融业务进行监督管理,但是其事业单位的性质与作为国务院金融监督管理机构的法律地位不相匹配,行使行政职权和行政职责容易受阻,故须提高银保监会和证监会的法律地位,使其独立行使行政机构职责,加强其独立性和权威性。③ 对此,本文认为,我国金融体制改革不需要改变银保监会和证监会的事业单位性质,只需要以立法的形式赋予金稳会在"一行两会"之上的独立机构地位,同时享有独立的预算和编制,明确其专门负责我国金融稳定和发展、统筹协调金融监管的职责即可。

金稳会不是咨询机关,而是以问题为导向的专业决策机关,这样才能提高金融监管机关的权威性。金稳会统筹现有的分业监管机构,关注金融市场预期走向,协调监管交叉性金融风险,优化金融监管覆盖方式,防范金融流动性风险、信用风险以及系统性风险。这是当下中国金融稳定发展的可能出路。金融法治建设与金融市场发展同步促进,以立法的形式保证金稳会的监管协调权,从法律上赋予其横向上协调中国人民银行、银保监会和证监会的监管权力,从纵向上协调各级金稳会办公室的金融监管协调权,将有助于中国金融业的可持续发展。

---

① 钟震:《金融监管协调:通道理论的提出及应用》,载《财贸经济》2018年第9期。

② 周仲飞、李敬伟:《金融科技背景下金融监管范式的转变》,载《法学研究》2018年第5期。

③ 胡建:《后危机时代中国金融监管立法的应对》,载《中国发展》2010年第6期。

金融技术创新的类型化及其监管制度构建*

耿志强**

目　次

金融创新是一国或地区金融发展、经济繁荣的重要途径,也是金融机构为实现降低交易成本、提高金融交易效率、规避金融风险、实施金融普惠和服务实体经济等多重目标的重要手段。理论上,金融创新包括新工具、新业务、新组织、新交易等基本形式,以及由此形成的新的金融市场、新的融资方式、新的支付结算体系等,进而内生性形成金融制度、交易规则和监管法律制度。一方面,金融创新能够提高金融供给的效率和金融机构的竞争力;另一方面,金融创新"被人们赋予了越来越多的功能,同时对金融创新的争议也在增加"。① 从金融创新与技术变革或技术创新的关系来看,两者呈现互动的正相关关系,即技术创新或技术变革推动金融机构借助新技术、新科学、新知识进行组织机构、业务流程、产品组合、交易方式或手段等方面的创新,提升金融服务水平和效率。另外,金融创新也会助力推进技术创新和科技发展,促进科技创新能力提升和迅速转型。从更宽泛的视阈看,"金融创新与科技创新的双向因果关系"是金融与科

---

* 项目资助:西南政法大学2018年度研究生创新科研项目"现代金融监管的协调机制研究"(2018－XZXS－007)。

** 西南政法大学经济法学院博士研究生。

① 王华庆:《金融创新:理性的思考》,上海远东出版社2011年版,第3页。

技交互的基础。[①] 基于此,金融创新与科学技术的发展升级阶段呈现高度关联性,并且“每一次技术革命都是新产品、新行业和新基础设施的爆炸性发展”,[②]科学技术的创新发展往往会孕育、迸发金融繁荣发展的新动力。这种科学技术革新与金融和金融创新的关联,以及由此产生对应制度机制需求并调适回应,是包括金融学、法学在内的理论界关注的重点。但有学者认为“金融技术革命早于工业革命”,并追溯到1262年威尼斯的“将未来收入提前变现的证券化技术”。[③] 基于此,金融创新的激发因素就不应仅限于科学技术的创新发展,还应包括基于管理技术、数学理论、物理学理论等发展及应用所形成的金融创新模式。

在上述分析的基础上,金融技术创新的基本路径可以归纳为基于科学技术的金融创新和基于管理技术的金融创新。这两种路径在理论上可以分离,而往往在金融机构的应用实践层面存在必然地融合交叉混合,并通过金融机构创新行为实现系列化创新成果,其外在表现形式即产品服务模式、交易方式、组织形式及对应制度等方面的创新。但学界对基于科学技术诱发并应用于金融领域的创新给予较多关注,而对基于管理技术的金融创新以及两者间的差异和差别化监管缺少具体系统的分析和论证。随着科技日益与金融深度融合、金融数学模型的不断成熟,金融技术创新也在不断相伴而生。在当前大数据、人工智能和云计算等技术的孵化、催化、诱导下,金融技术创新再次成为理论界、实务界的关注重点。但金融技术创新的理论系统化类型化分析、金融技术创新的不同类型间关联、金融技术创新不同类型的外部性差异,以及在此基础上对金融技术创新的预防性差异化监管又该如何构建等问题,尚缺乏比较全面的研究。

一、金融技术创新的类型化分析

金融技术作为金融创新的一个独特视角,基本可以融合于个体金融机构的业务创新、工具创新、组织创新,以及整体金融市场创新和金融制度创新的整个过程并实现经济效果和法律效果。2008年全球金融危机催生的金融科技3.0和新型金融科技企业,尤其是后者基于移动科技、大数据分析、人工智能、智能处理系统等新兴科技在金融业务中的应用,在某些业务和局部领域已取得了相对传统金融机构的竞争优势,[④]并不断

---

① 徐义国:《现代金融与科技创新协同发展的制度逻辑》,经济日报出版社2018年版,第17页。

② [英]卡萝塔·佩蕾丝:《技术革命与金融资本:泡沫与黄金时代的动力学》,田方萌等译,中国人民大学出版社2007年版,第14页。

③ 陈志武:《金融的逻辑Ⅰ:金融何以富民强国》,上海三联书店2018年版,第56页。

④ 岳彩申主编:《金融市场基础设施监管的实践与挑战——互联网时代金融风险防范的新框架》,法律出版社2020年版,第9页。

竞争性地催促传统金融机构利用新科技开展创新活动。从金融技术创新的开端来看,总是先从微观的个体金融机构开始,然后通过示范效应和竞争压力传导到其他金融机构,进而形成技术革命对产业、产品、行业等造成的革命性影响,并逐渐产生新的"技术—经济范式"。① 从金融技术创新的阶段来看,新的技术应用、金融机构的管理创新又总是在前一次科技创新、管理创新的基础上投入诸多要素,实现金融技术的创新效果,同时也为下一次技术革新和金融创新提供条件,基本符合 R. C. 默顿所描述的"金融创新螺旋"。② 从具体的创新内容或创新类型上看,有三类型说、③四类型说、④五类型说、⑤六类型说、⑥七类型说⑦等不同归类,这些归类的基本标准或依据存在不同的划分条件和视角,其整体上仍以金融创新的结果或实效为分析基准。无论将金融创新分为多少种类型,其核心要素和底层基础锚定点都在于金融技术及其创新。金融技术作为金融工程理论下金融创新的基础和核心要素,系统论证其创新的程度、深度、广度及类型化等内容,不仅具有经济学或金融学层面的现实意义,更具有法学层面的研究价值。

---

① 技术革命是紧密交织在一起的一组技术创新集群。但新技术的萌发、成熟、扩散、衰败具有周期性规律,更加符合熊皮特所称的"创造性毁灭",并且技术更多的是被看作"外生变量"。参见[英]卡萝塔·佩蕾丝:《技术革命与金融资本:泡沫与黄金时代的动力学》,田方萌等译,中国人民大学出版社 2007 年版,第 13 页、第 28 ~ 29 页。

② See Robert C. Merton, " Financial innovation and the management and regulation of financial institutions" , *Journal of Banking and Finance*, 1995 - 4. www. nber. org/papers/w5096.

③ 三类型说主要是从国际金融市场角度的分类,但在金融全球化背景下依然具有实际意义。三类型说认为,金融创新包括金融市场创新、金融技术创新和金融产品创新。参见王元龙:《中国金融安全论》,中国金融出版社 2003 年版,第 42 页。三类型说的另一种观点认为,金融创新包括金融制度、金融组织和微观层面的金融工具创新。参见冯科编:《金融监管学》,北京大学出版社 2015 年版,第 11 页。

④ 四类型说认为金融创新可以分为金融制度创新、金融业务创新或金融工具创新、金融组织创新和金融市场创新。参见曾筱清:《金融全球化与金融监管立法研究》,北京大学出版社 2005 年版,第 83 页。

⑤ 五类型说认为,金融创新可以分为工具创新、制度创新、市场创新、业务创新和管理。参见于永臻:《中国银行业的结构缺陷与国家金融安全——全球金融动荡时代的改革战略》,中国经济出版社 2013 年版,第 39 页。

⑥ 六类型说认为金融创新包括新的金融工具、新的融资方式、新的金融市场、新的金融业务、新的支付清算手段、新的组织体系与管理方法。参见赵霜茁主编:《现代金融监管》,对外经济贸易大学出版社 2004 年版,第 295 页。

⑦ 七类型说认为金融创新包括创造新的金融市场、金融商品、金融制度、金融机构、金融工具、金融手段及金融调节方式。参见张忠军:《金融监管法论——以银行法为中心的研究》,法律出版社 1998 年版,第 84 页。

(一)基于科技发展进步的金融创新

基于科技发展进步的金融创新作为第一类金融技术创新形式,其核心在于运用科学技术创新的不同阶段、形式、工具等外在条件,单个或几个主体主动引进或被动调整、修改并创设金融机构新的业务流程、产品或服务方式,以及新的组织机构从事金融业务的动态过程,进而影响金融制度、金融市场和金融监管规则。可将这种创新概括称为外因性金融技术创新。这一类金融技术创新更多关注技术创新对金融发展的作用,也是现在学界研究的重点。无论是金融业务活动的计算机化,还是互联网时代的金融模式创新,其依赖的底层技术和基础均是现代科学技术进步或革命性技术。以互联网金融为例,互联网金融的本质没有改变,但在金融销售和获得的渠道上大大便利了普通民众,而相对应的基础恰恰是互联网技术、移动互联网技术、加密技术等技术集群的创新发展。另外,移动支付等金融支付工具的创新更是激发了科技企业参与金融活动或自主拥有金融业务牌照的潜能和原动力,不断促进我国金融市场在多元化市场化改革上"惊险一跃"。在此方面,我国的以支付宝、微信为代表的第三方支付即典型例证。特别是近几年,云计算、智能终端、社交网络等新兴技术出现,与金融的深度融合,打破了传统金融业务模式,同时对传统金融监管和风险防范体系提出了挑战。①

(二)基于管理技术的金融创新

基于管理技术的金融创新作为第二类金融技术创新形式,其核心在于金融机构通过自身掌握并应用的管理技能、财务管理、金融工程等管理技术,主动改变原有金融服务、操作流程、产品或服务形式等内容,提高其经营效率和盈利能力,降低其经营成本和金融风险,甚至规避金融监管等金融创新行为。可将此类创新归纳为内因性金融技术创新。此方面的最典型的案例就是包括资产证券化在内的大量金融衍生工具被创造并付诸实践。其初期目的是规避风险,并"促使金融机构传统的风险管理技术发生革命性变化",②而随着金融创新带来的规模效应激励,金融机构基于逐利主体本性而产生了利用金融创新降低成本、规避监管等动机并纷纷付诸实施。从全球层面来看,现代金融创新的最初形式是外汇衍生品,其动机在于转移风险,但到了20世纪80年代,在新技术应用等因素的共同作用下,金融创新的动机从"转移风险"向"合理规避金融管制"转变,并于20世纪90年代初期形成了资产证券化这一创新机制。③ 在对美国次贷危机发生根源的研究上,很多学者将其归为过度的金融创新。这些金融创新的背

---

① 阎庆民、谢翀达、骆絮飞:《银行业金融机构信息科技风险监管研究》,中国金融出版社2013年版,第5~6页。

② 孟咸美:《金融监管法律制度研究》,经济日报出版社2014年版,第157页。

③ 王华庆:《监管之路:危机后的思考》,上海远东出版社2014年版,第54页。

后逻辑往往是基于管理技术而进行的资产证券化,以及不断组合和调整、不断打包拆分、连续多重抵押,造成“委托—代理”链条延长和金融风险的不断积累,其中核心就是证券化技术在不断被过度运用。以美国次贷危机中的金融创新为例,从利率结构到特殊目的机构(Special Purpose Vehicle,SPV)、抵押支持债券(Mortgage-Backed Security,MBS)、担保债务凭证(Collateralized Debt Obligation,CDO)、信用违约互换(Credit Default Swap,CDS)等资产证券化,再到扩展的CDS嵌入美国ABS指数交易,是一个不断复杂的证券化过程,最终形成了过度证券化并引致金融危机的恶果。

二、金融技术创新不同类型的外部性分析

金融技术创新作为金融机构基于获取利润、对冲风险、降低成本、规避监管等目的而运用的工具,其底层技术本身具有中立性。而作为技术创新与金融创新的有效载体之一,在“对经济体系的影响方式上,金融创新和技术进步都具有很强的正外部性”,[①]但金融技术被基于不同目的的具体应用和创新可能产生的后果却是无法预测的。以我国国有银行改革为例,其基于政策性业务和商业性业务的混合产生了大量不良资产,而在这些不良资产的处置办法上,可由“银行自身的技术性改进策略”和建立“不良贷款准备金”加以抑制、削减或冲抵。[②] 两种处置不良资产方式背后的金融技术创新,都体现了技术本身的中性和基于不同目的运用而产生不同效果,但均未能起到防范金融风险长效机制的作用,不断积累了相应的金融风险并产生了诱发性道德风险。无论是基于科技发展进步的金融创新,还是基于管理技术的金融创新,均存在“金融创新的区间”。[③] 由此可以推断初步结论:小于金融实际需求的金融创新或因金融监管造成低于金融需求、缺乏创新,即可基本认定为金融抑制或金融约束;而大于金融实际需求的金融创新或放松金融监管造成的金融创新过度则会导致风险积累,甚至发生系统性金融风险,即金融技术创新的负外部性。

(一)外因性金融技术创新的外部性分析

金融技术创新的底层科学技术或称科技基础,其本身并没有脱离科技、科技创新的本质及所具有的“双刃剑”特征。一方面,现代科学技术中的远程通信、微电脑技术等使大型金融技术成为可能,并通过金融技术创造性地运用,解决企业财务和金融决策问题,可以规避风险,增强资产的流动性,并挖掘金融领域的新的盈利机会,创建一

---

① 周志刚:《金融创新与技术进步协同演变及金融中介效率》,载《金融经济学研究》2014年第2期。

② 张杰:《中国金融改革的制度逻辑》,中国人民大学出版社2015年版,第111页。

③ 同上书,第158页。

个更完全、更有效率的金融市场。[①] 当下更加火热的人工智能技术、大数据、区块链技术,更是在促进甚至颠覆传统金融的组织形式、产品或服务方式等方面具有促进助推作用。这正是科技应用于金融领域形成的正外部性,也是外因性金融技术创新正外部性的重要体现。另一方面,外因性金融技术创新所依赖的关键技术或核心技术,其本身符合"双刃剑"特质,也存在科技效应溢出和风险传播加快等副作用。科技驱动的金融创新所包含的技术风险、操作风险,甚至有诱发系统性风险之可能。[②] 以区块链技术为例,作为日益成熟的技术,其本身难免会嵌入设计者的主观因素,并且区块链易受自利、攻击和操作行为的影响,[③]同时理论界及实务界对区块链技术运用于科技金融领域还存在认知偏误,[④]更是增加了科技因素融入金融创新领域的潜在风险。这也恰是外因性金融技术创新负外部性防控的要害之处。

(二)内因性金融技术创新的外部性分析

如果说外因性金融技术创新是主动或被动借助、引入科学技术进行金融产品或服务、金融工具、组织形式等方面的革新,那么内因性金融技术创新更多的是主动采用金融工程学、管理学等理论和技术改变业务流程、交易规则、产品或服务结构,创造新的金融服务模式。这种内因性金融技术创新的本质在于利用金融技术的发展和创新,解决金融问题并利用融资机会使资产增值,[⑤]最终展现的是追求利润的经济本性。这种内在的逐利本性客观上促进了金融创新发展,助推金融市场繁荣并提高了金融机构的竞争及风险防范能力。这也恰恰是内因性金融技术创新的正外部性表现。另外,基于金融创新区间分析,恰当的金融技术创新和金融创新都需要符合金融实践基础和金融创新的本源功能,并配套对应的制度机制、监管工具和消费者保护制度。以美国2008年金融危机为例,美国次贷危机是金融业为了创新而创新,将金融服务提供给了风险最为集中的地方,脱离了金融业风险规避的本质。[⑥] 同样忽视金融消费者保护的过度金融创新,不仅偏离金融创新的转移或分散风险功能,进而成为风险扩大和积累,更为重要的是基于消费者"用脚投票"和"口碑宣传"会造成金融业发展的"断崖式缩水",甚至"源泉断流",引致声誉风险。这正是金融监管部门不断强调的要监管和防范由金

---

① 张婧:《金融工程学——金融科学家族的新成员》,载《银行与企业》1998年第3期。

② 杨东:《监管科技:金融科技的监管挑战与维度建构》,载《中国社会科学》2018年第5期。

③ 杨东:《区块链如何推动金融科技监管的变革》,载《人民论坛》2018年第12期。

④ 肖雯雯、王莉莉:《区块链技术对科技金融创新的作用机理与对策研究》,载《科学管理研究》2017年第6期。

⑤ 杨爱斌:《金融工程技术:转换套利》,载《上海金融》1997年第6期。

⑥ 何维达、刘立刚:《新时代中国金融安全及治理研究》,知识产权出版社2018年版,第50页。

融创新引起的系统性金融风险之本意所在，也是内因性金融技术创新负外部性的现实表现。

三、金融技术创新的监管制度构建

金融创新是金融繁荣发展的不竭动力，也是金融法律制度不断完善的实践助推力。一方面，随着大数据、区块链、云计算、人工智能和机器学习等技术的发展，并不断与金融各领域进行深度融合，会产生新的金融业态、产品和服务，以及新的金融组织形式，与此同时，传统金融体系被改造甚至被颠覆，现代金融体系正在被重塑和高质量转型。另一方面，金融创新也会使原有监管制度与金融实践之间产生"时滞"、无法匹配等制度性缺陷，还会出现基于规则不一等因素产生的监管空白和监管套利现象。从整体视角分析，包括金融技术创新在内的金融创新与金融监管之间呈现动态辩证的"管制—创新（规避监管）—放松管制或再监管—再创新"的博弈过程，符合经济学家 E. J. 凯恩建立的监管辩证论。[①] 我国要构建现代金融监管体系和现代金融法律制度体系，就要彰显与时俱进、价值平衡和激励相容，就要体现于金融监管基本定位，即鼓励创新与防范风险、与服务实体经济的结合和协同，"对不同形式的金融创新采取差异化的应对措施"。[②]

（一）以鼓励创新为指导，构建金融技术创新监管的制度框架

前已提及，金融技术创新是金融创新发展与繁荣的核心能量，金融发展的过程必然伴随金融创新行为的发生。一方面，金融监管的有效合理也会催生金融创新；另一方面，金融创新也需要金融监管法律制度进行现实回应。"良好的监管立法可以促进金融创新"；[③]反之，将压制或约束金融创新，此本法律与经济金融关系的基本规律。但实践中总是基于政治、经济、文化等因素的考量在不断调整金融监管政策导向。美国爆发 2008 年金融危机的一部分原因可回溯到金融监管部门对包括金融创新在内的放松监管理念。反映在金融监管法律制度上，美国经过 20 世纪 30 年代的金融管制立法、

---

① 美国经济学家 E. J. 凯恩运用规避管制理论、动态博弈模型和黑格尔的辩证法，于 1981 年、1984 年、1990 年提出并丰富了监管辩证论，其基本特点就是动态、辩证及监管部门与金融机构间的博弈。尽管该理论还存在一些争论，但可以基本解释金融监管与金融创新的关系，用哲学思维就是"对立统一"，我们既要看到"统一"还要看到"对立、矛盾"。See "The Financial System and Economic Performance", *Journal of Financial Services Research December* 1990, Volume 4, Issue 4, pp. 263 – 300.

② 参见《径山报告》课题组：《中国金融改革路线图：构建现代金融体系》，中信出版集团 2019 年版，第 128 页。

③ 刘庆飞：《多重背景下金融监管立法的反思与改革》，上海人民出版社 2015 年版，第 198 页。

20世纪80年代到90年代放松监管立法和2008年金融危机后的再次严格监管立法，甚至美国在危机后考虑对金融创新进行专门立法。①

金融技术创新作为金融创新的底层推动力和关键性要素，金融技术创新监管的基本理念应以鼓励创新为主导，构建以市场约束机制为主、政府干预规制为辅的关键性监管制度。在此，主要强调以下方面：一是建立金融技术创新的核心数据备案、保存与管理制度，保证金融机构对创新活动的规律提炼、经验总结和“痕迹留存”，进而提高自身创新能力和经营能力，更有利于降低监管部门与金融机构间的信息不对称，并提高信息透明度。二是建立金融技术创新的核心技术标准和创新绩效评价制度。明确金融技术创新的原创性或引进性，以及相对应的技术标准体系，提高金融数据可识别性。同时强化对金融技术性创新的绩效评价和评估，提高金融创新的实际效果和金融机构升级转型能力，并及时识别、应对包括传统风险和技术风险在内的金融创新潜在风险，保证金融交易安全和诸多主体的法定权益。三是建立金融技术创新的差异化、技术化监管制度。依据金融技术创新的不同类型分别设置准则规范和监管指标，构建并完善金融创新领域的差异化监管制度。同时，将技术手段或工具、监管科技核心指标等内容纳入金融监管体系，建立技术化监管制度。四是健全金融技术创新的基础性保障保护制度。除前述提到的核心数据备案和保存制度、核心技术标准与创新绩效评价制度外，主要的基础性保障保护制度还包括金融技术创新包容性审慎监管制度、责任者共同体制度、金融领域知识产权保护制度等。这方面的内容将在后面展开论述，在此暂不一一详表。

(二)以创新类型为基础，构建金融技术创新的差异化技术化监管制度

金融技术创新的两大类型所造成的负外部性有共通之处，也存在较多差异。内因性金融技术创新的负外部性更多在于金融机构的传统风险，如操作风险、道德风险、流动性风险等，而外因性金融技术创新的负外部性则除传统风险外，增加了技术风险、外来侵入风险等。同时基于金融技术创新的原创性还是引入性分析，也会出现不同的风险分散机制。前者作为原创性金融创新者是“金融规则的领导者和信息优势方”，②可以通过风险转嫁给后者或其他跟随者。而后者及其他跟随者则往往通过金融创新分散风险、转嫁风险，最终由消费者买单。从根本上说，“金融创新只能将风险在不同投资者间进行分散和转移，而不能从根本上消灭风险……并没有降低整个金融市场的系

---

① 刘庆飞：《多重背景下金融监管立法的反思与改革》，上海人民出版社2015年版，第198页。

② 冯科编著：《金融监管学》，北京大学出版社2015年版，第16页。

统性风险。”[①]另外，技术及其进步本身具有中立性，技术“用于金融创新则为金融科技，用于金融监管则为监管科技”，[②]面对当下人工智能、云计算、区块链等技术的融合渗透，监管技术也需要进行改进。

基于上述分析，需要在类型化、区分化理念上建立金融技术创新的差异化监管制度，以及在安全和监管科技理念下健全、优化金融技术创新的技术化监管制度。同时，也需要在服务实体经济理念下强化对新型金融穿透式监管制度的调适。在此，具体强调以下内容：一是建立金融技术创新的差异化监管制度。差异化监管制度在我国住房信贷、农村金融等领域已有实践经验。另外，在我国金融信息报送、资管新规等法规或规范性文件中也明确了分类监管的制度理念和监管形式。[③] 金融技术创新的差异化监管制度主要围绕金融技术创新的类型、不同技术要求和标准、不同类型的风险点和传导机制、不同类型监管的难点和关键点等内容进行制度安排。二是健全优化金融技术创新的技术化监管制度。金融技术创新的诱发因素不同，其创新点和技术聚集点也存在差异，它们都需要采用技术或科技手段改进金融监管方式和理念。在我国现有的法律法规中，有关监管技术或监管科技的制度规范呈现“碎片化”的情况，需要在技术升级、理念导向等方面进行系统化的制度和机制设计。其核心在于，将新信息、新数据、新技术、新标准等内容融入技术化监管制度之中，实现监管制度和金融技术创新的协调。三是以服务实体经济为理念建立新型金融的穿透式监管制度。金融技术创新必须坚持服务实体经济理念和导向，避免金融创新的“脱实向虚”，保证创新的实效性。同时强调以金融技术创新的目标指向、底层技术、数理依据、基本逻辑等指标为核心，建立金融技术创新的项目实体化监管机制和考核机制，并不断优化金融技术创新的穿透式监管制度和监管规则体系。

（三）以功能监管为主导，健全金融技术创新监管的基础性保障保护制度

金融技术创新归根结底还是金融技术在金融活动中的应用实践，其金融本质和功能没有改变。前文所述的制度构建主要是针对金融技术创新的特殊性进行制度设计

---

① 何维达、刘立刚等：《新时代中国金融安全及治理研究》，知识产权出版社2018年版，第35页。

② 《径山报告》课题组：《中国金融改革路线图：构建现代金融体系》，中信出版集团2019年版，第126页。

③ 差异化监管制度最有代表性的法律文件是由中国人民银行等四部委联合发布的《关于规范金融机构资产管理业务的指导意见》（2018年），其中明确了资管产品的不同分类及监管标准，同时规定了穿透式监管的适用。其他法规或规范性文件主要有国务院通过的《优化营商环境条例》（2019年）、中国人民银行、中国银行业监督管理委员会《关于完善差别化住房贷款政策有关问题的通知》（2010年）、《关于实施分类监管信息报送有关事宜的通知（产险公司）》（2008年）、中国银行业监督管理委员会《关于做好2015年农村金融服务工作的通知》等。

的强调,突出特殊性和个别性。但金融技术创新监管的基础性制度依然需要关注科技融入金融后的新变化、新趋势、新理论、新观点。金融监管的外在经济环境和金融实践重大变革,必然需要金融监管制度回应并完善相应法律。从现实监管背景和后金融危机效应看,分业监管模式已无法适应金融机构混业经营或综合经营的实践需求,监管创新也更加需要统一监管、功能监管、行为监管等理念的融入和新监管工具的引进。金融技术创新的层出不穷,已模糊了不同金融机构提供产品或服务间的界限,但从功能角度看,金融创新的结果多样但本质未变,是同质的。这就需要以功能监管为主导,健全优化基础性金融监管制度,以保障、保护、激励金融机构的技术创新和制度创新。在此方面,我国大型银行的数据中心或有些大型银行的软件中心已经为金融技术创新搭建了很好的平台,现实中最为紧要的是完善基础性监管制度以保障、保护、激励金融机构的研发活动和创新活动。

金融技术创新监管的基础性制度,从当前阶段看主要应以保护和正向激励为主,合理配置创新者、使用者及其他利益相关者的权利、义务和责任,增加监管的包容性、确定性。金融技术创新的基础性制度主要体现在以下方面。

一是建立金融技术创新的包容性审慎监管制度。金融技术创新也基本符合技术革新的周期性规律和基本特征,即金融技术创新也包括酝酿萌发期、跟随模仿期、成熟扩张期、消退尾声期。重点是要分阶段观测并制定监管规则和监管标准、重点规制金融技术创新中的"伪创新"①和不利良性竞争的创新等行为。从当前新一轮金融技术创新阶段看,需要从其自身所处萌发阶段、尚远离安全边界等背景条件出发,进行监管制度设计和安排,保障创新的动能和积极性,包容创新者的试错行为。同时坚持金融监管理性原则,审慎监管并防范化解金融技术创新不同阶段的"信息技术应用下催生的新金融风险"②和金融创新过度的外溢效应、负外部效应。

二是健全我国金融创新领域的知识产权保护制度。金融技术创新领域的知识产权保护内容应以商业秘密、数据保护为重点,需要合理界定、平衡相关各方的权利义务。同时优化金融创新的保护机制,建立我国的金融专利战略或专项知识产权保护战略。以开放背景下的银行业为例,银行领域的金融技术创新不仅涉及原始性创新和自主知识产权保护等战略性问题,以适应维护金融安全、维护金融主权的现实需要。同时基于金融技术创新的知识产权保护机制或战略性安排,更有利于国内银行业的创新发展和竞争力提升,毕竟金融专利战略是银行战略的重要组成部分,专利等技术壁垒

---

① 邢会强:《人工智能时代的金融监管变革》,载《探索与争鸣》2018年第10期。

② 郑录军、王馨:《地方金融机构、制度环境与技术创新》,载《金融论坛》2018年第10期。

为促进银行技术创新提供主要动力机制和保护机制。①

三是建立金融技术创新的责任者共同体制度。金融技术创新所依赖的底层技术源于金融机构自行研发、与其他科技企业合作等,技术创新的应用中还涉及第三方技术拥有者、维护者等主体,这一过程涉及多方多重利益关系。再加上前文已提及的监管部门包容性容错性审慎监管,这些因素共同作用可能会造成金融机构个体风险,并通过传导机制导致系统性风险,最终造成消费者权益损害和国家公共利益损失。建立金融技术创新的责任者共同体制度,就要以多主体、有区分、保安全为指导,区分责任、明确义务、规范行为,尤其是要坚持区分过错程度与尽责程度相结合的归责标准,坚持"尽责免罚、政府补偿"准则,激励约束责任各方的行为,以保护创新和消费者权益及公共利益。

四、结论

金融技术创新是金融业与金融市场发展繁荣的核心要素和不竭动力,也是金融机构追求利润、规避风险、减低成本、促进监管制度创新的有效途径。金融技术创新与金融监管及制度健全之间呈现相互促进、相互影响的辩证关系。一方面,金融技术创新在不断倒逼并推动金融监管机构优化监管规则和创新监管制度机制;另一方面,金融监管也可能催生金融机构基于利润追逐等目标的金融创新,进而促进金融业的繁荣发展和金融市场的升级转型。

金融技术创新作为金融创新的基础和核心,依据金融技术来源或金融技术创新的基础技术不同标准,大体可以划分为两类,即内因性金融技术创新和外因性金融技术创新。这两类金融技术创新的外部性在理论上和现实中表现不同,所潜在的金融风险类型不同、监管关注点难点各异,需要在差别化的监管制度设计、引入监管科技等技术化监管手段、基于金融技术创新特点的基础性监管制度构建等方面进行制度机制创新,以实现金融创新与金融监管的良性互动、协同发展,最终达到安全、效率与公平的价值平衡。

① 文庆能:《基于新金融安全观的银行业控制权研究》,中国金融出版社2010年版,第81~82页。

信用监管的合作治理及其实现机制研究

张鲁萍*

目　次

近年来,党中央、国务院高度重视社会信用体系建设工作,也一直在探索实现诚信社会建设的方式、方法。作为以信用为基础的新型监管机制,信用监管获得了国家和社会的高度关注。而随着信用监管领域的不断拓展,监管方式的日渐多元,学界也积极作出回应,围绕该主题,从宏观层面探讨信用监管的法律问题,①从微观层面展开对不同信用监管方式的精细化研究,②从实践层面探究信用监管的具体运用③以及从比

---

* 西南政法大学行政法学院讲师。

① 参见王瑞雪:《政府规制中的信用工具研究》,载《中国法学》2017 年第 4 期;袁文瀚:《信用监管的行政法解读》,载《行政法学研究》2019 年第 1 期;戴昕:《理解社会信用体系建设的整体视角——法治分散、德治集中与规制强化》,载《中外法学》2019 年第 6 期等。

② 参见沈毅龙:《论失信的行政联合惩戒及其法律控制》,载《法学家》2019 年第 4 期;张运昊:《论信用行政评价的属性及其司法控制——种后果取向的分析视角》,载《政治与法律》2020 年第 2 期;高山:《失信被执行人名单制度:理论透析、问题维度和改进路径》,载《法学论坛》2020 年第 2 期等。

③ 参见周晨虹:《"联合惩戒":违法建设的跨部门协同治理——以 J 市为例》,载《中国行政管理》2019 年第 11 期;卜祥瑞:《银行业建立联合失信惩戒工作机制的探索与实践》,载《中国银行业》2019 年第 8 期;刘云丽:《会计诚信体系建设和失信惩戒机制研究》,载《现代经济信息》2019 年第 13 期等。

较法层面尝试借鉴域外有益经验等。① 已有的研究成果为我们了解信用监管及其可能涉及的法律问题提供了思路,也为该制度实践合法性目标的实现作出了应有的理论贡献。只是,随着信用监管的逐步推进,在实现合法性目标的同时,如何在掌握信用监管特质的基础上,实现监管实效的最大化,亦应成为我们努力的方向。

与只需契合现有法律规范就能实现合法性目标所不同的是,信用监管有效性目标的达成须建立在监管体制、机制改革的基础之上,而发挥多元主体合力的合作治理模式在变革现有监管体制的同时,能有效帮助社会成员自觉树立诚信意识,是一值得探索的方式。基于此,本文在澄清信用监管为何需要合作治理,信用监管合作治理面临何种现实困境的基础之上,尝试探索完善合作治理的具体进路,以期构建实现稳定、有序、高效合作关系的保障机制。

一、信用监管合作治理的现实需求

合作治理是近些年政府改革的重要方向之一,自合作治理推行以来,不同学者从不同层面尝试对其内涵与外延进行界定。② 虽然合作治理在不同领域有不同面向,但其核心在于打破政府单中心、单向度的监管模式,构建政府、被监管者、社会主体间网络化的权力运行结构。在信用监管活动中,我们之所以要开启合作治理模式,主要基于以下几方面的现实考量。

(一)信用监管行为性质使然

信用监管在产生良好治理效果的同时,引发了行政法学界对其行为性质的探讨,它属于何种性质的行为?它能被纳入传统行政行为的范畴吗?通过观察信用监管的运行,我们发现,不同于传统行政行为,它并非表现为某一单一行为,相反,其是一系列规制措施的组合,需要经由信用信息收集、评价、公开、运用的一连串过程,贯穿市场主体事前、事中、事后全生命周期。其中,既有具有意思表示性质的信用承诺行为,亦包含行政确认效果的信用评价,更离不开能够带来益处的守信奖励及不利后果的失信惩戒,表现形态的复杂与多元决定了我们很难将其认定为某一具体行政行为。

---

① 参见廖理:《美国个人征信业的发展阶段和制度建设》,载《人民论坛》2019 年第 21 期;孔婷、刘莉:《欧盟信用评级机构最新监管草案研究及启示》,载《征信》2019 年第 4 期;池凤彬、刘力臻:《日本征信业的历史沿革及运营机制分析》,载《现代日本经济》2018 年第 5 期等。

② 例如,高秦伟教授认为,合作规制是政府规制与纯粹自我规制之间相互交错呈现的多种形态。参见高秦伟:《社会自我规制与行政法的任务》,载《中国法学》2015 年第 3 期。宋华琳教授提出,合作治理更有赖于社会主体的参与,有赖于企业责任的践行、行业协会的自我规制、公众对规制治理的参与。参见宋华琳:《论政府规制中的合作治理》,载《政治与法律》2016 年第 8 期。

正是由于信用监管所具有的开放形态,决定了合作治理模式的必要与可能。一方面,在信用监管活动中,无论是信用承诺、信用评价抑或是信用修复都需建立在有效信用信息的收集与运用基础之上,这些信息经常分散在不同部门、不同机构,需要加强政府部门、政府与社会主体间的合作配合,构建畅通的信息交流机制。另一方面,与传统监管各自为战的模式不同,监管活动的开展往往会涉及多个部门。以守信联合奖励为例,既然是"联合",就必然会关涉多个行政机关,也只有建立在行政机关良好配合的基础上,才能达至最优的规制效果,这也是联合奖惩备忘录由众多机关共同签署的原因。综上,由一系列行为所构筑的信用监管实难由单一行政主体独自完成,它需要多元主体的共同参与,进而形成规制合力。

(二)提高信用监管效率的应然之需

随着公共选择理论在政治和社会领域的运用,作为主流经济学核心理论之一的效率理论不仅通行于经济学领域,也适用于现代国家的政府运作,其所遵循的如何运用最少资源达成特定目标最佳化的理念亦要求政府关照自身行为的效率。就信用监管而言,它涉及很多专业性知识,需要建立在对信用信息的充分收集,对被监管者客观公正的信用评级以及对市场主体信用风险的有力评估基础之上,此时,仅仅依靠政府难以高效完成这些行政任务,借助其他社会主体形塑共同规制则是相对可取的替代性选择。

追踪信用监管实践,多元主体的共同参与的确在提高信用监管效果上发挥了重要作用。以信用服务机构参与信用评价活动为例,当前我国主要领域的信用评价活动主要由政府完成,政府公权力主体的地位决定了由其开展信用评价的权威,但基于各行各业的专业属性,完全交由政府来完成评价任务,也可能让政府面临能力受限困境。而具有专业优势的信用服务机构了解其所在行业企业的真实情况,也有能力设计较为合理的评价指标和评价模型,在此基础上作出的信用评价可作为一种必要而有效的补充机制,弥补政府信用评价的不足。

(三)推进社会信用体系建设的关键之举

信用规制这一新型方式,不仅能提升社会治理水平,还能借由守信激励和失信惩戒提高全社会诚信意识,促进诚信社会目标的实现。然而,诚信社会的建成不是一日之功,它不仅需要政府明确监管目标,形塑规制标准,实施监管行为,也需要借助社会力量,尤其是作为政府、企业间纽带的行业协会传递正确信息以及具有专业技术优势的信用服务机构提供有力支援,更需要建立在全体社会成员诚信意识与观念培养的基础之上。

社会主体尤其是公众参与诚信建设的过程,本身就是把诚信价值观的认知付诸实践并内化为个人品格的过程。正是通过自身参与,公众可以更好地反思自我,将所学的诚信守则与具体的道德实践相结合。同时,社会成员在参与中多次重复道德行为,有助于养成诚信习惯,从而在自觉意识的基础上形成习惯性的诚信选择。[①] 基于此,在加快推进社会信用体系建设的过程中,除要充分发挥政府的主导作用外,还需调动多元社会主体的力量,走三者共建共创、共享共用的道路,这也正是《社会信用体系建设规划纲要(2014—2020 年)》提出要鼓励和调动社会力量,广泛参与,共同推进,形成社会信用体系建设合力的应有之义。

二、信用监管合作治理的现实困境

合作治理模式的核心意旨在于引入多元主体参与,其成效很大程度上亦取决于合作各方功能的充分发挥。那么,信用监管过程中各方作用发挥得如何？通过密切关注实践,我们发现,无论是政府、社会主体,抑或被监管者,均存在参与不足的问题,短期内难以为合作治理的开展提供有力支撑。

(一)政府监管实效待加强

当前,信用监管尚处于探索期,政府监管功能的发挥受到一系列因素的影响,面临着目标偏颇、依据不足、方式失衡等问题。

1. 政府监管目标的偏颇

规制行政法学认为,规制目的的正确定位、规制手段的匹配运用,是实现良好治理的两个方面。[②] 而在手段与目的的关系上,手段服务于目的,规制目标的正确定位是规制手段合理选择的前提。

“人无信不立,业无信不兴,国无信不强。”诚信是中华民族的传统美德,是中国人安身立命的基本规范和行为准则,也是社会运行和国家治理的基石。[③] 正因如此,自提出诚信社会建设目标以来,党和国家高度重视,通过各种方式来提高全社会的诚信度。而瞄准违法失信行为的信用监管,可谓是一种精准监管,它通过引导、鼓励守信人,倒逼、威慑失信人,主动或被动帮助全社会成员树立起诚信意识,营造遵守法律、契约的环境,这也成为政府启动信用监管的重要动因。但是,如果该制度的核心功能转为更迅捷顺畅地实现行政管理的目标,那么其在制度功效与相对人权益保障间的平衡可能

---

① 向征:《从知到行:社会诚信建设的有效参与》,载《人民论坛》2019 年第 24 期。

② 骆梅英:《通过合同的治理——论公用事业特许契约中的普遍服务条款》,载《浙江学刊》2010 年第 2 期。

③ 参见赵爱玲:《为诚信社会建设提供学理支撑》,载新华网:http://www. xinhuanet. com/politics/2019 - 05/27/c_1124545652. htm,最后访问日期:2020 年 6 月 28 日。

得不到充分重视。对于这一点,我们可以从失信联合惩戒措施的适用泛化中明显感知。

2. 政府监管依据的层级不高

制度是集体行动中人们必须遵从的行为准则,它能够持续、稳定地促进规范化、可预测具体行为的形成,预防并减少合作中的风险。① 在信用监管活动中,完善的制度供给非常重要,它不仅是社会信用体系建设有效运转的重要基础,也是各项信用机制落地的关键保障。

随着国家对诚信社会建设目标的推进,有关征信、社会信用方面的立法不断增多。国务院相继颁布《征信业管理条例》《企业信息公示暂行条例》等行政法规,各地也纷纷出台信用条例。② 这些综合性立法虽然提及信用监管的某些方面,但对核心制度诸如事前的信用承诺、事中的失信联合惩戒、事后的信用修复等规定得较为笼统、粗疏。以信用修复为例,各地信用条例中几乎都只是用一两个条文简单勾勒信用修复的框架,而将具体办法交由政府职能部门,如发展和改革委员会另行制定,③这导致信用修复的依据主要停留在规范性文件层面。规范性文件虽具有可操作性强的优势,却不可避免地会因制定主体多元,制定程序简单而存在层级低、内容不一、变动性大等问题,实难长期有效指引信用修复实践。

3. 政府监管方式的失衡

信用监管是由一系列具体的监管方式所组成,其中既含柔性色彩的信用承诺、守信奖励,亦不乏处罚意味较浓的联合惩戒。但在多元的监管方式中,行政机关还是更倾向于运用联合惩戒措施。命令控制型的监管方式虽在短期内具有迅速、直接且效果明显等优势,却很容易造成行政主体与行政相对人间关系的紧张,也会因制度环境的不完善而滋长权力寻租。在信用监管已然全面推进的当下,亟须打破监管方式失衡的局面,综合运用与监管目标相匹配的多元规制手段,实现监管效应的最大化。

---

① 党秀云:《论合作治理中的政府能力要求及提升路径》,载《中国行政管理》2017年第4期。

② 例如:《广东省企业信用信息公开条例》《湖北省社会信用信息管理条例》《上海市社会信用条例》《河北省社会信用信息条例》《浙江省公共信用信息管理条例》等。

③ 例如,《浙江省公共信用信息管理条例》第32条规定,有不良信息的信息主体具有主动改正违法行为、消除不良影响等情形的,可以向作出违法行为认定的公共信用信息提供单位提出信用修复申请;符合国家和省信用修复有关规定的,公共信用信息提供单位应当作出信用修复决定,并经由省级公共信用信息提供单位书面通知省公共信用工作机构。省公共信用工作机构应当根据信用修复决定删除该不良信息或者对修复情况予以标注。信息主体被列入严重失信名单的,不适用前款规定。信用修复的具体办法,由省发展和改革部门会同省级公共信用信息提供单位另行制定。

（二）社会主体参与的低效

基于合作治理理念，在信用监管过程中，除要发挥好政府主导作用外，还须调动行业协会、信用服务机构的积极性，注重社会公众的参与，将社会主体由规制的旁观者转化、引导为规制进程的参与者。遗憾的是，目前社会主体参与的实效性并不强，未能为信用监管的合作治理奠定坚实的社会基础。

1. 行业协会未能发挥好自律性监管作用

作为非政府性质的一种组织形式，行业协会具有自治性、服务性、非营利性等特征。一方面，它能够充分利用自身的专业优势，协助政府制定监管标准，形成特定的规制政策，并通过定期关注政府所实施的各项政策，帮助政府适时调整规制策略；另一方面，作为政府与企业之间的中间纽带，各类行业协会因更了解企业的运作，能够真正反映行业的整体利益和企业自身利益，并通过向政府传递更加全面、真实和有效的信息与诉求，进而搭建起政府与企业良好沟通的桥梁。

在信用监管领域，为了充分发挥行业协会的中间桥梁作用，国家发展和改革委员会办公厅、中国人民银行办公厅早在 2018 年就印发了《关于对失信主体加强信用监管的通知》，其中明确了行业协会多项职责，尤其是行业协会所享有的惩戒权。被列入失信黑名单的企业除会受到信用监管机关的惩戒外，行业协会也可以对其采取诸如不予接纳、劝退，限制吸收为会员等惩戒措施。然而，当失信行为发生后，主要还是由政府进行监管，实施惩戒，真正意义上的行业惩戒远没形成，行业协会的功能仍然停留在约束力较弱的宣传层面。制度安排与法律实践间的差距由多重原因造就，其中与行业协会独立性与自主性的不足密切相关，在缺乏内生动力的情形下，即便国家赋予行业协会社会公权力，也很难促使其在短时间内有效行使以上权力。

2. 信用服务机构未能发挥好协同监管功能

根据《社会信用服务机构执业管理办法》，信用服务机构是依照《公司法》等有关法律法规，经国家行政登记管理机关批准设立，主要从事企业及个人信用采集、整理、保存、加工，企业及个人信用评级、认证，企业信用调查、收集并提供各类信用报告等信用服务业务的机构。作为信用服务市场的重要组成部分，国家培育发展信用服务机构，旨在加快形成市场化信用服务与公共性信用服务互为补偿、信用信息基础服务与增值服务相辅相成的多层次信用服务体系。

为了发挥信用服务机构的协同监管功能，早在 2018 年，国家发展和改革委员会就公示了首批 27 家“综合信用服务机构试点名单”，并明确了信用服务机构的参与领域。实践中，第三方信用服务机构与地方政府及行业的合作也已陆续开展，并取得初步效果。[①] 只是,由于缺乏稳定的合作机制,信用服务机构作用的发挥仍处于非制度化状态。以信用修复活动为例,虽然国家一直鼓励信用服务机构参与修复工作,2019年国家公共信用信息中心也发布了可为信用修复申请人出具信用报告的信用服务机构名单,但这些信用机构出具的信用报告,对金融征信,修复信用究竟有没有影响、有多大影响还处于不确定状态,这制约着信用服务机构辅助功能的发挥,也不利于政府与信用服务机构间常态合作机制的构建。

3.社会公众参与的薄弱

随着信用监管覆盖面的日益增加,每一个公民都可能成为潜在的监管对象,直接或间接受监管活动影响。为了切实保障公众的合法权益,发挥公众的社会监督功能,首当其冲就是要提高公众对这一行为的认知度与参与度,让其知晓这一行为可能对其带来的影响。但与行政处罚、行政强制等公众较为熟悉的传统执法方式不同的是,当前绝大多数民众参与信用监管活动的程度很低,对该活动可能产生的后续影响也缺乏足够认识。也正是由于此种低认知度,公众监督信用监管活动的意愿不强,对政府披露的企业信用等级度普遍关注不够,这在无形中降低了对企业的监督力度,影响企业主动守信的积极性,导致企业在满足合规要求的基础上,继续追求卓越表现的动力不足。[②]

(三)被监管者自我规制的消极

自我规制(self-regulation)并非一法律概念,更多的是一学术概念。德国学界一般将其界定为个人或团体基于基本权主体地位,在行使自由权、追求私益的同时,志愿性地肩负起实现公共目的行为。与政府居于管制者地位对被规制对象为“外部式”的他律措施所不同的是,自我规制属于规制对象“内部式”的“自律”行为。[③] 在“自律”行为中,企业成为规制的主体,其通过自主建立准则等方式,对自己的行为开展一种自我约

① 例如,大公国际与江苏宿迁合作,侧重政府信用信息交换共享,并采取多场景应用,使宿迁市信用体系建设落地性、执行性更强;中国诚信信用管理股份有限公司承担开发江苏泰州企业征信融资平台,消除信息壁垒和信息不对称的现象,为政府、银行、企业三方提供便捷金融服务;凭安信用以政企合作的模式成为国家工商总局《全国网络交易平台监管服务系统》的研发、建设和运营单位,实现了政府监管大数据与工商系统大数据的融合,并已经为广西、江西、四川、内蒙古等省(自治区、直辖市)提供了基于总局系统的本地化数据服务。参见《第三方力量——国家发改委引入第三方信用服务机构参与行业信用建设与监管纪实》,载信用中国网:https://www.creditchina.gov.cn/xinyongkanwu/xiliebaodao/xileibaodao1/wenzhangliebiao1/wendangliebiao/201805/t20180508_114984.html,最后访问日期:2020年6月15日。

② 王瑞雪:《公法视野下的环境信用评价制度研究》,载《中国行政管理》2020年第4期。

③ 詹镇荣:《民营化法与管制革新》,台北,元照出版公司2005年版,第148页。

束和规范。[①] 在我国,随着环境、食品安全等民生问题的出现,作为对传统政府规制的一种补强机制,自我规制逐渐受到理论界与实务界的关注。

相较政府规制,自我规制具有成本低、灵活性强、参与度高等优势,与此同时,因缺乏约束与监督机制,自我规制不可避免会面临动力不足,执行力差等困境。作为追求经济利益最大化的经营者之所以选择自我规制,除可以规避可能受到的各种惩罚、制裁外,还在于实施自我规制能提高企业声誉并由此获得更高收益。[②] 而一旦经营者从自我规制中得不到实益,自然会丧失内在动力,不愿去追求服务于公共利益的规制目标。

被监管者自我规制动力不足这一问题也较为集中地体现在信用监管实践中。信用监管直接作用于企业的声誉和形象,企业出于珍视声誉的考虑,本应更为重视信用评价结果,也应有主动守信的意愿。[③] 但实践中更多的企业只是被动接受失信惩戒,主动守信的意愿不强,这与企业权衡违法成本与收益后作出的经济选择有关,也是正向激励机制薄弱的必然后果。根据《国务院关于建立完善守信联合激励和失信联合惩戒制度加快推进社会诚信建设的指导意见》精神,作为信用监管的两种重要方式,失信惩戒与守信激励同等重要,但在实践中却并非如此。与各地、各部门不断出台失信联合惩戒文件以期推动这一监管方式所不同的是,有关守信联合奖励的备忘录却很少,守信联合激励措施明显处于低迷状态,守信奖励的低位运转让被监管者实难看到主动守法、守信可能带来的实益,这将实质性地影响被监管者自我规制的积极性。

三、信用监管合作治理的完善路径

(一)提高政府监管能力,实现"元治理"功效

虽然合作治理强调从传统的行政管理向多中心治理网络转变,通过不同主体来共享、动员和聚合分散的资源,协调利益和行动,进而实现行政任务。[④] 但在治理过程中,若政府缺乏强劲的治理能力,不仅难以实现合作治理的应有目标,更会使合作陷入无序的状态。政府"元治理者"的定位决定了其依然处于主导地位,承担着确定监管目标、规则、方式等职能。鉴于此,化解信用监管合作治理困境,必须提高政府监管能力。

---

① 李洪雷:《论互联网的规制体制——在政府规制与自我规制之间》,载《网络信息法学研究》2017 年第 1 期。

② 罗英:《论我国食品安全自我规制的规范构造与功能优化》,载《当代法学》2018 年第 1 期。

③ 王瑞雪:《公法视野下的环境信用评价制度研究》,载《中国行政管理》2020 年第 4 期。

④ 李玫:《西方政策网络理论研究》,人民出版社 2013 年版,第 111 页。

1. 明晰政府监管目标

在推进信用监管改革,实现诚信社会建设目标的过程中,我们需要警惕将诚信社会视同完人社会,认为信用监管就是"一剂猛药",可以纠正任何失信、违法行为的偏颇观念。在社会发展的任何时期,无失信违法状态都只是一种理想,诚信社会也不意味着要消除任何失范、失德行为,建立无瑕疵社会。相反,诚信社会可以包容轻微失信、违法行为,它所不能接受的只是严重失信行为。故此,信用监管措施的运用应当秉持合法、合理原则,不宜出现随意泛化的情形。而在利用信用监管方式提高执法效果的过程中,我们亦需清醒认识到,任何权力行使所带来的影响都是多方面的,如果信用监管方式运用不当,也会侵害相对人的财产权、隐私权等,特别是在信息保护意识不强、信息保护机制不畅的现实背景下,更需警惕不良后果的发生。这要求政府在推进信用监管改革的过程中,不宜一味追求监管手段的严厉,而应将公民合法权益保护列为同等重要的监管目标。

2. 完善政府监管依据

随着我国信用监管适用领域的日趋广泛,完善制度供给是当务之急。我们可以考虑采用中央统一立法和地方分散立法相结合的立法模式。

一方面,在当前信用监管法律体系尚不完备的情形下,国家层面的统一立法在显示中央推动信用监管决心的同时,也可为各地、各部门的探索提供相对较为统一的准据,保障信用监管的基本秩序。另一方面,由于国家层面的立法往往比较宏观、抽象,且考虑每一种信用监管方式间存在的巨大差异,有必要通过分散立法,由各部委、各地出台规章,确立有区分度且具可操作性的指南,进而为信用监管的合法化运行提供精准的规范依据。具体而言,在中央,鉴于信用监管并非属于法律保留事项,可以由国务院出台行政法规,明确监管原则、适用范围、程序、救济等核心制度,厘定信用监管的基本框架。而在地方,各地在制定实施细则时,应适当提高立法层次,至少由地方规章来予以规定;在内容设定上,可以在国家规定的范围内进一步细化,但不能随意限缩相对人权益。

在出台新法的同时,对现有规范依据的清理工作也应同步推进。随着各地信用监管规范性文件的不断出台,不统一、冲突现象不可避免,这在影响立法统一性的同时,也可能引发执法的公平性质疑。为解决这一问题,在国家出台信用监管专门立法后,各地、各部门应对照相应规定,进行必要的清理,修改或废止与国家立法相冲突的文件,从而保障信用监管制度供给的统一。

3. 优化信用监管方式

信用监管是由一系列监管方式所形成的有机体,监管机关除利用失信联合惩戒外,还应选择与监管任务相契合的更为多元的监管方式,有效实现既定的监管目标。

其一,重视信用承诺。所谓信用承诺是指行政相对人根据行政机关及具有行政管理职能的公用事业单位的要求,基于诚实信用原则,对自身的信用状况、申请材料的真实性以及诚信经营等作出的一种书面承诺。区别于失信联合惩戒的事后规制,着眼潜在违法行为的信用承诺是典型的事前规制,它能够让市场主体意识到一旦违法将面临严厉惩罚,预防违法行为的发生,从而解决规制滞后问题。此外,信用承诺以遵从理论为基础,通过劝说、建议等柔性方式,能够有效缓解行政主体与行政相对人间的对立情绪,促进执法者、被执法者以及公众间的沟通对话,是一值得推广的监管方式,应当引起实践部门重视。

其二,落实守信联合奖励。不可否认,因具有强大的威慑力,失信联合惩戒能够产生立竿见影的执法效果,但与此同时也存在潜在风险,特别当失信惩戒被不规范运用时,带来的危害更大。而作为激励手段的守信奖励能够从正面鼓励、引导社会主体,鼓励其自觉树立诚信意识,培养其对诚信观的真正认同,其应成为信用监管的重要方式。为了落实守信联合奖励,中央层面应当进一步推进各部门间守信联合奖励备忘录的出台,与此同时,督促各地及时出台联合奖励实施方案,并在不断拓宽守信奖励领域的基础上,通过明确奖励对象、细化激励措施、保障奖励到位等,将这一监管方式有机嵌入日常行政管理活动中。

其三,畅通信用修复。信用修复,顾名思义,就是失信人通过一定方式将受损的信用恢复到正常状态。修复机制抓住失信人试图恢复正常信用状态,重新融入市场交易机会的心理,引导其积极主动自我整改,进而达到修复不法行为的目的。作为一种典型的授益行为,信用修复能够最大限度保障失信人的权益,在实践中获得了失信者的广泛认同。只是,受制于各方面的原因,当前信用修复机制尚未得到快捷、顺畅的运用,成功修复的案例尚少。为了畅通信用修复的运行,政府应当积极履行保障职责,通过明确修复的主体、范围、方式、程序以及相应的救济路径,并协调好其与其他规制方式间的关系,借由相关配套制度的优化,实现信用修复的高效运转。

(二)增强社会主体参与的实效性,夯实信用监管的社会基础

1. 落实行业协会的自律性监管职责

随着国家与社会分权化程度的提高,行业协会、自治团体等社会主体逐渐获得了一定的社会公权力,这些权力是保障社会主体功能发挥的关键,行业协会应充分行使以上权力,履行好监管职责。在信用监管过程中,作为与经营者联系较为紧密的专业组织,行业协会除可以通过举办内部培训班、研讨会等方式,帮助入会企业了解国家信用监管政策、掌握信用管理知识、增强企业的信用风险防范能力外,还应通过明确行业惩戒的标准、范围、程序等,打通行业性措施与行政性、市场性措施,将联合惩戒措施落到实处。

2. 发挥信用服务机构的专业辅助优势

相较行业协会的中间桥梁作用,信用服务机构的最大优势即专业性强,政府尤其要利用它们在信用大数据方面的技术优势,推动信用监管从传统向现代,从粗放向精细,从单兵作战向协作共享转型。① 在此过程中,为了确保信用服务机构有序开展活动,政府应实行科学合理的市场准入制度,对信用服务机构进行必要的资质和实力审核,遴选出优质的征信、评级机构,参与社会信用体系建设工作。此外,还应建立有序的市场环境和秩序,规范从业人员和服务机构依法收集、整理和使用信用信息,引导第三方信用服务机构合法、合理开展形式多样的市场化信用活动。

3. 构建多元的公众参与方式

在信用监管活动中,公众的角色是多元的,它既可以是立法活动的参与者,也可以是特定监管活动的利益相关者,还可以是普通的社会监督者。为了切实提高信用监管中公众参与的实效,我们需要根据不同的角色,选择适当的参与方式。

其一,重视立法中的公众参与。在国家治理现代化的背景下,信用监管不仅是监管与被监管的封闭过程,亦应当体现为行政机关与被监管对象理性对话的沟通过程,这种沟通应当贯穿于信用监管的全过程,当然也离不开信用监管的源头即立法环节。唯有充分保障立法的公众参与,广泛听取公众的意见并对合理的建议予以采纳,才能实现立法内容的实质合理,树立起公众对信用监管行为的真正认同。其二,保障特定监管活动中公众的程序参与权。正如前述,信用监管是一系列行为的总称,其中不乏对相对人权益带来不利影响的损益行政行为。为了保障相对人的知情权和申辩权,防止政府权力滥用,在作出此类行政行为前,信用监管部门应履行充分的告知义务,向相对人说明事实、理由,释明异议程序、救济方式等。而当行为可能对相对人权益带来重大、严格限制时,有必要设置听证程序,为被限制对象提供表达意见的制度平台,实现行政主体与行政相对人间的理性沟通。其三,发挥公众日常监督功能。在风险社会的治理中,行政机关对信息工具的运用,不仅体现在行政机关主动的信息公开和交流上,还体现在社会公众对行政执法活动加以有效的整合上。② 为此,各级行政机关要重视社会舆论监督,积极引导公众通过平台信息查询、违诺现象举报等多种形式参与信用监督。

(三)调动被监管者自我规制的积极性,激活信用监管合作治理的内生动力

针对被监管者自我规制积极性不足的问题,我们可以从正向激励机制与反向信息

---

① 申孟宜、谷彬:《论大数据时代的政府监管》,载《中国市场》2014年第36期。

② 王虎:《风险社会中的行政约谈制度:因应、反思与完善》,载《法商研究》2018年第1期。

披露两方面着手。在激励机制方面,基于动力机制之于自我规制的重要性,要充分挖掘被监管者自我规制的潜力,政府除要通过适当的宣传方式引导企业充分意识到信用高低对其发展的决定性影响,尤其是企业一旦失信所要承受的市场竞争负面影响与法律责任外,还应构建起行之有效的激励机制。政府应在行业准入、资质认定、市场推介等方面制定有利于守信企业的投融资政策,让诚信企业获得看得见、摸得着的"实惠",实现被监管者利益的多样化。在信息披露方面,虽然有效信息的及时公开能够对企业市场经营过程予以动态监测,也是企业本应尽的义务,但考虑信息资源对企业利益的潜在影响,绝大多数企业不愿主动公开对公众有价值的信息,此时完全依赖企业自律来践行这一义务不切实际,政府适当介入就非常必要。一方面,政府应主动公开其掌握的相关企业资质、信用状态等信息,在保障公众知情权的同时,为公众开展及时有效的监督活动提供线索;另一方面,政府需明确信息披露的处罚机制,对于应主动披露的信息,上市公司及其他信息披露义务人不及时或虚假披露时,行政机关要加大处罚力度,倒逼信息披露义务人切实履行义务。

四、信用监管合作治理的保障机制

合作治理模式的开展离不开各参与主体功能的发挥,但亦并非合作各方的简单糅合,它需要彼此通过资源的交换、相互的依赖和共识规则的建立,培育共同目标、价值,进而促成跨越主体界限和政府权威的凝聚力。① 为了推动不同主体间的有效互动,建成稳定、有序、高效合作治理关系,我们需要在合作规则的建立、信息资源的共享、责任机制的明确以及参与渠道的优化等方面作出新的努力。

(一)明确合作规则,优化合作治理的制度环境

合作治理是公私主体为了回应监管需求、实现共同监管目标而进行的一种革新,作为传统命令与控制型规制的补充与替代,合作治理也必须满足法律对秩序的追求,实现合作治理的法治化。② 随着合作治理的推进,政府部门逐渐开始通过签署合作协议、合作备忘录的形式来固定合作。尽管这些协议、备忘录对政府间合作起到了巨大的推动作用,但相较较为正式的区域立法而言,协议仅具有契约层面的约束力,没有明确的法律效力,很难为政府间信用监管的合作提供长期、稳定的制度支撑,这也是实践中各地合作进程不一、变动性大的重要原因。而与政府间合作尚有合作协议、备忘录指引所不同的是,政府与社会主体间的合作基本处于随意状态,各级政府往往基于自

---

① 杜辉:《论环境私主体治理的法治进路与制度建构》,载《华东政法大学学报》2016 年第 2 期。

② 朱宝丽:《合作监管的兴起与法律挑战》,载《政法论丛》2015 年第 4 期。

身需要选择合作方、合作方式,这在加速合作进程的同时,也容易导致合作治理的盲目与无序。

信用监管的合作治理不仅是实现社会管理的一种重要方式,也关涉众多普通被监管者的权益,如果政府将应当由自身完成的监管任务不适当地交由社会主体,或者在合作过程中模糊双方的权利义务,很可能引发合作争议,侵害被监管者的利益。而要保障合作监管活动的有序推进,形成有约束力的合作机制,就需要事前确立清晰的合作规则。为此,相关合作区域应当加强信用监管合作立法,完善区域信用建设的顶层设计,形成相对一致的信用政策法规和标准体系。而在与行业组织及信用服务机构的具体合作过程中,政府亦可以通过签订行政协议的方式来明确双方的权利义务,尤其是要就合作的范围、方式、程序等作出明确规定,规范双方的合作行为,也为之后纠纷解决提供可兹参考的准据。

(二)畅通信息共享机制,化解合作治理的资源困境

信用监管涵盖多种行政行为,牵涉众多行政部门,其可持续发展目标的实现离不开政府部门间高效的协作机制。随着国家对信用监管重视度的提升,区域间、[①]部门间[②]的合作已不断涌现,但无论是在合作的广度还是深度上均有不足,这与信息共享机制的羸弱不无关系。在我国,大部分个人和企业的信用信息都由政府相关部门掌握,而受制度环境、部门利益以及信息技术等方面的影响,政府部门间的信息资源共享长期缺乏统筹规划和顶层设计,相关部门之间信息各自为政,壁垒现象仍较为严重。

---

① 2018年6月1日,江浙沪三地共同签署《长三角地区环境保护领域实施信用联合奖惩合作备忘录》,以期全面提升长三角地区环保领域信用管理水平,营造“失信者处处受制,守信者处处受益”的区域信用发展环境。同年8月28日,京津冀三地旅游主管部门共同签署《京津冀地区旅游信用协同监管合作备忘录》,计划在平台对接、信息共享、联合惩戒等方面开展合作,推动京津冀统一的诚信体系建立和信用奖惩联动机制的落实。

② 在中央,早在2016年,国家税务总局和国家食品药品监督管理总局就签署《信用互动合作协议框架》,共同向同为纳税守信和食品药品生产经营守信的企业,提供绿色通道等便利服务,对存在严重失信行为的企业采取从严审核、提高检查频次等限制措施。参见《京津冀三地签署〈京津冀地区旅游信用协同监管合作备忘录〉》,载人民网:http://he.people.com.cn/GB/n2/2018/0829/c192235-31989174.html,最后访问日期:2020年7月1日。在地方,舟山海事局与舟山银保监分局共同签署《关于助力浙江自贸区建设促进航运业安全发展合作备忘录》,这是全国海事系统与银保监机构的首次合作,标志着海事监管信用信息在银行、保险行业的应用迈出了坚实一步。参见《海事与银保监签署合作备忘录　浙江自贸区信用监管再发力》,载中国经济网:http://district.ce.cn/newarea/roll/202001/09/t20200109_34085778.shtml,最后访问日期:2020年7月1日。

基于此,要增强政府信用监管的实效,需畅通政府部门之间的信息共享和沟通协调机制。具体而言,在制度层面,应及时出台政府数据资源管理办法,明确各级政府数据共享的权限、范围与边界,建构跨领域和跨部门的信息共享标准规范、工作程序和管理制度。在运行层面,可以依托全国和地方各级信用信息共享平台,将各地区、各部门、各领域的有效失信信息予以归集整合,通过联席会议、正式或非正式磋商等,将归集整合后的信用信息充分共享,为跨地区、跨部门协同监管提供支撑。在监督层面,则可以构建绩效评估机制,借助科学合理的评价指标来对各部门、各地区信息共享成效进行客观评定,并通过反馈、导向、激励和约束机制,提升信息资源共享的实效。① 在此需要提及的是,除打通政府部门间的信息共享渠道外,为了实现行业协会、信用服务机构协同监管目标,还需畅通政府与社会主体间的数据共享,建立信用信息交换共享机制,及时解决信息共享不全、不准、不及时问题。与此同时,为了确保共享信息的安全,政府还需建立健全各项信息安全管理制度,以保护个人隐私、商业秘密等。

(三)明晰责任分担机制,厘清合作治理中的权责分配

长期以来,我国公共事务管理主要遵循以行政区划为依据的属地原则,在行政区划下所形成的“谁主管,谁负责”属地管理模式,意味着各地政府只需在各自行政区划范围内承担相应的治理责任即可。相对而言,政府间的权力范围和责任边界是较为清晰的。但随着合作治理的开展,信用监管的跨域性、外溢性、开放性以及复杂性等特征在很大程度上模糊了地方政府间的权力范围和责任边界,也让政府间、政府与社会主体间的责任分割与认定变得极为复杂。② 而当责任分配长期处于模糊状态时,信用监管治理的“搭便车”现象将随之而来,合作失灵也就不可避免。在此意义上,清晰的责任归属和完善的责任机制,不仅可以矫正合作失灵以及“搭便车”问题,还能促使合作治理的规范运作与有效运行,使合作的内在价值与成效更为彰显和卓著。③ 为此,政府有必要通过制度化与规范化的方式明确合作各方应承担的独立责任以及共担责任,并通过对不同参与者点对点的分析和利益调整,实现公平与合理的责任划分。与此同时,构建责任追究机制,并通过优化问责环境、畅通问责渠道、理顺问责体制、完善问责流程,④对拒不履行合作义务、不承担合作发展责任的主体予以追责。

(四)完善信息公开制度,畅通合作治理的参与渠道

健全的政府信息公开制度在任何时候都是保障公民知情权,督促政府权力正当行

---

① 翟云:《建立政务信息资源共享长效机制》,载《光明日报》2016 年 10 月 3 日,第 6 版。

② 周伟:《优化与整合:地方政府间区域合作治理体系重构》,载《理论探索》2016 年第 4 期。

③ 党秀云:《论合作治理中的政府能力要求及提升路径》,载《中国行政管理》2017 年第 4 期。

④ 党秀云、郭钰:《跨区域生态环境合作治理:现实困境与创新路径》,载《人文杂志》2020 年第 3 期。

使的关键。在信用监管的合作治理过程中,政府亦应通过及时的信息公开,让公众知晓与监管活动相关的信息,在为公众有效参与提供线索的同时,监督政府依法开展信用监管活动。具体而言,针对政府开展的信用监管,由于大多数公众目前仍缺乏对信用监管足够的认识,而信用监管本身非常复杂,涉及一系列不同规制方式,这些行为的实施均会实实在在地影响公民的权益,所以政府应当事先公开各种信用监管方式的实施机构、运行程序、救济路径等重要信息,让公众提前知晓,进而能够对之后行为作出合理安排。此外,在政府与社会主体合作的过程中,政府亦应及时公开相关合作信息,尤其是赋予行业协会的权力,转移给信用服务机构的活动内容,让公众知晓权力分享的具体情况,这也能更好地帮助政府督促社会主体的共治行为。

五、结语

合作治理体现的是一种分享理念,它排除政府作为监管唯一中心的传统观念,以解决问题为导向,“有助于更多利益相关方参与到行政监管目标的确定和实施过程之中,能以更个性化、更具弹性、成本更低的方式实现监管目标”。① 这一理念在信用监管领域的引入将在提高监管效率,加速诚信社会目标的实现上发挥重要作用。只是,作为一种融合政府、行业协会、信用服务机构、企业甚至公众力量,交杂着公权和私权的新型治理方式,信用监管合作治理模式的运行在一定程度上影响现有的权力运行机制,也给国家治理能力带来了新的挑战,需要适宜的合作框架和制度安排。为此,需要我们在理清各方参与主体责任,明确参与方式,提高参与效率的基础之上,通过确立合作规则,畅通信息共享机制,明晰权责分配,完善信息公开制度来保障合作目标的实现。在此过程中,政府应当在履行监管责任的同时,为社会组织营造良好的制度环境,将解决复杂社会和市场问题的机制内嵌于整个治理框架中。当然,对于尚处于探索中的一项改革,这也必然是一个持续、漫长的过程,需要不断地摸索与努力。

---

① 刘权:《分享经济的合作监管》,载《财经法学》2016年第5期。

财税法

纳税人诉讼研究的文献计量可视化分析*

何锦前**　陈　虹***

目　次

一、背景、问题与方法

近年来,财政乃国家治理之基础和重要支柱、法治中国等理念深入人心,依法行政、依法理财、依法治税也不断取得进展,但是,财税法治实践中仍然给我们提出了不少亟须解决的问题和未曾面临的新问题。仅从近年来财税领域公开的裁判文书来看,案件数量持续以较大增幅上涨,财税部门被诉的行政诉讼案件明显增多,除了以往较多发的政府采购纠纷、财政信息公开纠纷,财税公益诉讼已成为不可忽视的诉讼现象。这其中大部分是检察机关针对财政部门、税务机关提起的行政公益诉讼。

不过,在这类检察公益诉讼案件数量突飞猛进之际,人们似乎总会发问:个人能否提起这样的公益诉讼?这样的问题并不陌生,在学术上,其往往以纳税人诉讼的范畴出现,事实上,学术界 20 世纪 80 年代就已开展了纳税人诉讼的讨论。

---

* 基金项目:司法部国家法治与法学理论研究项目"国家财产保护公益诉讼等内等外界分研究"(19SFB2053)。

** 首都经济贸易大学法学院副教授,博士研究生导师,法学博士,财税法研究中心主任。

*** 首都经济贸易大学法学院硕士研究生。

当然,情势有所不同。2020年2月10日,财政部发布了2019年财政收支情况,全国一般公共预算收入190,382亿元,全国税收收入157,992亿元,[①]税收收入占国内生产总值(Gross Domestic Product,GDP)的比重超过15%。财税问题已然与国计民生须臾不可分离,且深深渗透进每个人的日常生活,纳税人意识也已前所未有的生发出来。因此,纳税人诉讼已逐渐溢出学术讨论而进入公共话语范畴,在这样的背景下,进一步加强纳税人诉讼研究以回应社会需求是必然之举,而加强纳税人诉讼研究,又有必要回溯学者们的过往探索,在历史积淀基础上再出发。

一般来说,理论上所说的纳税人诉讼是指为了防止非法公共资金支出而由纳税人或代表人(如检察机关)提起的诉讼。[②] 各国对纳税人诉讼的界定虽有不同,但都肯定了纳税人诉讼是以私权制约公权,以维护公共利益的公益诉讼。党的十八届三中全会明确提出,“财政是国家治理的基础和重要的支柱”。而财政能否成为国家治理的坚实基础和牢靠支柱,还有赖于财税监督和纳税人权益保护,更离不开相关司法救济途径。在许多国家,纳税人诉讼致力于防止财税领域公共违法支出行为,是一种对财政税收监督的司法救济渠道。我国改革开放后,学术界逐步开始关注纳税人诉讼问题,一路至今,达成了不少理论共识,也存在诸多尚待深耕拓掘之处。在纳税人诉讼研究“再出发”的背景下,本文尝试采用文献计量分析方法,系统回溯我国纳税人诉讼研究历程,为“再出发”做一点准备工作。

我们选择中国知网收录的论文为研究样本,文献分类目录设定为“社会科学Ⅰ辑”与“经济与管理科学”,进而在期刊数据库中检索全文内容涉及纳税人诉讼的论文。考虑学界关于纳税人诉讼的概念尚未统一,相关术语和研究视角较为多元,为了更全面掌握纳税人诉讼研究的发展趋势,我们将检索的关键词扩展到与本研究主题相关的重要术语,包括“纳税人诉讼”“纳税人公益诉讼”“税收公益诉讼”[③]“税务公益诉讼”[④]

---

① 参见财政部国库司:《2019年财政收支情况》,载中华人民共和国财政部网站:http://gks.mof.gov.cn/tongjishuju/202002/t20200210_3467695.htm,最后访问日期:2020年2月20日。

② See West's Encyclopedia of American Law, http://law.enotes.com/wests-law-encyclopedia/taxpayers-suit,2006-10-11.转引自祁志钢:《纳税人诉讼:公法之债下的公权力与私权利》,中央广播电视大学出版社2016年版,第30~31页。

③ 学界有税收公益诉讼的提法,其功能主要为监督税收征缴行为,可以看作纳税人诉讼的一种表述。参见李桂英:《税务诉讼:概念之厘定》,载《税务与经济》2013年第5期。

④ 学界有税务公益诉讼的提法,其是指公民个人、社会组织或者法律监督机关在税务机关不依法履行职责导致税款流失,或者其他公权力机关违法开支造成财政资金浪费时,对其提起的诉讼。参见洪小东:《改革开放四十年纳税人权利保护考察——基于“学术史”与“制度史”的双重视角》,载《理论月刊》2019年第1期。

"财税公益诉讼""财政公益诉讼"。[①] 按照以上方法,我们在知网数据库中检索到779个样本,[②]如图1所示。

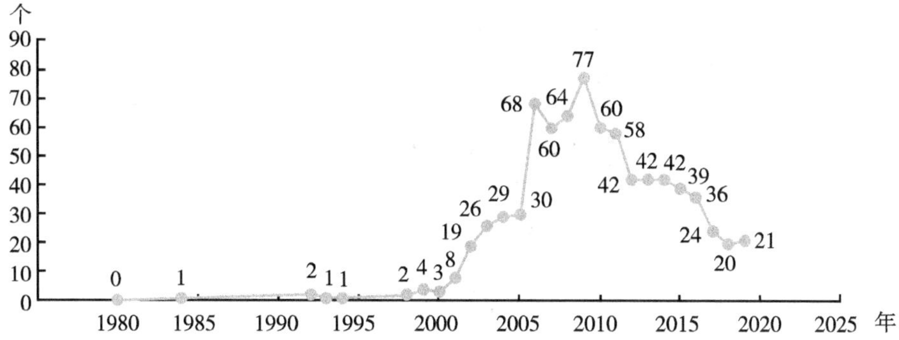

图1　纳税人诉讼研究文献的年度分布

资料来源:中国知网(CNKI)。

可以发现,从1984年最早的一篇文献开始迄今,[③]纳税人诉讼研究已经有了较大幅度增长。我们参照学界的既有研究,[④]分四个时期来分别考察纳税人诉讼研究的发展,这四个时期分别对应于财税法律制度的四个阶段:1984～1993年恢复重建财税法制度时期;1994～2003年建立与市场经济体制相适应的财税法体系时期;2004～2013年建立规范更加完备的财税法体系时期;2014年以来财税法制改革深水区时期。[⑤]

按上述分期方法,可得1984～2019年发表的关于纳税人诉讼的全部论文统计,如表1所示。

---

① 学界还有财税公益诉讼、财政公益诉讼的提法,特别是近年来随着《行政诉讼法》的修改完善,一些学者提出了利用现有行政公益诉讼制度来开展纳税人诉讼探索的方案。例如,有学者支持由检察机关作为财税公益诉讼适格主体的救济机制。参见胡明:《财政权利的逻辑体系及其现实化构造》,载《中国法学》2018年第1期。

② 样本统计时间截至2020年1月6日,由于知网文献存在滞后性,且截至2020年1月6日最新文章的发表日期为2019年12月9日,所以样本共涵盖1984年至2019年关于纳税人诉讼的全部文献。

③ 本文样本统计时间截至2020年1月6日。

④ 张守文:《税制变迁与税收法治现代化》,载《中国社会科学》2015年第2期。

⑤ 事实上,这一分期方法已在财税法研究中取得了推广应用,例如,何锦前、司晓丽:《改革开放以来税法研究之主题变奏——以〈税务研究〉为样本的文献计量分析》,载《税务研究》2019年第1期;何锦前、王倩瑜:《改革开放以来财政法治研究的文献计量分析》,载《经济法学评论》2018年第2期。

表1　各阶段纳税人诉讼论文篇数

年份	1984~1993年	1994~2003年	2004~2013年	2014~2019年
篇数	4	63	530	182

资料来源:中国知网(CNKI)。

进而利用软件SATI对从中国知网中获取的题录数据进行文献关键词词频分析,并使用Uncinet、SPSS、NetDraw构建关键词多维尺度图和关键词共现图。在SATI软件中所生成的相似矩阵中元素值(式1所示),代表为两个矩阵元素(在本文中即文献的关键词)的相似性,而相异矩阵中的元素值为相似矩阵元素值与-1的和:

$$E_{ij}=\frac{F_{ij}^{\ 2}}{F_i\times F_j} \quad (式1)$$

其中,E_{ij}为元素值,F_{ij}为元素i与元素j元素共同出现次数,F_i和F_j为元素i、元素j出现次数。故可知,在通过SPSS所生成的多维尺度图中,两个点距离越近,则两个关键词的关联性越强。具有强关联性的关键词可将其划为一类,说明不同阶段的学术领域关注点。

利用NetDraw进行社会网络分析对各阶段文献关键词进行共词中心度分析,可以探讨各个阶段纳税人诉讼的研究结构。在社会网络图中,以关键词为结点、结点位置越居中越核心,结点间的连线越粗,则表示这两个关键词之间的关系越强、关联性越强。

二、萌芽兴起阶段:1984~2003年

如前文所述,纳税人诉讼研究的四个阶段中,前两个阶段的文献数量很少,大体上属于萌芽阶段与兴起阶段。鉴于该两个阶段的特征具有相似性,且文献显著少于后两个阶段,我们也可将它们合称为萌芽兴起阶段。

(一)萌芽阶段:1984~1993年

1982年12月,我国《宪法》进行了修正,将公民的权利和义务由第三章提至第二章,恢复了1954年《宪法》关于公民权利和义务的基本内容,如公民对国家机关和工作人员有批评建议的权利,中华人民共和国公民有依法纳税的义务等,这为我国公民参与公共事务和依法纳税提供了根本法上的支持。1986年4月,《税收征收管理暂行条例》发布,开始体现对纳税人权利的保护。1992年年初,邓小平南方谈话提出要建立社会主义市场经济体制,税收在市场经济体制的运行下,使调节经济与组织财政收入的职能得到有效发挥。1992年9月,第七届全国人民代表大会常务委员会第二十七次会议通过的《税收征收管理法》明确了纳税人的部分权利,如获得完税凭证权、申请减免税权、退税权、检举权、控告权等权利。

在纳税人权利在法律上逐渐明晰的过程中,纳税人诉讼研究崭露头角,4 篇论文逐一面世。1982 年《宪法》之后,高作宾翻译的日本学者小林直树的《财政法学的课题》于 1984 年问世,其发表在我国专门引介国外学术成果方面最有影响力的一本刊物上,该文明确讨论了纳税人诉讼,并指出,纳税人诉讼应致力于"提高国民作为纳税人的意识和能力并批判不当的征税和国家支出"。① 而 1992 年《税收征收管理法》通过后不久,在北京大学法学院主编的一个久负盛名的刊物上,有学者强调:"纳税人尚需被赋予对于行政机关非法或不当使用资金的行为的起诉权。"②即便在税收学界,杨斌、曹凌等学者也主张,应借助纳税人诉讼等机制来监督制约税务机关的征管权力。③

相关研究密切关注当时的宪法、法律进展,提出的理论主张又不完全拘泥于当时的立法实践,具有一定的理论前瞻性。当然,理论的超前性也是有限的,不太可能脱离实践太远。囿于多方面原因,这一阶段相关研究仍处于起步阶段,论文数量较少,且以介绍国外理论、借鉴国外制度为基调,相关理论主张较为简略。

(二)兴起阶段:1994 ~ 2003 年

1994 年税制改革是中国财税法治的重要阶段,其主要目标之一是构建与市场经济体制相适应的完整税制,提升国家税收收入占 GDP 的比重,建立"税收国家"。④ 在社会主义市场经济体制下,"纳税人"一词逐渐普及开来,国家也逐渐意识到征税不仅是"取之于民、用之于民",保护纳税人的权利也格外重要。2000 年 3 月,《立法法》颁布,其中第 8 条确定了税收法定原则。⑤ 2001 年 4 月,《税收征收管理法》进行全面修订,其中第 1 条新增加了"规范税收征收和缴纳行为";第 8 条集中规定了纳税人的各项权利。2000 年 3 月,《最高人民法院关于执行〈中华人民共和国行政诉讼法〉若干问题的解释》第 12 条,⑥拓宽了行政诉讼的受案范围,由之前的"侵犯其合法权益"变更为"利害关系",该司法解释放宽原告的起诉资格,为我国纳税人诉讼的引入提供了想象空间。

1994 ~ 2003 年,涉及纳税人诉讼的论文共计 63 篇。以 SATI 软件对论文的关键词

---

① [日]小林直树、高作宾:《财政法学的课题》,载《国外社会科学》1984 年第 5 期。

② 王天成:《治人者治于法——行政法与人权》,载《中外法学》1992 年第 5 期。

③ 参见杨斌、曹凌:《税收征管模式比较——"三分离模式"与户管制度的优化组合》,载《税务研究》1992 年第 1 期。

④ 参见张守文:《税制变迁与税收法治现代化》,载《中国社会科学》2015 年第 2 期。

⑤ 该条第 8 项明确规定,基本经济制度以及财政、税收、海关、金融和外贸的基本制度只能制定法律。

⑥ 《最高人民法院关于执行〈中华人民共和国行政诉讼法〉若干问题的解释》第 12 条规定:"与具体行政行为有法律上利害关系的公民、法人或者其他组织对该行为不服的,可以依法提起行政诉讼。"

进行词频统计,得到高频关键词的排序,然后从中选取排名前30的关键词(见表2)。从表2可以看出,这一时期"公益诉讼""行政公益诉讼""纳税人""行政诉讼""原告资格""公共利益"等关键词的频次较高,说明学界讨论行政公益诉讼的热情高涨,并开始逐步探索纳税人诉讼相关问题。

表2　1994~2003年纳税人诉讼理论研究高频关键词

序号	关键词	频次	序号	关键词	频次
1	公益诉讼	12	16	民事诉讼	3
2	行政公益诉讼	10	17	原告	3
3	纳税人	9	18	现代型诉讼	2
4	行政诉讼	8	19	纠纷解决	2
5	原告资格	6	20	税法	2
6	公共利益	4	21	诉讼机能	2
7	民告官	4	22	裁判理念	2
8	受案范围	4	23	行政公诉	2
9	行政诉讼法	4	24	代扣义务人	2
10	税款	3	25	传统诉讼	2
11	税务机关	3	26	法律规范	2
12	制度	3	27	扣缴义务人	2
13	具体行政行为	3	28	税收征管模式	2
14	社会公共利益	3	29	税收制度	2
15	公民权利	3	30	纳税意识	2

1994~2003年,高频关键词的统计清晰客观地反映了当时纳税人诉讼研究的热点问题。当然,词频分析只是对研究中的数据进行直观的个体展现,而关键词之间的内在联系仍需要进一步分析。为此,对该阶段的题录数据进行分析,可以得到关键词多维尺度图(图2)和关键词共现图(图3)。

根据关键词多维尺度图(图2)可知,1994~2003年,纳税人诉讼研究可分为三大主题结构:(1)以行政公益诉讼为核心的主题群,涉及"受案范围""具体行政行为""民告官""公民权利""行政诉讼""公益诉讼""行政公益诉讼""公共利益"等15个高频关键词。(2)以纳税人为核心的主题群,涉及“纳税人”“纳税意识”“扣缴义务人”“代扣义务人”“税收征管模式”“税收制度”等9个高频关键词。(3)以诉讼机制为核心的主题群,涉及“民事诉讼”“现代型诉讼”“纠纷解决”“诉讼机能”“裁判理念”5个高频关键词。

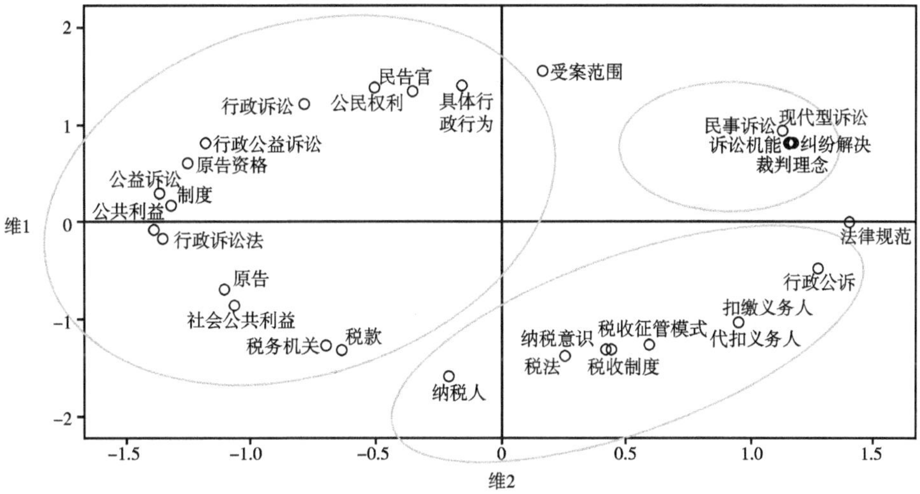

图2 1994~2003年纳税人诉讼理论研究关键词多维尺度

注:派生激励配置欧式距离模型。

在发现热点主题之后,通过构建网络知识图谱,可发现各主题词之间的内部关系(见图3)。将关键词作为结点,关键词之间的共现关系用结点之间的连线来表示,结点位置越靠近中心则相应主题越核心,连线越粗则关键词之间关系越强。通过观察关键词的位置(核心或者边缘),可以判断相关主题的关注热度。在图3中,有三个主题群落,刚好对应图2,在这三个主题群落中“行政公益诉讼”“纳税人”“现代型诉讼”位于共现网络图谱所在三个主题的中间位置,是非常重要的结点,说明1994~2003年,这些关键词在税法研究领域居于重要地位。其中,“税法”与“税收制度”之间、“传统诉讼”与“现代型诉讼”“裁判理念”之间连线较粗,这说明,此时期学者们特别关注纳税人诉讼与税收实体法之间的关系以及纳税人诉讼作为现代新型诉讼的鲜明特征。我们发现,这一时期,越来越多的学者把纳税人诉讼定位为公益诉讼。公益诉讼最早可追溯到古罗马时期,其不仅能防止公共权力的滥用,而且将诉讼程序的启动权赋予普通民众。学界认为,纳税人诉讼就有此类特征。①

① 参见陈晴:《以权利制约权力:纳税人诉讼制度研究》,法律出版社2015年版,第55页。

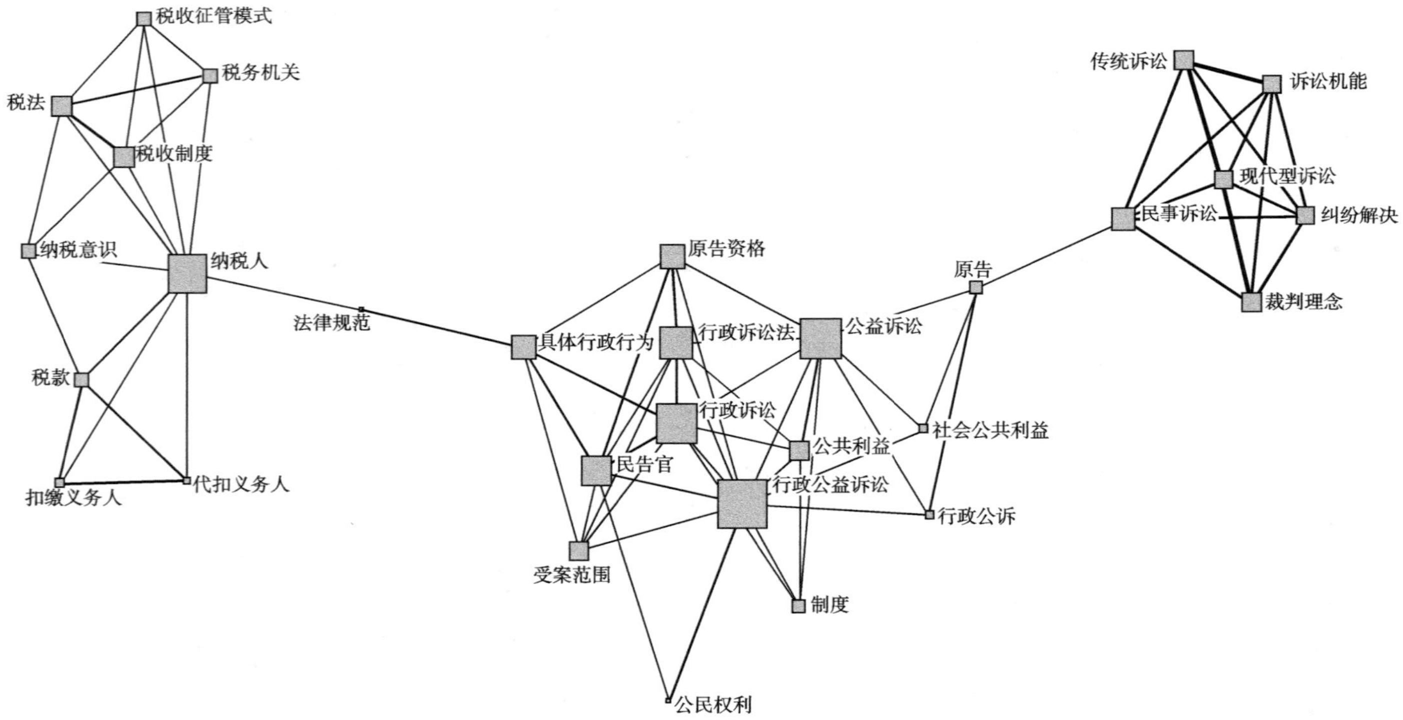

图 3　1994~2003年纳税人诉讼理论研究关键词共现

在这一时期,公益诉讼研究成为显学,自然也进一步推动了纳税人诉讼研究。此时,纳税人诉讼研究呈现两个鲜明特点。

1. 纳税人诉讼研究与公益诉讼研究具有显著的正相关性。在这一时期,相关司法解释的出台促进了学界对公益诉讼的研究。该阶段集中研究公益诉讼的论文较上一阶段显著增多,许多论文更是聚焦于公益诉讼制度的具体构建层面。有的研究表明,公益诉讼启动模式的选择既关系分配起诉权和拓展诉讼渠道的问题,也关系公共利益的司法救济问题,而纳税人对于公共资金的违法支出有诉之利益,因此,应赋予纳税人起诉资格,应将纳税人诉讼作为维护财税领域公共利益的重要司法救济途径。① 而这种财税领域的公共利益也具有深刻的法理基础,也就是公民公共性权利的司法保护以及私人力量对国家权力的制约。② 类似地,也有人提出,行政公益诉讼就是以权利制约权力的手段,鼓励无法律上利害关系的人提起诉讼,这将大大提高行政机关依法行政的自觉性。③ 以上都说明,公益诉讼研究的深入发展,为纳税人诉讼研究提供了理论支撑,理清了基本范畴,助推了纳税人诉讼的发展。

2. 纳税人诉讼研究侧重于理论构想型研究。2002 年修订的《税收征收管理法》对纳税人权利规定得更详细,这呼应了此阶段纳税人权利意识的初步觉醒。不过,当时相关法律法规并未涉及纳税人诉讼,对此,不少研究进行反思并作出前瞻性设计。很多研究认为,建立纳税人诉讼制度是可行的,至少,可以通过拓展司法解释的方式赋予纳税人诉讼资格,同时,设置向特定机关投诉的前置程序,并要求纳税人缴纳保证金。④ 这其实也反映了当时学界的纠结心态——许多学者都乐见纳税人权利得到更好的保障,但又担心纳税人诉讼制度可能会导致滥诉的发生。这种理论困惑单纯从学术上难以找到解决的突破口,也使这一时期的纳税人诉讼研究受到一定的影响。或许,实践会为理论突破提供契机,这一契机就出现在下一阶段。

三、全面发展阶段:2004~2013 年

与前 10 年的纳税人诉讼理论研究相比,在全面发展阶段,我国纳税人诉讼司法实践迈出了探索性的一步。2006 年发生的"湖南蒋某某诉财政局案"⑤被学界称为"中国

---

① 参见赵许明:《公益诉讼模式比较与选择》,载《比较法研究》2003 年第 2 期。

② 参见蔡虹、梁远:《也论行政公益诉讼》,载《法学评论》2002 年第 3 期。

③ 参见王太高:《论行政公益诉讼》,载《法学研究》2002 年第 5 期。

④ 参见张献勇:《浅谈设立纳税人诉讼制度》,载《当代法学》2002 年第 10 期。

⑤ 参见曾献文:《公益诉权能成为纳税人监督政府的方式吗》,载《检察日报》2006 年 4 月 14 日,第 3 版。

纳税人诉讼第一案”,该案将纳税人诉讼引入公众视野,使纳税人诉讼受到越来越多的关注。2012年8月,第十一届全国人民代表大会常务委员会第二十八次会议通过了《关于修改〈中华人民共和国民事诉讼法〉的决定》,新增“公益诉讼”条款,进一步推动了学界对公益诉讼乃至纳税人诉讼的研究。

2004~2013年,涉及纳税人诉讼的论文共计530篇,研究文献数量多、质量好。我们使用SATI软件对这些论文的关键词进行词频统计,得到高频关键词的排序,然后从中选取排名前29的关键词(见表3)。可以看出,这一时期“公益诉讼”的频次最高,达到了上一阶段的7倍左右,“纳税人诉讼”“纳税人权利”的频次较上一阶段也显著提高,相比前10年,这一阶段明显进入全面、高速发展阶段。

表3 2004~2013年纳税人诉讼理论研究高频关键词

序号	关键词	频次	序号	关键词	频次
1	公益诉讼	89	16	税法	9
2	纳税人权利	58	17	经济公益诉讼	9
3	纳税人	54	18	行政诉讼法	8
4	行政公益诉讼	51	19	原告	8
5	纳税人诉讼	46	20	财政收入	8
6	原告资格	31	21	治理商业贿赂	8
7	公共利益	21	22	法治	8
8	税收	20	23	权利保护	8
9	行政诉讼	17	24	税收立法	7
10	纳税人权利保护	14	25	行政机关	7
11	受案范围	12	26	税收法定主义	7
12	中华人民共和国	11	27	商业贿赂	7
13	权利	11	28	纳税人诉讼制度	7
14	监督	10	29	预算	7
15	检察机关	9			

对2004~2013年的题录数据进行分析,可以得到该阶段的关键词多维尺度图(图4)。

根据关键词多维尺度图(图4)可知,2004～2013年,纳税人诉讼研究大体可分三大主题结构:(1)以纳税人诉讼法律关系为核心的主体群,涉及"原告""受案范围""原告资格""权利""检察机关""纳税人诉讼""行政公益诉讼""公益诉讼"等11个高频关键词。(2)以纳税人诉讼价值论为核心的主体群,涉及"财政收入""税收""纳税人权利保护""经济公益诉讼""监督"等9个高频关键词。(3)以税收法治为核心的主题群,涉及"纳税人诉讼制度""税收法定主义""权利保护""税收立法""商业贿赂"等8个高频关键词。

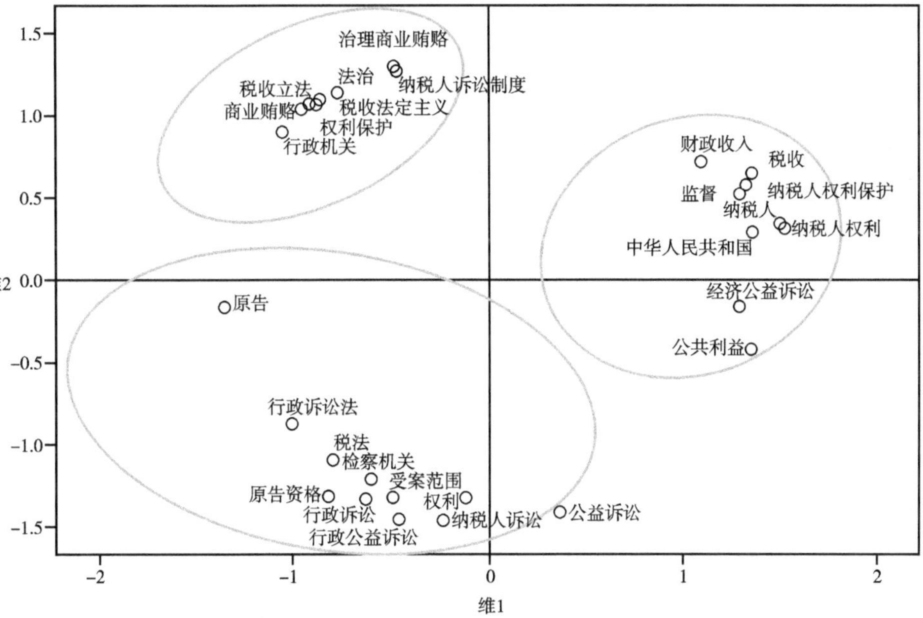

图4　2004～2013年纳税人诉讼理论研究关键词多维尺度

注:派生激励配置欧式距离模型。

通过分析发现,该阶段在结点面积及密集程度上比上一阶段有明显增进,突出表现为"纳税人"主中心周围存在3个次中心——"公益诉讼""纳税人诉讼""纳税人权利",并且,次中心周围也有一系列高频词与之共现。可见,本阶段的知识网络层次更为丰富。围绕前述一个主中心、三个次中心,其余关键词形成了彼此关联、共同支撑的融洽理论生态网络。其中"行政公益诉讼"与"原告资格"之间、"纳税人诉讼制度"与"财政收入"之间、"税收"与"法治"之间的联系较为紧密。"纳税人权利""财政收入""经济公益诉讼"等关键词的出现,反映出纳税人诉讼研究不断拓掘的新领域、新动向,也逐渐向更广泛更高维的学科理论(如经济法的程序法理论)蔓延辐射。至此,可以看出,纳税人诉讼研究在研究范围上呈现扩大化趋势。

通过对关键词词频分析、关键词共现和多维尺度分析,我们可以发现2004~2013年我国纳税人诉讼研究,主要呈现四个方面的特征。

第一,这一时期的文献突出反映了纳税人诉讼研究过程中一大重要因素——纳税人权利。提到纳税人权利,自然会想到《税收征收管理法》中的知情权、保密权、陈述申辩权等。但一些研究提醒我们,这些权利与纳税人缴纳税款的义务并无直接关联,与纳税义务相对应的权利应为"要求国家的征税、用税行为符合自身利益"的权利,赋予纳税人诉讼资格是从程序上保障该权利获得救济的有效手段。① 研究纳税人税权的学者往往注重探讨纳税人请求权。就此而言,纳税人诉讼能够发挥保障各项税权、监督税收征管的功能,是纳税人税权的重要程序救济途径。② 一些研究指出,以往税法以国家权力为本位,忽视了对纳税人课税监督权、纳税人用税监督权等权利的保护,③而税收司法存在"重实体、轻程序"的情况,④所以,应构建纳税人诉讼制度,尽快扭转这一局面,有效维护纳税人权利,并避免或减少公共财政资金的流失。这一时期的相关研究进一步说明,纳税人权利与纳税人诉讼之间存在紧密联系,纳税人诉讼能够为纳税人的权利提供有效救济途径,相关研究也进一步展现了纳税人权利理论在纳税人诉讼研究中的重要程度。

第二,公益诉讼研究对纳税人诉讼研究在这一阶段有较大的推动力。在2012年9月22日的"公益诉讼实施"研讨会上,有些学者强调,公益诉讼与民主建设进程密不可分,我国应尽快建立纳税人诉讼制度。⑤ 颜运秋考察了公益诉讼在美、英、德、日四个国家两大法系的发展轨迹和现状,其中提到日本民众诉讼(纳税人诉讼)的原告类型多样,可以是纳税人,也可以是利益受到普遍影响的选举人或者其他公众。⑥ 施正文认为,纳税人诉讼是一种典型的公益诉讼、一种特殊的行政公益诉讼,且主张先赋予检察机关作为公益诉讼代表人提起纳税人诉讼的权利,再将原告资格逐步拓宽到纳税人、

① 参见王霞、吴勇:《我国开放纳税人诉讼的必要性及对策》,载《湘潭大学学报》(哲学社会科学版)2004年第3期。

② 参见单飞跃、王霞:《纳税人税权研究》,载《中国法学》2004年第4期。

③ 参见陈志勇、姚林:《税收法定主义与我国课税权法治化建设》,载《财政研究》2007年第5期;王帅、董明芳:《纳税人诉讼的理论探讨》,载《税务研究》2008年第11期。

④ 参见刘蓉、杜剑:《纳税人权利保护与我国税收司法改革》,载《税务研究》2007年第1期。

⑤ 参见颜运秋、马晓锐、周晓明:《公益诉讼法门渐开,理论实务仍须努力——"公益诉讼实施"研讨会纪要》,载《法治研究》2012年第11期。

⑥ 参见颜运秋、周晓明:《公益诉讼制度比较研究——兼论我国公益诉讼制度的建立》,载《法治研究》2011年第11期。

纳税人组织。[①] 马存利、韩平建议"采取纳税人公益诉讼制度来解决我国公共资金的流失问题",纳税人诉讼应成为公益诉讼的一种诉讼模式。[②] 此外,不少公益诉讼研究文献都提到公益诉讼对纳税人诉讼的推动作用,这些研究无疑为纳税人诉讼研究增添了活力。

第三,在研究内容上,呈现丰富而多元化的研究趋势。对于纳税人诉讼,学者的研究广泛涉猎原告资格、政府消费行为、财政收入以及行政权与司法权的关系等范畴。有些学者主张,包括纳税人在内的公民个人应该享有行政公益诉讼的原告资格,纳税人提起纳税人诉讼将对侵害国有资产的违法行为形成更有效的压力,有助于促进财税机关依法行政。[③] 还有研究认为,从司法权与行政权的关系的角度来看,司法权是制约行政权的最佳选择,纳税人诉讼恰恰有助于提高司法能动性,进而延伸司法边界以加强对行政权的约束。[④] 当然,这一时期也有一些内省性或反思性研究。例如,有的学者将纳税人诉讼与政府消费行为挂钩,认为纳税人诉讼容易使人产生怀疑,故称为"公共消费诉讼"更易于理解。[⑤] "公共消费诉讼"这一观点不同于以往纳税人诉讼研究的相关主张,以往大多数学者从政府公共资金违法支出角度出发,主张赋予纳税人原告资格,并提出设立一种对用税权进行监督的司法救济途径;而此观点则是从政府的消费行为角度出发的,主张建立"公共消费诉讼"以消除对纳税人概念的争议。

第四,问题意识进一步凸显,以司法案例或重大事例中的焦点问题为导向开展研讨成为本阶段的一大亮点。既有学者从美国的司法实践中的"弗罗辛厄姆诉梅隆案""弗拉斯特诉科恩案""合众国诉理查森案"等案例出发来讨论纳税人诉讼的适格问题,[⑥]又有学者以我国发生的相关案例来探讨纳税人诉讼问题。[⑦] "蒋某某诉常宁市财政局违法购车案",就引起了财税法学界、行政法学界、经济法学界的共同关注。尽管

---

① 参见施正文:《我国建立纳税人诉讼的几个问题》,载《中国法学》2006 年第 5 期。

② 参见马存利、韩平:《纳税人诉讼适格问题研究——美国最高法院的司法实践对我国的启示》,载《当代法学》2008 年第 3 期。

③ 参见张晓玲:《行政公益诉讼原告资格探讨》,载《法学评论》2005 年第 6 期。

④ 陈晴:《纳税人诉讼制度的域外考察及其借鉴》,载《法学评论》2009 年第 2 期。

⑤ 参见叶姗:《政府消费行为可诉性较弱的解决思路》,载《法律适用》2009 年第 3 期。

⑥ 三个案例分别为 Frothingham v. Mellon,262 U. S. 447(1923);Flast v. Cohen,392 U. S. 83(1968);United States v. Richardson,418 U. S. 166(1974)。参见马存利、韩平:《纳税人诉讼适格问题研究——美国最高法院的司法实践对我国的启示》,载《当代法学》2008 年第 3 期。

⑦ 参见徐阳光:《纳税人诉讼的另类视角——兼评蒋某某诉常宁市财政局违法购车案》,载《涉外税务》2006 年第 8 期。

"蒋某某案"实际上被法院裁定不予受理,可供解读的信息十分有限,但学界的评价较乐观,蕴含着各方对未来制度前景的热烈期盼,一时间各种研讨不断,各方对纳税人诉讼也开展了多重解读。① 当然,尽管仍缺乏较多典型的纳税人诉讼案例可供研究,但学者并不缺乏实证研究素材。例如,有学者从"郑州咪表案"出发讨论了公益诉讼的主体资格问题等。② 一系列案例或事例的研究为纳税人诉讼研究开拓了实证研究的另一片天地,理论与实践相结合在这一阶段得以进一步强化。

四、聚焦拓掘阶段:2014年以后

本文研究发现,2014~2019年,我国以"纳税人诉讼"为主题的研究文献共计182篇,自2014年之后,相关文献数量呈逐年下降趋势。其原因或许是多方面的,在本文看来,至少有两个方面的因素:一是纳税人的公益诉讼资格等问题在学理研究上已深耕多年,而制度建构上迟迟未有动静,短期内也没有丝毫松动的迹象,降低了研究的热度;二是行政公益诉讼制度日渐明朗,检察公益诉讼被决策层确立为立法方案,诸多争议似乎尘埃落定,不少学术资源事实上也习惯性地转向了"新制度如何完善"这类问题上。可以看到,2015年7月,全国人大常委会发布《最高人民检察院在部分地区开展公益诉讼试点工作的决定》,行政公益诉讼研究呈现理论研究向实务研究转型的趋势,这也预示着纳税人诉讼研究的转型。2017年6月,全国人大常委会对《行政诉讼法》作出修正,③规定了行政公益诉讼的具体内容。2018年1月,最高人民法院、最高人民检察院发布《关于检察公益诉讼案件适用法律若干问题的解释》,检察公益诉讼研究在这一阶段获得突破。也正是在这一阶段中的2014年与2018年,《预算法》进行了两次修正,以此为契机,学界以预算为视角开展的纳税人诉讼研究成为一个亮点。总体来看,这一时期的纳税人诉讼研究逐渐聚焦到检察公益诉讼和预算公益诉讼等少数领域,从上一时期的全面开花转向了聚焦拓掘,也就是"面"向"点"的转变。

在此背景下,可以发现,"公益诉讼""纳税人权利"依然处于前列位置,而"纳税

---

① 当时,中国政法大学等高校与单位开展了专题研讨,各领域的学者也发表了不少相关研究,论及此案的论文已超过120篇。

② 参见张靖:《浅议公益诉讼的原告主体资格——从"郑州咪表"官司引发的思考》,载《吉首大学学报》(社会科学版)2008年第3期;张靖:《构建中国公益诉讼制度的探索》,载《求索》2008年第4期。

③ 修改内容为在原《行政诉讼法》第25条增加一款,作为第4款:"人民检察院在履行职责中发现生态环境和资源保护、食品药品安全、国有财产保护、国有土地使用权出让等领域负有监督管理职责的行政机关违法行使职权或者不作为,致使国家利益或者社会公共利益受到侵害的,应当向行政机关提出检察建议,督促其依法履行职责。行政机关不依法履行职责的,人民检察院依法向人民法院提起诉讼。"

人”“纳税人诉讼”“预算法”这几个关键词在排序中位置逐渐靠前(见表4)。

表4　2014～2019年纳税人诉讼理论研究高频关键词

序号	关键词	词频	序号	关键词	词频
1	公益诉讼	15	16	检察机关	4
2	纳税人	14	17	法治	4
3	纳税人权利	12	18	税收	4
4	预算法	11	19	税务诉讼	4
5	纳税人诉讼	9	20	税收国家	3
6	原告资格	8	21	公共财政	3
7	公共利益	7	22	监督	3
8	环境公益诉讼	7	23	税收法定	3
9	国家治理	6	24	司法	3
10	行政公益诉讼	5	25	司法审查	3
11	税收法治	5	26	保护	3
12	美国	5	27	环境公益	3
13	行政诉讼	5	28	财税体制改革	3
14	财政民主	5	29	诉讼实施权	3
15	法治化	4	30	人权保障	2

对2014年至今的题录数据进行分析,可以得到该阶段的关键词多维尺度图(图5)和关键词共现图(图6)。

由多维尺度图(图5)发现,2014～2019年,纳税人诉讼研究大体可分为三大主题结构,分别为:(1)以预算监督为核心的主题群,涉及“预算法”“监督”“税务诉讼”“原告资格”“行政诉讼”“纳税人诉讼”等11个关键词。(2)以公益诉讼为核心的主题群,涉及“公益诉讼”“环境公益诉讼”“检察机关”“纳税人权利”“公共利益”等10个关键词。(3)以财税司法为核心的主题群,涉及“公共财政”“司法”“税收法定”“诉讼实施权”“财税体制改革”等 9 个关键词。由此观之,公益诉讼仍是研究的热点,纳税人诉讼研究仍以纳税人权利保护等关键词为核心,且不断扩展至财政民主、司法审查等研究热点。

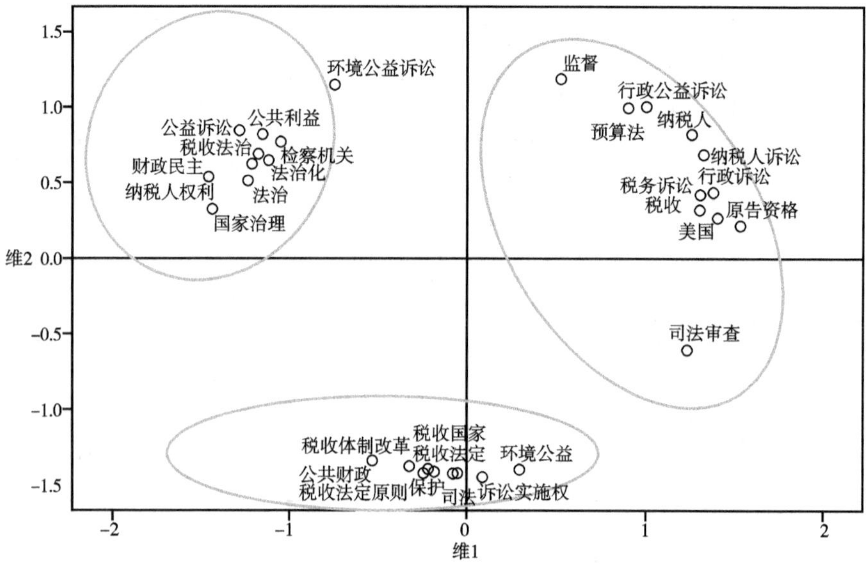

图 5　2014 ~ 2019 年纳税人诉讼理论研究关键词多维尺度

注:派生激励配置欧式距离模型。

根据关键词共现图(图 6)可知,相比全面发展阶段,这一阶段无论是在结点数量、大小还是密集程度上都有一定的衰退。但本阶段“原告资格”处于关键词共现图的核心,成为本阶段纳税人诉讼研究讨论的热点,“预算法”与“监督”之间、“原告资格”与“司法审查”之间、“公益诉讼”与“公共利益”之间的连线较粗,说明此三组彼此之间的联系较为紧密。“司法审查”“税收实施权”“公共财政”等关键词处于关键词共现图的外围,成为本阶段较为边缘或者较新兴的研究领域。

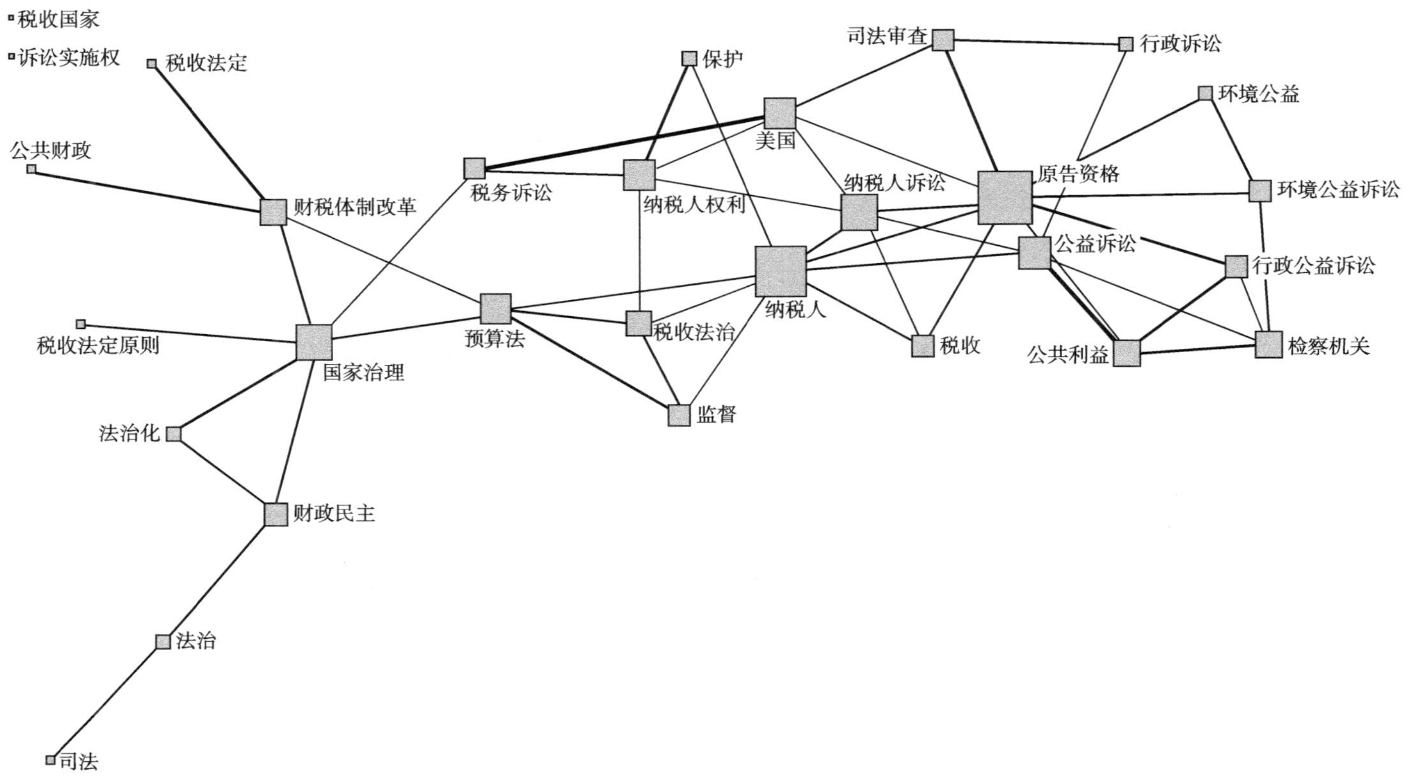

图6　2014～2019年纳税人诉讼理论研究关键词共现

本阶段文献讨论的主要内容,与以往各阶段相比,更加突出地从预算角度与原告资格角度研究纳税人诉讼。从实现预算司法化路径的角度,有学者提出要建立“预算诉讼制度”,认为预算诉讼与域外的纳税人诉讼类似,这也为纳税人诉讼研究提供了一种新的思路。① 还有学者提到,“新修改的《预算法》扩大了人大在预算上的审批权限,在实质上保障了公民权利,从此公权力的财政收支都将被更严格地监督和限制”。② 对于行政机关违法支出公共资金的问题,我国人大、财政部门、审计部门对其都享有监督权,但仍存在一些监督盲点或救济空白,民众期待出现更有效的监督和救济途径,不过,2018年修改《预算法》时并未考虑将纳税人救济权囊括进去。对此,学界认为,公民参与预算制度不应只停留在“知情”的层面,而应设计相应的公众参与制度,如纳税人诉讼制度等。③ 当然,“原告资格”也是本阶段研究的一大热点。有学者就中国的诉讼主体资格主张,应妥当界定《行政诉讼法》中的“利害关系”,以此解决纳税人能否取得原告资格的问题。④ 这些研究成果,近两年又通过“税收公益诉讼”“财税公益诉讼”等讨论而不断得到应用和发展。⑤

五、结论

综上所述,近40年来,我国的纳税人诉讼研究经历了萌芽阶段、兴起阶段、全面发展阶段和聚焦拓掘阶段。前述中国知网全样本779篇论文为我们呈现了这一演进历程的基本面貌和重要细节,各阶段的关键词共现图、多维尺度图等为我们揭示了纳税人诉讼研究的演进特征和发展脉络,也蕴含着未来的可能趋势和尚待深耕力拓的重点领域。

回顾多年来的纳税人诉讼研究历程,各阶段的研究主题及研究热点都有可圈可点之处,其发展变化既是一部学术史,也是一部改革开放后的法治史。当然,纳税人诉讼研究的演进历程虽内涵丰富,但有“三个转变”是尤为值得强调的。

一是由国外理论参考向国内问题解决的转变。近40年来,我国介绍国外纳税人诉讼的成果较多,前三个阶段表现尤为明显。如前所述,纳税人诉讼研究在中国知网

---

① 蒋悟真:《中国预算法实施的现实路径》,载《中国社会科学》2014年第9期。

② 张富利、郑海山:《宪法视野下的税收改革与财税治理》,载《重庆理工大学学报》2018年第11期。

③ 参见朱大旗:《完善人大对政府预算全方位的审查监督制度》,载《法学杂志》2014年第2期。

④ 参见王国侠:《纳税人诉讼的可行性研究——以纳税人原告资格为视角》,载《江淮论坛》2017年第3期。

⑤ 例如,中国法学会财税法学研究会就在2018年、2019年组织了多次财税公益诉讼的专场研讨会和相关研讨会。

首次登载的文献便是高作宾翻译的日本学者小林直树的《财政法学的课题》,①该文表达了构建纳税人诉讼制度理论与实践的重要意义。从中国纳税人诉讼理论的学术史来看,早期的纳税人诉讼研究源自对国外已有的纳税人诉讼制度的考察借鉴,美国的纳税人诉讼、日本的民众诉讼等允许纳税人对不公平税制以及违法支出财政资金行为起诉的制度引起了国内学界的浓厚兴趣和持续多年的比较研究。特别是,随着财税领域公共利益受到侵害的现象被揭露,纳税人苦于权利受到侵害而诉讼无门,而极少数纳税人在传统诉讼机制下开展的尝试无疾而终,这些问题无疑都成为助推学术研究的生长剂。在公益诉讼实践逐渐破冰和发展的过程中,学界也出现了开放纳税人诉讼的声音,学者们不断呼吁建立财税领域公益诉讼制度。尤其是在纳税人诉讼研究的全面发展阶段,因应我国国家治理的现实需要,整体的纳税人诉讼研究问题意识更加突出,从原来"国外理论的引介参考"向"国内问题的研判解决"这个转型日益明显。

二是由粗放型研究向精益化研究的转变。由于早期的纳税人诉讼研究更多参考借鉴国外的纳税人诉讼理论,且当时我国并未确立公益诉讼制度,纳税人诉讼更是无从谈起,因此,粗放型研究难免居多。前两个时期,即萌芽兴起阶段,纳税人诉讼研究刚刚起步,此时,以行政公益诉讼为主题的研究显著多于纳税人诉讼研究,对纳税人诉讼的零星研究也侧重于域外制度引介和宏观理论分析。而到全面发展阶段,涉及纳税人诉讼、纳税人权利保护的研究明显增多,且这一阶段学理研究与司法实践得以结合。在聚焦拓掘阶段,虽然整体研究似乎进入了"瓶颈"期,但部分领域的研究更聚焦、更深入、更精细,其中,纳税人诉讼与财政预算的交叉研究成为焦点之一,"受案范围""原告资格"等相关问题成为热点。总体趋势是,越来越多的学者贴近我国现实情况,重新审视国外的纳税人诉讼,以更精益的模式探究纳税人诉讼。

三是由基础研究向前沿领域的转变。如前所述,就目前情况而言,建立纳税人诉讼制度的条件可能尚不成熟,在基础研究已有多年积淀、国外模式不能照抄照搬的情况下,学界似乎已在某些可能取得突破的问题领域开展前沿性探索,我们特别提及的"预算司法化""公共消费诉讼"等新兴前沿领域频频出现就是佐证。而2017年立法机关通过修改《行政诉讼法》将行政公益诉讼载入其中,自此我国建立起检察公益诉讼制度,学界也结合这一新制度开展了"税收公益诉讼""财税公益诉讼"方面的研讨,尝试为世界提供中国特色的纳税人诉讼制度方案和实现路径。

在当前纳税人诉讼研究聚焦拓掘但"瓶颈"尚存之时,展望未来,学界有必要同时"两手抓":一手抓方案研究,即以检察公益诉讼为起点促动中国式纳税人诉讼制度的

---

① 参见[日]小林直树:《财政法学的课题》,高作宾译,载《国外社会科学》1984年第5期。

方案研究;一手抓学理研究,即继续拓展纳税人诉讼的基础理论研究并强化精耕细作。当前,中国的纳税人权利意识不断觉醒,国家治理体系现代化不断推进,公益诉讼经验不断积累,我们有理由相信,纳税人诉讼研究终会不断开拓,它会为中国构建契合自身需要的纳税人诉讼制度提供充足有效的智力支持。

教育效益债券的逻辑演进与法治建构*

郝志斌**

目　次

《国家中长期教育改革和发展规划纲要(2010－2020年)》明确提出，到2020年，形成惠及全民的公平教育，建成覆盖城乡的基本公共教育服务体系，逐步实现基本公共教育服务均等化，缩小区域差距。公共教育服务是基本公共服务的重要组成部分，需要持续稳定的资金支持。当前，我国财政分权下地方政府拥有财政剩余索取权的同时，也承担公共产品的提供义务，尽管存在专项补助、财政补贴和转移支付制度，但地方公共产品和公共服务的责任主要由地方政府承担已是不争的事实。①随着地方政府公共职能不断扩大，公共教育服务供给样态、需要更加多元，政府财政压力会随之增长，财政收入却日益"拮据"，使政府债务压力与风险问题逐渐显现。②对此，《国务院关于印发国家教育事业发展"十三五"规划的通知》指出，要鼓励社会资本加大教育投入

* 基金项目：重庆市教委人文社科一般项目"区域合作背景下国际投资定义的风险与规范问题探析"(16SKGH013)；西南政法大学2015年度校级科研项目"国际投资协定中'投资'定义的规范与风险问题探析"(2015XZZD－05)。

** 重庆大学法学院经济法学博士研究生。

① 靳文辉：《论地方政府间的税收不当竞争及其治理》，载《法律科学(西北政法大学学报)》2015年第1期。

② 卜春梅、汪全报：《国外教育公私合作制(PPP)的发展与借鉴——以英国、澳大利亚、加拿大、美国为例》，载《国家教育行政学院学报》2018年第4期。

力度。毋庸置疑,公共私营合作制(Public-Private-Partnership,PPP)模式作为一种政策选择,在公共教育服务供给中具有明显优势。截至2019年9月25日,我国已入库441例教育PPP项目,总额共计24,838,962万元,可以说这在很大程度上缓解了政府的财政压力,但是经过实证研究发现,我国落地的教育PPP项目在实施过程中出现了一些新的问题亟须研判。我国教育PPP项目主要集中于供给公共教育硬服务①,如校区建设等,对于早期教育、特殊教育等公共教育软服务却鲜有涉及。在此背景下,教育效益债券作为一种公私合作供给公共教育服务的创新模式逐渐被大众熟知,教育效益债券专注于供给公共教育服务且只为效果付费。② 教育效益债券中投资者为公共教育服务供给项目提供前期资金,从而将经济风险从政府转移到投资者,政府只在公共教育服务供给项目达到预先商定的结果时付费。③ 当前,全球正在实施的教育效益债券已有13例,既包括发达国家,也包括发展中国家,涵括了学前教育、女童教育、边缘智力儿童教育、特殊儿童教育等诸多领域,且其中部分项目已取得阶段性成果。但是,相对而言,教育效益债券还是一项金融创新,各国关于教育效益债券的监管经验还不成熟,教育效益债券众多主体之间可能存在利益博弈等问题。④ 因此,我国要实现教育效益债券的本土化,就必须加快推进理论研究和法制建构以解决其中一些亟须研判的问题,例如,政府如何保证教育效益债券的成功发行和有序实施?投资者风险是否有健全的分担和化解机制等。

一、PPP模式供给公共教育服务的现状及失灵

传统公私合作供给公共教育服务的模式众多,本文仅以当前我国如火如荼发展的PPP模式为例说明问题。PPP模式的引入在较大程度上改变了我国公共教育服务投入不足的现状,社会资本可以帮助政府优化教育资源配置,进一步提升公共教育服务供给质量,满足多元化的公共教育服务需求。当然,虽然普遍认为PPP模式是有益工具,可以作为政府供给公共教育服务的较优路径,但同时需明确PPP模式仅是政府众多创

---

① 所谓硬服务,指有具体的服务质量标准,双方可以事先详细约定权利义务与价格,监管成本较低的服务事项。而所谓软服务,指难以进行明确的成本收益衡量,服务质量标准不易量化,监管成本较高的服务事项。参见常江:《美国政府购买服务制度及其启示》,载《政治与法律》2014年第1期。

② See Ryan S., Young M., "Social Impact Bonds: The Next Horizon of Privatization", *Studies in Political Economy*, 2018, 99(1), pp. 42-58.

③ 李蕊:《为效果付费债券:公私协同供给公共产品的创新构造及其本土化》,载《法学评论》2017年第2期。

④ 李蕊:《为效果付费债券:一个创新的公私伙伴关系及其风险防范》,载《中外法学》2017年第3期。

新工具之一,有关问题还需要理论密切联系实际进行深入研判。①

(一)PPP 模式供给公共教育服务的现状

PPP 模式较好地发挥了市场机制在公共教育服务供给中的潜力和作用,已经在我国实现了快速发展。以不同的省(自治区、直辖市)为单位进行比较分析,可以直观地看出各地 PPP 模式供给公共教育服务的情况。本文以各省(自治区、直辖市)教育 PPP 项目的数量和金额制作了图 1。

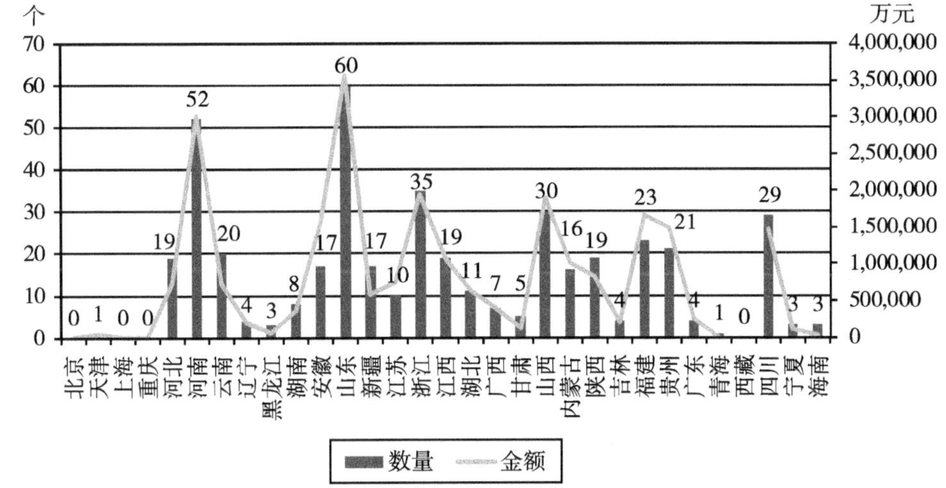

图 1 各省(自治区、直辖市)教育 PPP 项目的数量和金额

资料来源:根据财政部政府和社会资本合作中心项目库数据制作。

整体看来,各省(自治区、直辖市)的教育 PPP 项目个数与金额的区别较明显,山东、河南分别位居第一、第二位,分别为 60 个与 52 个,金额分别为 3, 563, 393 万元与 3, 009, 155 万元。与之相比,北京、上海、重庆等地则并未发行教育 PPP 项目。这与各省(自治区、直辖市)教育基础、教育需求、教育规模、地方财政等有密切关系。同时,本文进一步统计分析了各省(自治区、直辖市)教育 PPP 项目的落地率,结果见图 2。

① 欧纯智、贾康:《公共服务供给方式及其优化选择的框架式分析——兼论 PPP 是优化公共产品与服务供给的善治选项》,载《学术论坛》2018 年第 4 期。

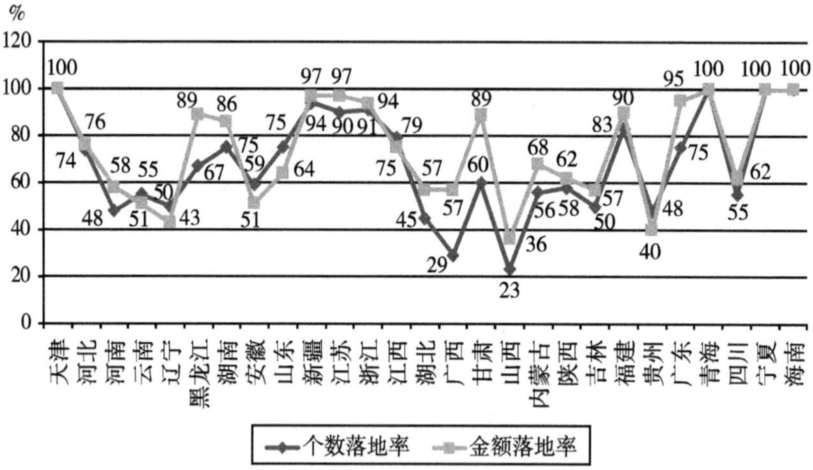

图2　各省(自治区、直辖市)教育PPP项目个数及金额落地率

资料来源:根据财政部政府和社会资本合作中心项目库数据制作。

由图2可见,全国教育PPP项目的个数与金额落地率基本处于40%~80%的区间(见表1)。以个数落地率分析,其中天津、青海、宁夏、海南因其个数较少(1个或3个)实现了个数的100%落地,广西、山西等地的个数落地率较低,分别为29%与23%,整体而言,全国教育PPP项目个数落地率为64%。以金额落地率分析,与个数落地率100%的地区一致,天津、青海、宁夏、海南实现了100%的金额落地率,山西、贵州等地的金额落地率较低,分别为36%与40%,整体而言,全国教育PPP项目的金额落地率为66%。

表1　各省(自治区、直辖市)教育PPP项目个数及金额落地率详情

省(自治区、直辖市)	项目数/个	项目金额/万元	执行阶段数量/个	个数落地率/%	执行阶段金额/万元	金额落地率/%
天津市	1	49,351	1	100	49,351	100
河北省	19	753,984	14	74	576,692	76
河南省	52	3,009,155	25	48	1,744,669	58
云南省	20	730,908	11	55	375,222	51
辽宁省	4	208,887	2	50	90,432	43
黑龙江省	3	65,370	2	67	58,217	89
湖南省	8	365,169	6	75	312,394	86
安徽省	17	1,559,481	10	59	790,245	51

续表

省(自治区、直辖市)	项目数/个	项目金额/万元	执行阶段数量/个	个数落地率/%	执行阶段金额/万元	金额落地率/%
山东省	60	3,563,393	45	75	2,278,612	64
新疆维吾尔自治区	17	592,664	16	94	572,568	97
江苏省	10	742,890	9	90	721,402	97
浙江省	35	1,949,809	32	91	1,830,840	94
江西省	19	1,059,574	15	79	796,076	75
湖北省	11	635,263	5	45	359,489	57
广西壮族自治区	7	395,974	2	29	227,566	57
甘肃省	5	125,437	3	60	111,657	89
山西省	30	1,905,347	7	23	681,777	36
内蒙古自治区	16	1,022,233	9	56	695,247	68
陕西省	19	832,362	11	58	516,510	62
吉林省	4	207,330	2	50	117,223	57
福建省	23	1,669,078	19	83	1,503,439	90
贵州省	21	1,496,980	10	48	593,749	40
广东省	4	260,214	3	75	246,517	95
青海省	1	8999	1	100	8999	100
四川省	29	1,479,536	16	55	917,584	62
宁夏回族自治区	3	114,240	3	100	114,240	100
海南省	3	35,334	3	100	35,334	100
总计	441	24,838,962	282	64	16,326,051	66

资料来源:根据财政部政府和社会资本合作中心项目库数据制作。

(二)PPP模式供给公共教育服务的失灵

1.PPP模式供给公共教育服务的市场化水平较低

国家发展和改革委员会《关于依法依规加强PPP项目投资和建设管理的通知》指出:“不得排斥、限制民间资本参与PPP项目,消除隐性壁垒,确保一视同仁、公平竞争。”但是地方政府为了实现风险转移,通常更信赖具有经济实力的国企。从市场角度看,PPP模式供给公共教育服务的项目具有长周期、高资本、短期回报率低甚至无法盈利的特征,很难有效实现民企等的盈利追求。[①] 因此,国企参与教育PPP项目具有天然优势,民企可参与的空间相对较小。整体来看,《全国PPP综合信息平台项目管理库2019年三季度报》数据显示:"PPP项目落地签近5990个,参与的社会资本共计10,713家,其中国企占比约65.4%,民企占比为34.6%。"具体就教育PPP项目而言,以教育PPP项目落地率排名前三的山东、浙江、河南为例,国有企业在其中也发挥着重要作用,参与率分别达到27%、47%、32%,具体信息如表2所示。

表2 教育PPP项目落地数排名前三的省(自治区、直辖市)的国有企业参与率

省(自治区、直辖市)	落地项目数量/个	国有企业参与项目数量/个	参与率/%
山东省	45	12	27
浙江省	32	15	47
河南省	25	8	32

资料来源:根据财政部政府和社会资本合作中心项目库数据制作。

2. PPP模式供给公共教育服务可能增加政府债务

PPP模式实施中的诸多问题如"名股实债""保底条款"等不规范的发展模式,使地方政府负债"表外化",使政府性债务风险爆发的可能性增大。[②] 仍以教育PPP项目落地率排名前三的山东、浙江、河南为例(见表3),三省教育PPP项目中使用者付费项目仅有3个,占比低于3%,而政府付费与可行性缺口补助项目达到99个,占比高于97%。显而易见,教育PPP项目投资回报率偏低、回报渠道单一等增加了对政府付费回报机制的依赖,也提高了财政可行性缺口补贴的压力,最终导致地方政府债务风险陡增。

表3 教育PPP项目落地数排名前三的省(自治区、直辖市)的回报机制

省(自治区、直辖市)	落地项目数量/个	政府付费数量/个	使用者付费数量/个	可行性缺口补助数量/个
山东省	45	22	2	21
浙江省	32	7	1	24
河南省	25	10	0	15

资料来源:根据财政部政府和社会资本合作中心项目库数据制作。

---

① 王彧:《中国PPP项目的发展现状及其问题》,载《上海大学学报》(社会科学版)2017年第5期。

② 刘方:《防范地方政府隐性债务背景下PPP健康发展研究》,载《当代经济管理》2019年第9期。

3. 公共教育软服务成为政策盲点

公共教育服务中教育场地设施、教育信息工程建设等,因其服务标准、质量可量化,属于公共教育硬服务;而早期教育、特殊教育等多与服务对象的主观感受有关,服务质量等难以量化的属于公共教育软服务。尽管我国 PPP 模式在公共教育服务供给中取得了一定的成就,但公共教育软服务供给的市场机制尚未形成,这不可避免地会制约我国公共教育软服务供给的市场化探索进程。与公共教育硬服务相比,公共教育软服务供给受制于政府支持不足、重视不够等因素,导致各类社会资本参与的积极性不够,市场化供给程度较低,最终成为政策盲点。

二、教育效益债券:公共教育服务供给新模式

PPP 模式和教育效益债券都是社会资本参与公共教育服务供给的模式。教育效益债券的意旨在于市场主体提供有关公共教育服务,政府只为效果付费,政府与市场等多元主体共同设定项目目标,如果经第三方评估机构测算项目最终结果达到或超过预定目标,则政府向市场主体付费,未达到则无付费。

(一)教育效益债券的全球实践

在全球范围内,社会效益债券的数量已增至 137 个,金额共计 4.4 亿美元,受益人群共计 1,711,130 人,本文根据社会效益债券的不同类别制作了图 3,以期说明我国发展教育效益债券的必要性。

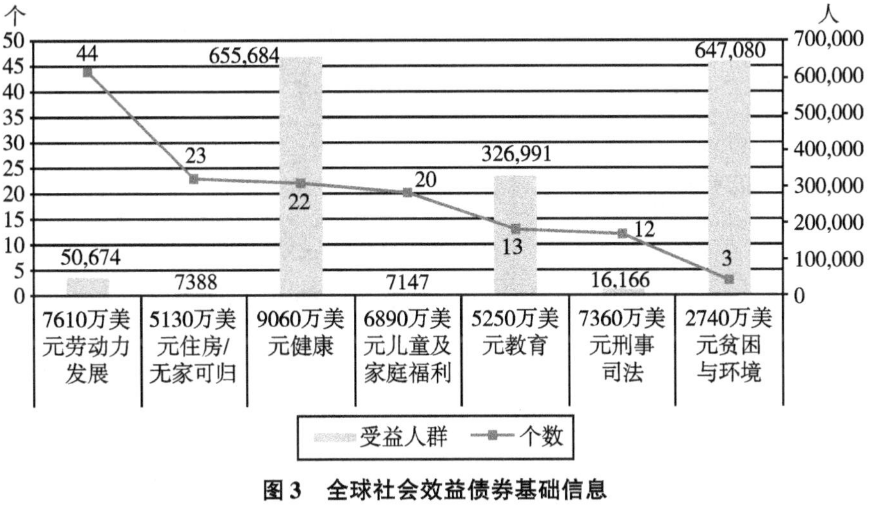

图 3 全球社会效益债券基础信息

资料来源:根据英国社会金融官网数据制作。

从图 3 可以看出,教育效益债券在全球社会效益债券中的占比并不高,仅为 13 例,

排名第5;金额5250万美元,排名第5,但是其受益群体却达到326,991人,名列前3,且显著高于项目数排名前列的部分类型,如劳动力发展等。由此可见,教育效益债券具有明显的制度优势,全球部分国家及地区教育效益债券的详细信息如表4所示。

表4　全球部分国家教育效益债券详细信息

国家	类型	金额	目标群体	效果付费
美国	儿童早期教育	700万美元	3500名来自低收入家庭的3岁或4岁儿童	该项目分5组实施。第一组费用为110万美元,偿还金额为135万美元。剩余资金用于第2~5组。此后,如果在六年级之前,犹他州支付相当于节约资金的40%的储蓄,或每个孩子每年1040美元。六年级以后的节约资金由犹他州保留。在第一批595名4岁儿童中,有110人接受了可能需要特殊教育服务的测试,只有一名需要特殊教育。根据美国国家特别教育费用相关规定,每个儿童节省2607美元,因此第1组共计节省约280,000美元,投资者获得节约资金95%的收益
	学前教育	1690万美元	2600名4岁的芝加哥公立学校的孩子	高盛基金(750万美元)和北方信托公司(550万美元)是高级贷方,J. B. 和M. K. 普利兹克家族基金会是次级贷方。2016年4月的一份绩效报告显示,2014~2015年参加学前教育的儿童中,59%的得分达到或超过全国平均水平,投资者获得了50万美元的收益
葡萄牙	计算机知识	12万欧元	65名小学生	在该社会效益债券筹集的12万欧元中,2.8万欧元是来自卡洛斯特古本江(Calouste Gulbenkian)基金会的不可收回的赠款,投资的收益率大约是2%
瑞典	教育和护理	1000万瑞典克朗	60名被照料的小学生	如果该社会效益债券降低了目标群体的社会服务成本,投资者只会接收他们的本金而没有回报;如果该项目在减少了超过1000万瑞典克朗的社会服务成本,目标群体的教育程度也有所提高,投资者将获得相应的本金和回报
印度	女童教育	27万美元	18,000名边缘化的学龄女孩	如果该社会效益债券表现良好,投资者的回报率将在7%~13%,三年的最高回报率为15%

续表

国家	类型	金额	目标群体	效果付费
韩国	教育和护理	11.1 亿韩元	100 名边缘智力儿童	如果 33% 的目标群体成功达到智商和社交技能指标的目标,投资者将获得本金的还款。如果 42% 的人群达到这些目标,则投资者将获得其本金以及最高水平回报
德国	儿童早期教育	未公开	来自非德语家庭的移民儿童	未公开
	家庭援助	未公开	48 个家庭年龄在 2~12 岁的孩子	未公开
印度	教育	1100 万美元	300,000 名印度的小学生	印度将在每年年底向风险投资者付款,而不是在项目结束时才付款。资金分配如下:略低于 80% 的资金分配给服务提供;16% 用于项目管理成本(执行和宣传);6% 被作为风险投资者的潜在回报
以色列	受教育程度和考试分数提高	1480 万新谢克尔	1200 名高中学生	如果达到了目标,投资者有机会获得高达 13% 的投资回报
法国	受教育程度提高	87 万欧元	1130 名农业教育机构的学生	在成果得到验证的情况下,支付至多 100 万欧元的成果款项;如果没有达到最高水平的结果,投资者的报酬可能会减少;如果没有达到任何结果,投资者可能会面临全部损失

续表

国家	类型	金额	目标群体	效果付费
加拿大	受教育与毕业率	100万加元	88名高中辍学的学生	如果该校学生的12年级毕业率达到82%,政府将每年偿还投资者相当于1.3%的本金和利息;毕业率达到75%,偿还3/4的本金,没有利息;毕业率低于75%,则不偿还
英国	特殊教育需求	42万英镑	200名有特殊教育需求和残疾的儿童	在英国,有特殊教育需求的儿童如果不能步行上学,可以享受免费交通——通常是乘坐私人巴士或出租车。对于许多儿童来说,这是最好的选择,通过适当的培训,他们可以独立出行。当儿童首次能够独立出行时,将进行第一笔付款;如果维持一个学期的出行独立性,则支付第二笔费用;如果维持一整年的出行独立性,则支付第三笔费用

资料来源:根据英国社会金融官网信息制作。

由表4可知,教育效益债券的适用范围广泛,包括发达国家,如美国、英国,也包括发展中国家,如印度。在表4的13个项目中,涵括了儿童早期教育、学前教育、女童教育、边缘智力儿童教育、特殊儿童教育等诸多领域,且部分项目已取得阶段性成果。

(二)教育效益债券的制度优势

在教育效益债券中参与者大多为社会组织、慈善组织、基金会等,能够有效促进公共教育服务的市场化,且在其中政府只为效果付费,能够减轻政府在公共教育服务供给中的财政风险。此外,教育效益债券适用领域多为公共教育软服务领域,因此能够配合PPP模式实现公共教育服务供给的完整性。

1.教育效益债券提高公共教育服务供给的市场化水平

从本质上讲,教育效益债券涉及合约多层嵌套,其基础是政府与市场主体达成的协议,即一旦某一特定的公共教育服务供给结果得到改善,政府将为其支付资金。投资者提供项目实施的前期资金并承担财务风险,这些资金一般通过中介机构交给服务提供者,以支持其向选定的目标群体提供干预。[①]在大多数情况下,慈善组织、基金会等是教育效益债券中社会资本的主要提供者,并担任教育效益债券的发起人和主要投资

---

① See Vecchi V, Casalini F., "Is a Social Empowerment of PPP for Infrastructure Delivery Possible? Lessons from Social Impact Bonds", *Social Science Electronic Publishing*, 2018, pp. 1 – 17.

者。他们不仅提供教育效益债券的部分干预成本,而且还为减少其他投资者的资本损失提供了保证。其主要动机是促进教育效益债券的快速成熟,从而有效供给公共教育服务,而不是追求财务回报。此外,教育机构的非营利性通常是有利的,这样它们就可以获得捐赠性融资。①

2. 教育效益债券中政府只为公共教育服务供给效果付费

在教育效益债券中,政府同意在公共教育服务达到预先商定的结果时支付资金,由独立评估者确定是否已达成商定的结果,投资者为服务提供者提供前期资金,从而将金融风险从政府转移到投资者。② 政府不是在合同开始时投入资金,而是在合同结束时或合同期间的某个阶段为结果付款。这种从产出到结果的转变是非常重要的,因为它将直接性付费转变为"为效果付费"。教育效益债券为政府创新提供了空间,允许政府以外的主体承担公共教育服务供给的风险。如果项目预定结果得不到改善,政府就无须付费。③ 这是一种创新的跨部门合作形式,可以帮助政府从资助补救措施过渡到通过影响更大、成本更低的预防性措施来解决社会问题。④ 而且对专业绩效标准的依赖可能对机会主义行为实现强有力的内部化控制。⑤

3. 教育效益债券具有供给公共教育软服务的成熟经验

公共教育软服务无疑是公共教育服务供给中的重要一环,世界各国均重视公共教育软服务的有效供给,教育效益债券的快速发展即力证。但是,就我国而言,在PPP模式供给公共教育服务的过程中,公共教育软服务成为政策盲点。教育效益债券能够帮助政府通过鼓励社会资本参与来扩大公共教育软服务的供给,例如,在英国教育效益债券中,有特殊教育需求的儿童将得到相关培训,通过培训可以实现独立出行。实际上,这种特殊儿童的早期干预成本在多数情况下远低于政府进行后期教育的成本。

三、域外教育效益债券的法治化及本土构造

"他山之石,可以攻玉。"域外教育效益债券经过多年实践,逐渐形成了可资借鉴的有益经验,可以为我国教育效益债券发行和实施提供助益。

---

① See Hansmann H. B. ,"The Role of Non-Profit Enterprise" ,*The Yale Law Journal*,1980,89(5),p. 835.

② 参见郝志斌:《社会效益债券法制化的他国镜鉴》,载《证券市场导报》2019年第6期。

③ See Loder J. ,"The Promise of Social Impact Bonds" ,*Social Space*,2011.

④ See Mckinsey & Company,"From Potential to Action:Bringing Social Impact Bonds to The Us" ,2012.

⑤ 参见李蕊:《社会效益债券:政府购买社会服务的法律制度创新》,载《江西社会科学》2018年第1期。

(一)域外教育效益债券的法治化考察

1.教育效益债券相关法律规范健全

近年来,域外各国新法案不断颁布。2015年,美国《每个学生都成功法案》(Every Student Success Act of 2016)作为美国1965年《中小学教育法》(Elementary and Secondary Education Act)的最新版本,要求联邦政府拿出资金,鼓励有益的教育创新(如教育效益债券),使其加速合法化和制度化。[①] 奥巴马政府在2012～2017年的预算中特别提到了"为效果付费"(Pay for Success,PFS)。2016年,美国教育部"宣布拨款近300万美元用于PFS可行性研究,以扩大高质量的学前教育机会"。2018年2月,美国《社会影响伙伴关系成果支付法》(Social Impact Partnerships to Pay for Results Act,SIPPRA)签署生效,旨在提高教育、医疗等社会服务的效率。联邦政府只有在预先确定的项目成果得到独立评估机构的验证后,才会为项目支付资金。美国国会拨款1亿美元用于实施"社会影响伙伴关系示范项目",SIPPRA主要由美国财政部管理。韩国首尔市议会于2014年3月通过了《首尔社会效益债券法案》(Seoul SIB Act),以指导韩国首例社会效益债券的实施和运营。[②] 英国2014年颁布了《社会投资税收减免法案》(Social Investment Tax Relief,SITR),支持教育、医疗、扶贫等领域的影响力投资事业发展,这将在三年内使投资者的年回报率从7%提高到19.3%。[③]

2.教育效益债券利益激励机制健全

域外国家一般通过设立基金的方式调和教育效益债券可能出现的投资者动力不足问题,通过建立专门基金,降低教育效益债券的政府违约风险、市场主体道德风险以及市场主体能力不足可能带来的损失等。[④] 例如,美国前总统奥巴马签署了《爱德华·M.肯尼迪服务美国法案》(Edward M. Kennedy Serve America Act),该法案在国家和社区服务公司(corporation for national and community service)内设立了白宫社会创新基金,这是一个近10亿美元的社会影响"孵化器",旨在寻找有效及影响较大的社会问题

---

① See Saltman K J. "The Promise And Realities of Pay for Success/ Social Impact Bonds", *Education Policy Analysis Archives*, 2017, 25: p. 59.

② See Pan-Impact Korea, "'Pan-Impact Korea' Launched the First Social Impact Bond (SIB) in Asia", http://panimpact.kr/seoul-sib-fact-sheet/, 2020-07-21.

③ See Big Society Capital, "First social impact bonds to qualify for social investment tax relief issued", https://www.bigsocietycapital.com/latest/type/news/first-social-impact-bonds-qualify-social-investment-tax-relief-issued, 2020-07-14.

④ See Nicholas Bergfeld, David Klausner, Matus Samel, "Improving Social Impact Bonds: Assessing Alternative Financial Models to Scale Pay-for-Success", M-RCBG Associate Working Paper Series, No. 65, 2016.

的解决方案。印度教育成果基金(India Education Outcomes Fund,IEOF)通过将政府、捐赠者、投资者和服务提供者汇集在一起,共同创造一套可持续的融资生态系统,为改善教育状况提供10亿美元的基金支持,以实现到2030年"提供包容和公平的优质教育并为所有人提供终身学习机会"的可持续发展目标。法国巴黎银行(BNP Paribas Retail Bank)创建的影响力法案计划(Act For Impact)于2018年1月26日在法国启动,旨在为创新方案提供特定的银行支持,以产生更积极的影响,该计划主要包括7个领域:教育机会平等、就业、小额信贷和创业支持、住房、医疗保健、环保、贫困消除。① 意大利政府在意大利《2018年预算法》(Budget Law 2018)中设立了一个社会创新基金,总预算为2500万欧元,为期三年,旨在促进教育效益债券等公共服务供给机制创新,并为传统的公共服务供给提供资金补充。葡萄牙设立了社会效益债券基金,支持创新项目以提供可衡量的社会成果,这一成果基金只是葡萄牙社会创新计划(2014~2020年)的四项融资计划的其中之一,该计划由葡萄牙政府发起,旨在为葡萄牙创建一个社会创新市场,并为教育、就业、健康等领域的创新项目提供资金支持。英国就业和养老金部(Department for Work and Pensions)推出了青年创新基金。②

3. 教育效益债券配套制度科学合理

在开展教育效益债券较早的欧美国家,已经建立起较为完整且成熟的信息公开制度,以及完善的项目评估架构,通过确保制度体系的良好运行,可以有效保证市场主体公平、公正地参与教育效益债券,确保教育效益债券供给公共教育服务的质量与效益。③ 其一,完善的信息公开制度。英国2007年成立了社会金融公司(Social Finance Inc.),旨在促进关于社会效益债券的教育、咨询、研究和分析,目前该公司已在美国、以色列等国家设立了分支机构。美国非营利性金融基金(Nonprofit Finance Fund,NFF)实际上也提供类似服务,于2011年1月启动了社会效益债券学习中心,以共享信息并推动有关社会效益债券的在线讨论,该中心面向所有人开放,成为社会效益债券相关信息共享的首选资源。④ 此外,一些域外国家还制定有相关影响力投资信息标准,例

① See BGL BNP Paribas joins the social entrepreneurs' label Act for Impact, https://group.bnpparibas/en/news/bgl-bnp-paribas-joins-social-entrepreneurs-label-act-impact, 2020-04-18.

② See EVPA, "Policy Brief-Outcomes Funds in Europe", 2018.

③ Jasper Kim, "Education Financing: Utilizing Next-Generation Impact Bond Structures and Legal Agreements", World Bank Legal Review 2016(7): pp. 123-144.

④ See Mckinsey & Company, "From Potential to Action: Bringing Social Impact Bonds to The Us", 2012.

如,影响力报告和投资标准帮助投资者理解、衡量和比较对他们而言重要的影响因素。[①] 其二,建设有完善的评估制度。美国财政部发布了《资金可用性通知》(Notice of Funding Availability,NOFA),美国财政部预计,在NOFA下将有大约994万美元可用来支付独立评估机构的费用。[②] 独立评估机构支付的款项不与项目结果是否实现挂钩,评估人员对项目也没有经济利益。此外,有学者指出项目目标过于分散,会导致该目标结果难以评估;如果项目目标定义范围过于狭窄,就可能不足以实施该干预服务。[③] 教育效益债券项目数量确定更易于创建有效的激励措施,确保教育效益债券实现预期利益。[④]

(二)教育效益债券本土化的法治建构

欲使教育效益债券在我国实现有序实施,可以结合域外有益经验加快法治化建构。教育效益债券法治化所要考量的相关因素繁多,例如,需加强对政府与市场的双向约束机制、利益协调机制以及相关配套机制建设。

1.加快教育效益债券法治化构建

我国引入教育效益债券可以解决此前一直被忽略的某些公共教育服务供给问题。在教育效益债券中政府可以不承担失败风险,市场主体也可以为公共教育服务的供给作出贡献。《中国人民银行、银监会、证监会、保监会关于金融支持深度贫困地区脱贫攻坚的意见》指出:“支持深度贫困地区符合条件的企业通过发行短期融资券、中期票据、扶贫票据、社会效应(益——笔者注)债券等债务融资工具筹集资金,实行会费减半的优惠。”实际上,社会效益债券在我国已经进行了有益试点,包括山东省沂南县扶贫社会效益债券和北京基础设施社会效益债券等,因此,我国具有发行教育效益债券的试点经验和实践基础。当下,有学者能够注意到社会效益债券所具有的重要功能,但对于如何对其进行本土化、法治化建设缺乏可操作性方案,法学研究的缺失导致社会效益债券投资者参与、退出等难以保障,其他投资者难以有意愿参与投资,且参与项目的投资者资金将被长期锁定而承受资金流动性不足的风险。分析发现,现行法律暂不

---

① See The Rockefeller Foundation, “The Rockefeller Foundation Mission-Related Investing”, https://www.rockefellerfoundation.org/our-work/initiatives/innovative-finance/,2020-06-21.

② See U. S. Department of the Treasury,“Social Impact Partnerships to Pay for Results Act Demonstration Projects”,2019.

③ See Rabindra Nath Roy, Rabindra Nath Sinha, “Social Impact Bonds: An Innovative Mechanism of Funding for Social Problems in Developing Countries”, *Journal of Comprehensive Health*,2016(1),pp.6-14.

④ See Maier F., Barbetta G. P., Godina F., “Paradoxes of Social Impact Bonds”, *Social Policy & Administration*,2017(7),pp.1332-1353.

能有效规范教育效益债券的实施,制定教育效益债券的专门法律规范具有非常重要的理论和现实意义。同时,教育效益债券从本质上来讲是一种新的金融模式,也是公私合作领域的创新,要促进教育效益债券的本土化,就需要在制定教育效益债券规范时坚持一种较为积极的理念,以激励其发展。本文认为,教育效益债券的规范制定需要因应教育效益债券的发展需求,对迫切需要解决的问题制定相应的软法规范。《教育领域中央与地方财政事权和支出责任划分改革方案》指出要正确处理政府与市场的关系,合理确定政府提供教育领域公共服务的范围和方式。时下,可先由政府与市场主体等共同发布教育效益债券相关的鼓励、引导性的软法规范,结合《银行间债券市场非金融企业债务融资工具管理办法》与《银行间债券市场非金融企业债务融资工具信息披露规则》等文件的相关规定,对教育效益债券相关募投项目的资金用途、实施计划、项目进展、运营状态以及产生的社会影响等信息进行细致规定。

2. 构建教育效益债券的利益激励机制

教育效益债券要实现快速发展就必须重视利益激励机制构建,调动各方主体参与积极性。要确定教育效益债券的管理组织。例如,2016 年 11 月,韩国成立了社会效益债券韩国地方政府委员会。该委员会的主要目标有以下几点:向有兴趣利用社会效益债券的地方政府成员提供专业知识;尽量减少引入社会效益债券的初期成本和错误,在全国范围内有效推广相关政策;促进地方政府间合作,打造社会效益债券生态系统等。我国虽已发行两例社会效益债券,但暂未有一个管理组织。一方面,这造成了社会效益债券发展的无序;另一方面,这也难以推动社会效益债券在我国的成熟。在此背景下,我国教育效益债券管理开发可先由财政部及证监会负责,因其在政府债务监管、证券市场监管、投资者保护方面具有绝对优势,同时财政部、证监会均在省、自治区、直辖市和计划单列市设立了诸多监管局,可以负责管理各地教育效益债券的具体实施。在此基础上,教育效益债券中投资者面临较大风险,投资者虽然受到公益旨趣的驱动进行投资,但其投资信心在很大程度上是基于政府的信用保障,因此,教育效益债券管理组织需建立教育效益债券的激励机制。当前,可从以下几个方面着手:其一,借助公共教育服务供给的财政拨款,但不能仅靠财政拨款,可成立专门的教育效益债券支持基金,支持教育效益债券试点。其二,现阶段可依靠中国政府和社会资本合作融资支持基金(中国 PPP 基金),坚持市场化、专业化运作,通过股权、债权、担保等方式,为教育效益债券试点提供资金支持。

3. 加强教育效益债券配套制度建设

教育效益债券能否有序实施与完备的配套制度密不可分。其一,加强教育效益债券的信息共享机制建设。教育效益债券各主体需要将教育效益债券的发行成本、实施成本、预算管理、绩效评估等全过程的相关信息进行及时公开。政府可推动建立专业化的信息服务平台,为教育效益债券中不同主体提供交易场所、信息汇总与发布、登记备案等综合服务,提供可能影响项目成果的第三方评估等服务。政府亦可借此控制教育效益债券的风险,提高惩戒欺诈等违法、违约行为的能力。政府需要将社会效益债券发行中的有关数据与融资机构、投资者、服务提供者、独立评估机构共享,接受外部监督,区块链作为一种去中心化的分布式对等可信数据网络技术,能够为建立可信、点对点数据安全信息共享机制提供有效的技术支持。①其二,需完善教育效益债券的评估机制。政府需做好金融风险评估预警机制的构建,通过评估、预警和调控防止危机发生,确保教育效益债券评估的安全性、客观性、科学性和有效性。可招聘教育效益债券政府评估顾问。评估顾问具有与教育效益债券相关的专业知识和经验,具有较强的信息评估能力,能根据相关评估结果进行中期修正。② 融资机构、服务提供者定期向政府、投资者、独立评估机构等主体提供有关项目的实施和监测报告,独立评估机构将对自己独立调查所得数据与融资机构、服务提供者提供的数据进行分析比对核验,以确保有关数据的真实性。

四、结语

教育效益债券对公共教育服务供给具有重要意义,但是要防止将教育效益债券变成转移公共教育服务供给责任的工具。尽管教育效益债券中市场主体变成了重要的责任主体,但是制定教育效益债券法律制度、确定教育效益债券适用范围、健全教育效益债券监督机制和配套机制,仍需政府在其中发挥重要甚至主导性的作用。当下,可合理借鉴域外教育效益债券的法治化经验,加快推进教育效益债券本土化,建构其法律制度,同时利用“区块链+”教育效益债券等模式实现风险分散,以期为推动我国教育事业发展增添动力。

---

① 余益民等:《基于区块链的政务信息资源共享模型研究》,载《电子政务》2019年第4期。

② See Mckinsey & Company,“From Potential to Action:Bringing Social Impact Bonds to The Us”,2012.

税务行政公益诉讼：生成逻辑、实践问题与制度完善*

范卫国**

目　　次

近年来，随着我国经济发展和依法治国基本方略推进，财税法治建设成为国家治理体系中的重要组成部分。然而，由于“国库主义”理念的主导和内部制约的不足，税务机关在执法实践中存在违法征税、违法退税及税收职务违法行为，其不仅损害了国家税收利益，而且扰乱了税收执法秩序。为矫正税务行政违法行为，保障国家税收利益，我国既有立法和理论提供了“私权监督”与“公权监督”两种税收行政违法规制路径，但该两种治理路径分别存在监督范围相对有限、监督措施缺乏刚性、监督效果难以保障等实施困境，税收行政违法治理效果仍有待提升。鉴于此，近年来部分地方检察机关开始探索实施税务行政公益诉讼制度，通过督促税务机关依法履职，切实维护国家税收利益。然而，由于我国税务行政公益诉讼法律制度尚不完善，导致该制度在实践中存在案源单一、职能错位、程序粗略以及运行失衡等问题。鉴于此，为确保税务机关依法履职，有效维护国家税收利益，本文在厘清税务行政公益诉讼制度生成逻辑的

---

* 基金项目：本文系2018年度国家社会科学基金青年项目“环境民事公益诉讼执行制度研究”(18cfx031)的阶段性成果。

** 西南大学法学院讲师，法学博士，首批全国检察机关调研骨干人才。

基础上,全面揭示税务行政公益诉讼实践样态、存在问题及制度原因,并提出完善我国税务行政公益诉讼的具体建议。

一、税务行政违法监督“双轮驱动”的问题及破解之道

(一)纳税人“私权监督”税收行政违法及其问题

从理论上看,国家税收利益属于纳税人的整体财产,其征收、管理与使用应得到纳税人授权,并接受纳税人监督。根据立法和学界观点,目前纳税人对税务行政违法行为的监督主要包括举报、控告等非诉讼监督以及纳税人诉讼监督两种形式,但这两类监督方式均存在难以克服的缺陷,具体而言:

第一,纳税人非诉讼监督制度及其问题。根据我国《税收征收管理法》第8条、第13条的规定,纳税人有权控告和检举税务机关、税务人员的税收违法行为,并依据检举贡献大小获得相应奖励。为此,各地税务机关相继设置了纳税人投诉热线、举报网站、维权中心等工作平台,为纳税人行使控告和检举权利提供机制保障和财政支持。不过,纳税人在进行举报和控告后,无权监督税务机关对控告和检举的处理,也无权请求司法部门对税务机关的处理情况进行审查。例如,在“赵某某诉国家税务总局沈阳市于洪区税务局、国家税务总局沈阳市税务局案”中,赵某某向沈阳市于洪区税务局进行举报,投诉四家公司存在违法少缴纳社保问题且损害国家利益、社会利益后,要求税务局在调查核实后公开相关信息,但遭到税务部门拒绝。此后,赵某某诉至法院,要求法院判令税务机关依法对其投诉进行调查并公布调查信息,但法院最终以赵某某与行政行为无利害关系为由驳回了起诉。① 不难发现,纳税人举报和控告仅具有线索提供功能,其无法监督税收违法行为处理过程和结果,这也在客观上减损了举报和检举制度的实践效用。

第二,纳税人诉讼监督制度及其问题。纳税人诉讼,亦称纳税人公益诉讼,是指纳税人针对不符合宪法和法律的不公平税制、不公平征税行为,特别是政府的违法使用税款等侵犯国家和社会公共利益的行为向法院提起的诉讼。② 与传统税务行政诉讼相较,纳税人诉讼并非以自身合法权益受到侵害为前提,而是基于维护国家税收利益的目的,通过诉讼的方式促进税务机关依法征税和用税。虽然学界对纳税人公益诉讼的呼吁由来已久,但根据我国《行政诉讼法》的规定及司法实践,检察机关为有权提起纳

---

① 参见沈阳市高新技术产业开发区人民法院行政裁定书,(2019)辽0192行初290号;辽宁省沈阳市中级人民法院行政裁定书,(2019)辽01行终762号;辽宁省高级人民法院行政裁定书,(2020)辽行申111号。

② 施正文:《我国建立纳税人诉讼的几个问题》,载《中国法学》2006年第5期。

税人行政公益诉讼的唯一主体,纳税人无权提起行政公益诉讼。例如,在"纳税人蒋某某诉常宁市财政局违法购车案"中,蒋某某以常宁市财政局违法购车为由诉至法院,要求将违法购置轿车收归国库,但最终被常宁市人民法院裁定不予受理。①

(二)职能部门"公权监督"税收行政违法及其问题

除纳税人外,我国各级检察机关、监察委员会以及人大、政协等职能部门还可通过开展刑事诉讼活动以及诉讼外监督活动督促税务机关依法履职。不过,囿于监督事项和监督方式的限定性,各类"公权监督"措施在促进税务机关依法履职上也存在较多缺陷。

第一,刑事诉讼主导的税务违法监督范围较窄。税务机关及其工作人员未依法履职不仅可能涉嫌行政违法,还可能构成涉税职务犯罪。实践中,税务机关及其工作人员的职务犯罪在税务登记管理、减免税审批、发票管理、纳税申报审核等环节均有涉及,具体罪名包括受贿罪、滥用职权罪、玩忽职守罪以及徇私舞弊不征、少征税款罪等。而就法律责任而言,涉税职务犯罪人不仅需要承担自由刑,还可能被处以罚金或没收财产等财产刑。尽管如此,涉税职务犯罪追诉活动在税收违法行为矫正上依然存在不足,表现为:首先,涉税刑事诉讼活动针对的是违反刑事法律的严重税收违法行为,而对于违反监察法律或行政法律法规的行为难以规制,其适用范围相对有限;其次,涉税刑事诉讼活动侧重于对犯罪主体的事后追责,而难以对税收违法行为进行有效预防与即时矫正,其在国家税收利益的维护上具有滞后性和间接性等特点。

第二,诉讼外税收行政违法监督缺乏制度刚性。除刑事诉讼活动外,相关职能部门也有权对税收行政违法行为开展诉讼外监督,包括:其一,检察机关通过一般检察建议监督税务违法行为。实践中,检察机关发现税务机关及其工作人员存在违法行为时,可向其制发纠正违法建议。不过,由于该建议不具有强制性,如果税务机关不予回复或对建议事项不予整改,检察机关无法继续采取强制性措施。其二,人大、政协、监察委员会等职能部门的监督。在我国,各级人大、政协等职能部门有权通过听取报告、询问和质询以及特定问题调查等方式开展行政违法监督,但囿于监督力量、监督能力及线索发现等因素制约,监督工作的全面性和有效性难以保障。其三,税务机关的内部监督。有学者指出,与其他职能部门监督方式相较,税务部门开展的内部监督,兼顾了事中与事后监督,全面覆盖了税收执法行为的各步骤与环节,且能直接进行过程性

---

① 李林:《"购车案"唤醒纳税人监督用税意识》,载《中国税务报》2006年5月10日,第1版。

控制、防止税收执法偏差、及时纠正税收执法违法行为,是最重要的执法监督形式。①不过,由于该监督方式本质上属于税务部门的内部监督,其监督过程甚至结果具有非公开性特征,该监督方式的公信力和有效性难以保障。

(三)税务行政公益诉讼制度的衍生逻辑

不难发现,当税务机关存在违法征收、减免等行政行为导致国家利益和社会公共利益遭受损失时,纳税人的"私权监督"和相关职能部门的"公权监督"虽能发挥一定作用,但由于存在监督范围有限性和监督方式柔性化等问题,两类监督的实施效果仍然不够理想。事实上,鉴于税收行政违法行为的发生原因具有复杂性,单纯的私权监督和公权监督均无力从根本上解决税收行政违法行为问题。事实上,为有效弥合"私权监督"与"公权监督"两种治理路径平行实施带来的问题,我国2012年的《民事诉讼法》和2017年的《行政诉讼法》先后规定了民事和行政公益诉讼制度,通过"构建民事、行政与刑事法域有机结合的法律协同观",②促进违法行为治理模式从"公私分离"向"公私融合"转变,并全面维护国家公共利益。在此背景下,税务行政公益诉讼制度在实践中应运而生,并逐渐在矫正税务行政违法行为和助力法治政府建设工作中发挥重要作用。

客观而言,税务行政公益诉讼制度的设置是加强课税权力"公权监督"的必然要求。长期以来,税法运行体系被视为国家征税权力与纳税人的基本权利的二元互动体系。③受此影响,《税收征收管理法》等税法制度基本围绕"税务机关—纳税人"的二元关系,对税务机关权力行使程序、保障措施以及纳税人权利、义务等内容进行规范。然而,作为国家获取财政收入的重要载体,税收执法行为不仅涉及纳税人私权维护,也关乎国家财政利益保障,课税权力运作不仅需要纳税人的私权监督,也需要来自相关职能部门的制约。遗憾的是,无论是检察机关主导的涉税职务犯罪追诉,还是税务机关内部主导的行政责任追究,都共同或分别存在追责范围相对有限、追责时限相对滞后、追责方式难保公正等问题,客观上难以对国家税收利益进行及时、有权、全面的保护。在此意义上,税务行政公益诉讼的设置,恰恰着眼于对税务机关"违法行为"的纠正,通过诉前检察建议和诉讼程序的制度设置,督促税务机关依法履职,进而维护国家税收利益。

① 刘剑文:《税收执法内控机制刍论》,载《中国政法大学学报》2009年第4期。

② 胡印富、张霞:《公益诉讼的司法图式及其反思》,载《山东社会科学》2019年第12期。

③ 王婷婷:《从恣意到谦抑:税权运行的法治化路径》,载《现代经济探讨》2016年第10期。

二、税务行政公益诉讼的制度依据与实践效果

(一)税务行政公益诉讼的制度依据

自我国2017年《行政诉讼法》中明确规定"行政公益诉讼制度"后,最高人民法院、最高人民检察院又联合发布《关于检察公益诉讼案件适用法律若干问题的解释》(以下简称《两高解释》),对行政公益诉讼的适用范围、启动条件、运行程序、诉讼请求、法律依据等进行规范。目前,我国尚未出台税务行政公益诉讼的专门法律或司法解释,但国家税务总局以及最高人民检察院依托上位法出台了涉及税务行政公益诉讼的制度规范。例如,2017年11月,国家税务总局在其修订的《税务行政应诉工作规程》第2条中规定:"税务行政应诉是指公民、法人或者其他组织认为税务机关的行政行为侵犯其合法权益,依法向人民法院提起诉讼,或者人民检察院依法提起税务行政公益诉讼,税务机关依法参加诉讼的活动。"截至2018年3月,最高人民检察院颁布了《检察机关行政公益诉讼案件办案指南(试行)》(以下简称《办案指南》),对"国有财产保护"领域行政公益诉讼类型予以明确,规定税收类财产为"基于国家行政权力行使而取得的应属于国家所有的财产",而"违反法律、行政法规、规章的规定开征、停征、多征、少征、免征税款,或者擅自决定税收优惠,截留、挪用、私分应当入库的税款、罚款和滞纳金等行为"均属于税务行政公益诉讼范畴。①

此后,为规范公益诉讼工作开展,各地陆续出台了加强和完善公益诉讼工作的规范性文件,而税务行政公益诉讼类案件也被相关文件确立。例如,黑龙江省、云南省以及江苏省南京市等地相继发布《加强检察机关公益诉讼工作的决定》等规范性文件,明确规定"经营性、行政事业性、税收类、费用类、财政补贴类、社会保障类等国有财产保护领域的公益诉讼案件"为当地检察机关开展公益诉讼工作的重点领域。② 尽管各地人大常委会制定的关于加强公益诉讼的决定仅具有规范性文件性质,但其对各地开展检察公益诉讼实践提供了重要指引,也为我国今后税务行政公益诉讼实践提供了制度支持。

(二)税务行政公益诉讼的实践效果

国家税务总局、最高人民检察院以及各地人大常委会有关税务行政公益诉讼规范的确立,直接推动了我国税务行政公益诉讼的实践进程。从历史角度来看,2016年11

---

① 参见《检察机关行政公益诉讼案件办案指南(试行)》第五(一)2.(1)条的规定。

② 参见《黑龙江省人大常委会关于加强检察机关公益诉讼工作的决定》《云南省人民代表大会常务委员会关于加强检察机关公益诉讼工作的决定》《南京市人大常务委员会关于加强检察公益诉讼工作的决定》。

月,合肥市包河区人民检察院以合肥市国家税务局“怠于履行职责,未对虚开增值税专用发票违法行为进行查处”为由向蜀山区人民法院提起行政公益诉讼(以下简称“合肥税案”)①,掀开了我国税务行政公益诉讼的序幕。此后,我国各地陆续开展了税务行政公益诉讼探索,并在促进税务机关依法履职和维护国家税收利益方面发挥了重要作用,具体而言:

第一,促进了税务行政部门依法履职。通过对中国裁判文书网等平台中相关案件的统计,本文共收集到税务行政公益诉讼案件22件,其中,仅1件案件中税务机关在收到检察机关制发的检察建议后未进行回复,而其余案件中税务机关或在收到检察机关的检察建议后依法履职,或在法院作出裁判后最终履行了相应职责。例如,2018年9月,兰州铁路运输法院就国家税务总局兰州市税务局不履行法定职责案件作出一审判决,责令被告国家税务总局兰州市税务局履行法定职责并在规定期限内追缴1,440,651.69元营业税款(以下简称“兰州税案”),该案被推选为中国首届“年度影响力税务司法审判案例”。② 与此同时,部分检察机关以公益诉讼为契机,通过联合税务机关出台规范性文件、联合执法等形式,促进税务机关依法、有效开展执法活动。例如,沈阳市铁西区人民检察院以公益诉讼活动为契机,联合国家税务总局铁西区税务局召开约谈欠税企业座谈会,向欠税企业明确拒不缴纳税款和恶意欠税的后果,确保税务机关执法的有效性。③

第二,提升了税收行政违法监督质量。与以往单纯的检察建议相较,行政公益诉讼的诉前检察建议可与诉讼程序进行有效衔接,这既为行政机关依法开展执法活动预留了空间,也促使行政机关考量不回复或不采纳检察建议的可能后果,从而提升了检察建议的监督成效,降低了公益诉讼制度的运行成本。就我国税务行政公益诉讼实践情况而言,在已经公布的22件案件中,有超过半数的税务机关在收到诉前建议后,依法履行了税收征管职责,并最终促使案件终结于诉前阶段。此外,在“兰州税案”等进入诉讼程序的11件案件中,有10件案件的税务机关在此过程中选择积极履职,最终被检察机关申请撤诉或法院裁定终结。不难发现,税务行政公益诉讼诉前程序与诉讼程序的综合运用,有效激发了检察机关的监督效能,其在依法纠正税务行政违法行为的同时,也实现了司法资源的节约。

---

① 最高人民检察院:《安徽省合肥市蜀山区人民检察院对合肥市国家税务局提起行政公益诉讼》,载最高人民检察院官网:https://www.spp.gov.cn/xwfbh/wsfbt/201701/t20170123_179471.shtml,最后访问日期:2020年7月10日。

② 卢慧菲:《专家眼中的年度10大税务司法审判案例》,载《中国税务报》2019年12月31日,第5版。

③ 刘爽:《强化法律监督职责 加大公益诉讼力度》,载《四平日报》2019年5月24日,第2版。

第三,维护了国家税收财产利益。税务行政公益诉讼的直接目的在于促进税务机关依法行政,但税务执法也能在客观上实现对国家税收利益的维护。根据《最高人民检察院关于开展公益诉讼检察工作情况的报告》,2017 年 7 月至 2019 年 9 月,我国共立案公益诉讼案件 214,740 件,办理诉前程序案件 187,565 件、提起诉讼 6353 件。其中,国有财产保护领域公益诉讼领域共立案 20,363 件,占比 9.45%,督促职能部门追偿受损国有财产 84.84 亿元。[①] 事实上,尽管税务行政公益诉讼总量相对较小,但其在维护国家税收利益上的作用却不容小觑。例如,在我国已公布具体标的额的税务行政公益诉讼案件中,"潼南税案"、[②]"庆元税案"[③]为国家挽回税收利益均在 1000 万元以上。总体而言,税务行政公益诉讼的开展,在追缴税款、避免国有资产流失方面发挥了重要作用。

三、我国税务行政公益诉讼制度的实践问题

(一)税务行政公益诉讼线索发现渠道相对较窄

线索发现既是检察机关提起公益诉讼的起点,也关系公益诉讼工作质量和国家利益有效保护。根据《行政诉讼法》第 25 条的规定,行政公益诉讼案件线索仅限于检察机关"履行职责中发现"。对此,《办案指南》明确"履行职责中发现"包括:其一,履行批准或者决定逮捕、审查起诉、控告检察、诉讼监督、公益监督等情形;其二,通过行政执法与刑事司法衔接平台、行政执法与行政检察衔接平台等发现案件线索。[④] 实践中,检察机关依靠"检察一体化"工作模式和法定调查核实权力,实现了案件线索的准确发现。例如,"石家庄税案"[⑤]的线索源于河北省人民检察院向石家庄市人民检察院的移送,而在"永宁税案"、[⑥]"长春新区税案"、[⑦]"鹿泉税案"[⑧]等案件中,检察机关通过公益

---

① 参见张军:《最高人民检察院关于开展公益诉讼检察工作情况的报告》,载 https://www.spp.gov.cn/spp/tt/201910/t20191024_435925.shtml,最后访问日期:2020 年 3 月 2 日。

② 李立峰、张小林、余杭:《重庆潼南:检察建议助税务部门两月追缴欠税千万元》,载《检察日报》2018 年 11 月 8 日,第 2 版。

③ 叶小孚、陈孟文:《偷逃税款! 庆元一房地产公司被追缴 1230 万元》,载《處州晚报》2018 年 9 月 21 日,A11 版。

④ 参见《检察机关行政公益诉讼案件办案指南(试行)》中"检察机关行政公益诉讼案件办案的一般程序"的规定。

⑤ 王玮:《检察建议督促追缴一千八百余万元环保退税》,载《中国环境报》2020 年 7 月 24 日,第 6 版。

⑥ 王潇翊:《追回耕地占用税 383 万余元》,载《宁夏法治报》2019 年 2 月 22 日,第 2 版。

⑦ 海涛:《7 份检察建议书追回 156 万国有资产》,载《长春晚报》2019 年 6 月 27 日,第 3 版。

⑧ 肖俊林:《读报时发现公益诉讼线索》,载《检察日报》2019 年 10 月 31 日,第 6 版。

诉讼专项行动、所办案件信息梳理或者查阅报刊资料等途径发现案件线索，拓展了公益诉讼范围。

不过，实践中税务行政公益诉讼案件数量相对较少的事实，也反映出检察机关在案件线索发现渠道上尚存工作“短板”，具体而言：一方面，由于检察机关作为法律监督主体通常并不直接介入税务部门的税务执法过程，也尚未全面建立面向社会公众的行政公益诉讼案件线索收集平台，其在“履行职责中”能否发现涉税公益诉讼案件线索具有偶然性；另一方面，由于税务行政执法具有较强的专业性，检察机关往往没有足够的能力全面识别和准确判断税务执法是否具有合法性，客观上制约了案件线索的及时获取。就此而言，检察机关在开展税务行政公益诉讼实践中难以保障全面性，而大量的国家税收利益也将难以得到有效维护。

（二）检察机关僭越税务机关征管权力现象突出

根据《行政诉讼法》第25条的规定，检察机关在税务行政公益诉讼过程中应当承担检察建议“制发者”和公益诉讼“起诉人”的角色，但实践中检察机关却时常发生越位履职现象，主要体现为：

第一，税务违法行为认定上的越位。根据《税收征收管理法》第5条的规定，税收征管工作主要归属税务机关，各有关部门和单位应当支持、协助税务机关依法履职，但不能代为履职。然而，在部分案件中，检察机关却代替税收机关认定纳税人存在违法情形。例如，在“兰州税案”中，兰州市城关区税务局仅以第三方金诚信税务公司出具的鉴定报告确认恒基公司尚有1,716,829.28元税款未缴纳，而未考虑兰州市城关区税务局已委托兰州房地产交易中心代征税款，并在涉案房产违法纳税后采取措施核定税款、积极履行征管职责等实际情况，其非但难以准确查明国家税收利益具体损失，更是僭越了税务机关的税收核定权。

第二，税收追征期限规则上的误用。根据我国《税收征收管理法》第52条的规定，纳税人或征缴义务人不存在偷税、抗税、骗税等违法或犯罪情形时，税务机关原则上应在三年内向纳税人或征缴义务人追征税款。对此，最高人民法院认为：“尽管《税收征管法》未明确规定税务机关的核定权和追征权，但综合考量保障国家税收利益、纳税人的信赖利益和税收征管法律关系的稳定等因素，在纳税义务人不存在违反税法和税收征管过错的情况下，税务机关对税款追征的合理期限应当为三年。”①然而，在“兰州税

① 参见最高人民法院“德发案”行政判决书，(2015)行提字第13号。

案"中,[①]纳税人恒基公司不存在"偷、骗、抗"税等应无限期追征的情形,而检察机关依然要求税务机关追征1997~2009年的税款,显然突破了《税收征收管理法》关于税款征缴时限的规定,属于对法律的误读和误用。

第三,税收强制措施适用上的越界。根据《税收征收管理法》第40条的规定,税务机关对逾期未缴纳税人有权采取强制执行措施。不过,至于税务部门是否采取强制措施以及采取何种强制措施,则属于税务部门自由裁量权的范畴,其他机关不得进行非法干涉。然而实践中,部分检察机关却以税务机关未依法采取强制措施造成国家税收利益损失为由,启动税务行政公益诉讼。对此,"靖江税案"中的被告靖江国税局就提出:"基于税收征管工作的复杂性……因税务部门采取的追缴方式与司法机关的预期存在差异,不能成为检察机关认定税务部门主观上不愿追缴欠税的理由。"[②]

第四,税收款项征收权限上的越位。根据《行政诉讼法》及《税收征收管理法》等法律规定,税务行政公益诉讼目的在于督促税务机关依法履职而非代替税务机关履职,但实践中部分检察机关却越权直接行使国家税收征管权。例如,在"合肥税案"中,当"葛某某等人虚开增值税专用发票案发后,合肥铭励家具有限公司等单位在检察机关补交了税款"。[③] 不难发现,该案中检察机关在无任何法律依据的前提下,直接接受了纳税人的税款,明显超越了其法定的职权范围。

(三)税务行政公益诉讼运作流程有待完善

为平衡检察监督权与行政执法权的关系,我国行政公益诉讼制度进行了诉前程序与诉讼程序的划分,规定诉前程序为公益诉讼程序的前置程序。然而,由于法律规定较为原则,我国税务行政公益诉讼运作流程尚有不尽完善之处。

第一,诉前检察建议内容的可操作性有待加强。根据最高人民检察院发布的《人民检察院检察建议工作规定》第16条的规定:"检察建议书要阐明相关的事实和依据,提出的建议应当符合法律、法规及其他有关规定,明确具体、说理充分、论证严谨、语言简洁、有操作性。……"据此,检察建议内容是否详细且可操作,对行政机关能否准确纠正履职违法或不作为履职行为有重要影响。然而,鉴于税收征管的专业性和复杂性,检察机关即便能够发现税务机关违法履职行为,也难以对如何纠正违法提出准确建议和具体依据。例如,实践中检察机关在向税务机关提出的建议多为"要求高度重

---

① 参见国家税务总局兰州市税务局不履行法定职责一审行政判决书,案号:(2018)甘7101行初125号。

② 参见国家税务总局靖江国税局不履行法定职责一审行政裁定书,案号:(2018)苏1291行初218号。

③ 参见汪瑞华:《合肥市国税局因不作为成被告 遭检察机关起诉后采取措施整改》,载http://ah.people.com.cn/n2/2017/0124/c358266-29642797.html,最后访问日期:2020年7月27日。

视、自查自纠”“采取有效措施”“组织调查核实”“依法及时履职”等内容,缺乏可操作性。对此,税务执法人员在收到检察建议后也经常面临“不知道如何回复、回复不具体或不回复等问题”。①

第二,诉讼程序与诉前程序的衔接机制有待明确。诉前检察建议作为柔性监督手段,目的在于督促行政机关主动纠正违法行为,及时消除公益受损的状态,最终避免行政公益诉讼的提起;而诉讼程序则作为诉前程序的后续环节,将在行政部门未按照检察建议要求依法履职后,对行政违法行为启动追责程序。然而,我国《行政诉讼法》第25条仅规定行政机关在收到检察建议后“不依法履行职责”时,检察机关可启动诉讼程序,但对何为“不依法履职”未予以明确,容易造成诉前程序与诉讼程序衔接的模糊。例如,在“合肥税案”等案件中,检察机关以税务机关未对其诉前检察建议进行回复,也未依法查处涉案违法行为为由,启动了税务行政公益诉讼;而在“兰州税案”“靖江税案”中,尽管税务局对检察建议后进行了回复,且已采取税收检查、核定税款、行政处罚等方式追缴税款,但检察机关依然对税务部门提起了税务行政诉讼,在客观上造成了公益诉讼程序启动条件上的区别对待。

(四)税务公益诉讼程序运作具有明显“结果导向”

税务机关具有违法履职的行为并因此造成公益损害是税务行政公益诉讼适用的前提。但实践中,检察机关往往仅以国家税收利益是否受损作为评判税务机关是否依法履职以及启动或终结税务行政公益诉讼的标准,背离了行政公益诉讼制度的设置初衷。

第一,税务行政公益诉讼启动上的“结果导向”。根据《行政诉讼法》第25条的规定,行政公益诉讼的提起应以行政机关违法履职或怠于履职为前提并基于此进行审查。然而,税务行政公益诉讼实践中,检察机关往往侧重对国家税收利益是否遭受损失进行认定,并以此“反推”税务机关是否依法履职。例如,在前述“靖江税案”和“兰州税案”中,②被告靖江国税局和兰州市税务局虽然在公益诉讼前实施了向纳税人送达《税务事项通知书》、进行欠税公告、责令督促实际控制人缴款、查询银行存款等征缴措施,只是基于纳税人无可供执行财产等原因,使国家税收利益客观上长期处于受损的状态。对此,检察机关依旧将其界定为税务机关违法履职,并最终启动了税务行政公益诉讼程序。显然,检察机关的这种做法属于误将国家税收利益损失的“果”作为了税

---

①　刘卫红、张翼翔、吕艳华:《税务机关应对税务行政公益诉讼的困境与建议》,载《税务研究》2019年第4期。

②　参见国家税务总局靖江国税局不履行法定职责一审行政裁定书,案号:(2018)苏1291行初218号。

务机关未依法履职的“因”,犯了“倒果为因”的逻辑错误。

第二,税务行政公益诉讼终结上的“结果导向”。根据《两高解释》第24条的规定,因被告纠正违法行为或者依法履行职责而使检察机关诉讼请求全部实现的,检察机关可依法撤回起诉或变更诉讼请求为确认违法。而根据《办案指南》的规定,“确认行政行为违法或无效”诉讼请求主要适用于行政行为应撤销但撤销会给国家利益或者社会公共利益造成重大损害、行政行为违法但不具有可撤销内容、行政行为主体不具有行政主体资格或者没有依据以及因行政机关履行职责、国家利益或者社会公共利益得到维护使检察机关的诉讼请求全部实现等四种情形。然而,在税务行政公益诉讼实践中,多数检察机关在税务机关履职后选择撤诉,而不要求对税务机关先前行为进行违法确认。例如,在“苏仙税案”、[①]“牟平税案”、[②]“公主岭税案”[③]等案件中,检察机关均以公益诉讼人诉讼请求已全部实现为由向法院申请撤诉。客观而言,在税务机关已履职的情况下,检察机关有权选择撤回起诉或变更诉讼请求为“确认违法”,但如果仅以税务机关“事后履职”为由对其先前违法行为“既往不咎”,将使公益诉讼仅有个案监督效果,而难以对此后类似违法行为起到震慑和预防作用。

四、我国税务行政公益诉讼制度的完善路径

针对当前我国税务行政公益诉讼存在的立法与实践问题,建议从以下方面予以改进和完善。

(一)不断拓展税务行政公益诉讼案源渠道

针对税务行政公益诉讼案件线索来源有限的问题,本文认为应对《行政诉讼法》第25条的“履行职责中发现”规定作扩大解释,并以此为基础完善税务行政公益诉讼线索发现制度和机制,实现税务行政公益诉讼适用数量的提升。

第一,对检察机关“履行职责中发现”作扩大解释。由于《办案指南》将《行政诉讼法》第25条规定的检察机关“履行职责中发现”限定为检察机关主动履行发现的部分情形,造成实践中税收公益诉讼案件线索来源的单一化。事实上,我国《宪法》第41条规定,对于任何国家机关和国家工作人员的违法失职行为,公民有向有关国家机关提

---

① 参见国家税务总局郴州市苏仙区税务局税务行政管理(税务)一审行政裁定书,案号:(2019)湘1081行初69号。

② 参见国家税务总局烟台市牟平区税务局税务行政管理(税务)一审行政裁定书,案号:(2019)鲁0612行初10号。

③ 参见国家税务总局公主岭市税务局未依法履行税收监管职责一审行政裁定书,案号:(2018)吉0381行初25号。

出申诉、控告或者检举的权利,有关国家机关必须查清事实,负责处理。换言之,检察机关作为国家法定监督机关,具有受理并负责处理公民申诉、控告或检举的职责。实践中,公民、法人和其他组织虽可能囿于利害关系而不具备行政诉讼原告资格,却最容易接近或知晓行政机关违法行使职权或者不作为造成国家和社会公共利益受到侵害的信息,①因而公民的申诉、控告或者检举可为检察机关办理税务行政公益诉讼提供更多案源。基于此,我国应对"履行职责中发现"作扩大解释,明确检察机关可在受理公民申诉、控告或检举过程中获取税务公益诉讼案件线索。

第二,完善税务行政公益诉讼线索共享工作机制。首先,检察机关内部应注重发挥"检察一体化"优势,确保税务行政公益诉讼线索的全面发现与及时共享。对于已经裁判或正在办理的涉税刑事案件,检察机关相关内设机构可通过文书梳理和案件研判,全面审查其中是否涉及税务机关违法履职和国家税收利益受损问题,并视审查情况决定是否启动税务行政公益诉讼或移送相应案件线索。例如,虚开增值税专用发票罪、逃税罪等案件与税务机关是否及时追缴税款、是否及时作出行政处罚密切相关,需要检察机关强化内部线索通报机制,拓展税务行政公益诉讼案件来源。其次,建立涉税违法行为信息收集与共享机制,拓展税收公益诉讼案件线索来源渠道。实践中,在国土、环保等职能部门查处违法占用耕地、污染环境案件中,可能同时涉及纳税人未依法缴纳耕地占用税、环境保护税等问题,只有国土、环保等职能部门及时将案件信息移交税务机关,才有助于税务机关及时、依法履行税收征管职责和检察机关及时开展监督工作。同时,为激发纳税人等主体参与公益诉讼的积极性,检察机关应不断拓展税务机关违法履职线索收集平台,保障纳税人行使税收执法监督权。

(二)准确界定税务行政公益诉讼职能角色

针对检察机关开展税务行政公益诉讼中容易出现的职能定位不清、监督权限越位等问题,可从以下方面寻求解决方案:

第一,明确划定税务行政公益诉讼的职能定位。检察机关提起税务行政公益诉讼目的在于督促税务机关通过依法履职维护国家税收利益,其在此过程中应当做到:首先,不得代替税务机关执法。根据《税收征收管理法》的规定,我国税收征管权由税务机关享有,检察机关可基于办案需要对税务机关是否依法维护国家税收利益进行调查核实,但不得越权行使税收核定权、税收征收权等税收征管权力,以免造成职责行使的"错位"。其次,对税收行政行为监督应以"合法性"为限。根据《行政诉讼法》第25条的规定,检察机关启动行政公益诉讼的前提是税务机关存在违法履职行为,税务行政

① 参见李旻:《检察机关提起行政公益诉讼的案件来源发现》,载《中国检察官》2016年第3期。

公益诉讼应重点审查税务机关是否履职以及履职是否合法,而对是否采取强制措施以及采取何种强制措施等税务机关自由裁量权行使的合理性问题,检察机关不宜进行审查。

第二,区分诉讼阶段重塑检察机关与税务机关的关系。我国行政公益诉讼存在诉前阶段与诉讼阶段的划分。其中,在诉前阶段,检察机关应加强与税务机关协作,共同纠正税收违法行为,维护国家税收利益;而在诉讼阶段,检察机关应加强对税务机关监督,通过科学设定诉讼请求,努力纠正税收违法行为。这是因为在诉前阶段,检察建议的制发目的在于对相关主体进行提示与警醒,而不涉及实体性、否定性法律后果,①一旦税务机关采纳检察建议并依法履职,便可起到"阻断后续诉讼"的效果。因此,在该阶段检察机关可以通过"督促执法"方式协助税务机关开展违法调查和税收执法活动,共同维护国家税收利益。例如,在前述"石家庄税案"等案件中,检察机关在发出诉前检察建议后,通过积极配合税务机关开展依法征缴和释法说理活动,实现了国家税收利益维护的"合作治理",其做法值得推崇。而进入诉讼阶段后,则意味着检察建议未被税务机关接受或认可,检察机关与税务机关已没有"协作"基础,此时检察机关应视税务机关违法履职情况合理拟定公益诉讼请求,实现对税务行政违法行为的有效制约。

(三)持续完善税务行政公益诉讼程序设置

尽管我国《行政诉讼法》第 25 条明确将检察建议作为诉讼前置程序,但其未明确检察建议的适用条件,造成该制度在税务行政公益诉讼实践中存在内容模糊、效力较弱、规范不清等问题,亟待从以下方面予以改进。

第一,提升诉前检察建议的制发质量。鉴于检察建议质量影响公益诉讼诉前程序效用的发挥,检察机关应围绕税务机关履职情况以及税收利益损失情况进行全面审查与判断,明确指出税务机关的违法行为或要求其履职的具体内容,提升建议的可操作性。同时,为解决涉税行政违法调查专业性不足的问题,建议检察机关加强与其他职能部门、第三方专业主体协作,准确发现税务机关违法的事实和成因,并提出明确、具体的改进建议。例如,在"汤原税案"②中,尽管既有证据难以认定犯罪嫌疑人井某构成逃避追缴欠税罪,但井某欠税事实清楚、证据确实充分,汤原县人民检察院遂建议当地公安机关加强侦查力度,并最终根据公安机关的调查结果向汤原县税务局制发检察建

---

① 胡婧:《论行政公益诉讼诉前程序之优化》,载《浙江学刊》2020 年第 2 期。

② 参见李晓红:《汤原检察院公开宣告送达国有财产保护领域公益诉讼检察建议》,载 https://mp.weixin.qq.com/s/uGSCG-nr8nsTfzkeloJgGg,最后访问日期:2020 年 8 月 1 日。

议书并公开宣告送达。显然,这种多方协作发现涉税违法犯罪行为的方式,有助于发挥检察建议的效能,也在客观上有助于维护国家的税收利益。

第二,完善诉前程序与诉讼程序的衔接机制。诉前检察建议的效果影响行政公益诉讼的进程。为避免诉讼程序启动的无序,在税务行政公益诉讼中检察机关应从以下方面进行准确评估:对于未在规定时间内回复检察机关的,应视为税务机关未依照检察建议的内容履行相应的职责,检察机关可依法启动诉讼程序;对于已对检察建议作出回复的,检察机关应从回复的及时性、全面性、针对性等方面进行审查,并对行政机关履职情况及效果进行全面评估,以决定是否启动诉讼程序。换言之,检察机关不能仅以税务机关的书面回复直接判断税务机关是否依法履职,而应运用调查核实权等权力,对行政部门履职情况的合法性与全面性进行系统评判。

(四)科学设定税务行政公益诉讼适用条件

鉴于我国税务行政公益诉讼实践存在"结果主义"倾向,有背离税务行政公益诉讼设置初衷之嫌,未来可从以下方面合理设定税务行政公益诉讼的运作条件。

第一,税务行政公益诉讼程序启动应注重审查"履职行为"。根据《行政诉讼法》第25条的规定,行政公益诉讼诉前建议须遵循"行为(违法行使职权/不作为)+结果(国家利益或者社会公共利益受到侵害)"的双重标准。据此,税收利益受损仅仅是税务行政公益诉讼诉前程序启动的必要条件而非充分条件,最终检察建议的适用还需要对税务机关依法履职问题进行审查。客观而言,税收利益受损的原因较为复杂,包括纳税人客观上无力缴纳税款、主观上故意"偷、逃、抗"税、税务机关怠于行使税征权力以及税务机关或税务人员私分、截留国家税收款项等。因此,如果罔顾国家税收利益受损的原因以及税务机关开展的具体税收征管工作,而仅以税收利益受损结果认定税务机关违法履职,属于对《行政诉讼法》第25条的误用。鉴于此,检察机关在启动税务行政公益诉讼诉前程序时,应着重审查税务机关是否依法行使了税收核定权、税收检查权、税款征收权、税收行政措施权以及税收处罚权等权力,不能单纯以"税收利益损害结果""苛责"税务机关,更不能仅以此为由启动公益诉讼。

第二,税务行政公益诉讼过程应规范行使"诉讼权利"。在税务行政公益诉讼过程中,可能发生因被告或者纳税人履行税收征缴义务而使税收利益得以维护的情形,对此,检察机关实践中通常采取撤回起诉的方式终结诉讼,但这种"结果主义"的处理方式并不能全面准确反映税务机关履职情况。综合考量我国《行政诉讼法》以及《办案指南》等规定,建议从以下方面予以完善:一是对于税务机关通过积极履职为国家全面挽回税收利益损失的,应视为诉讼请求已经全部实现,检察机关审查确认后应依法向法院申请撤回起诉。二是对于因纳税人主动补缴税款、退回不当税收优惠利益而使国家税收利益损失得以弥补的,由于税务机关在此过程中无主动作为的意思和行动,其不作为依然具有违法履职的性质。不过,鉴于要求税务机关继续履职已无实际意义,此时检察机关应依法变更诉讼请求为确认税务机关违法,以警示和督促其在后续类似工作中依法履职。三是对于因税务机关未依法履职而造成税收客体灭失、债务清偿不能等国家税收利益受损的,此时虽要求税务机关继续履职已无意义,但基于违法履职状态依然持续,检察机关应将公益诉讼的诉讼请求变更为确认税务机关违法。四是对于税务机关已经履职但部分或全部税收利益仍处于受损状态时,检察机关应综合考量税务机关继续履职的可能性,决定要求税务机关继续履行或申请撤回起诉。

农村法治

论集体农用地市场化利用的“三权分置”[*]

孙小雨[**]　唐林垚[***]

目　次

以用途为准绳,《土地管理法》对土地性质作出建设用地、农业用地和未利用地的三元划分。农业用地简称农用地,是农业生产和经营活动所直接或间接依赖的土地,包括但不限于耕地、草地、园地、林地、田间道、牧草地、农田水利设施用地和养捕水面等。农用地的占有使用经营,关乎国计民生。国家严格限制农用地转为建设用地,对耕地实行特殊保护。① 土地用途的严格监控,并不意味着利用农用地的主体只能是享有农用地所有权的人,并非必须固定。我国经济体制改革之初,农村基层组织自下而上首创出按农业技能、能力大小,把生产队的林、牧、副、渔及耕地等农用地分包到组、到户、到人的劳动生产方式。这种包产到户经历了专业承包联产计酬责任制、家庭联

* 基金项目:国家社科基金青年项目“自动化应用提升现代化治理的法律保障研究”(20CFX006)。

** 中国国学研究与交流中心助理研究员。

*** 中国社会科学院法学研究所助理研究员。

① 参见《土地管理法》第4条。

产承包责任制、家庭承包双层经营体制的发展完善,得到了国家的认可。① 土地权益从“一权”向“两权”的拔擢,正源于农用地承包经营生产方式导致土地承包经营权从集体土地所有权中的分离。2019年《农村土地承包法》将2003年《农村土地承包法》中确定的“两权分离”修改为“三权分置”。曾一度在农村经济发展中发挥过重大作用的“两权分离”,为什么会被“三权分置”替代?“三权分置”有何必要性、意义、新的内容?“三权分置”会导致怎样的结果?我国农村的未来发展趋势是否因“两权分离”向“三权分置”的改革而发生巨大转变?本文试图对2019年《农村土地承包法》“三权分置”新内容进行分析评述,就“三权分置”的实践提出看法,抛砖引玉,以期为“三权分置”的顺利实施提供一定的理论支撑。

一、“两权分离”的利弊及引发的法律问题

(一)“两权分离”使集体农民的土地权利回归实质

土地承包经营权从农村集体土地所有权中分离出来,使集体土地权利由“一权”变为“两权”。“两权分离”产生的结果是,农村集体土地的权利主体开始由起初近乎单一的农村集体经济组织向农村集体经济组织和农村集体经济组织成员“裂变”,简单地说,就是从农民集体演化为农民集体和农民。与之相对应的是,农业生产由原先的统一经营转变为一家一户的分散经营。与集体土地所有权“一权”相比,“两权分离”回归了集体土地归集体农民所有的实质,让特定土地上的农民真正理解了享有土地权利的含义。“两权分离”之下,农户家庭替代农民集体成为农村改革落实的结构基础。集体农民承包集体农地,包产到户分散经营所得的收入直接归农户所有,实现了“精确按劳分配”而非“平均统筹分配”,极大地调动了生产积极性。在此背景下,农民集体的收入也不再同集体农民的个体收入或家庭收入挂钩。“两权分离”使每一农户享有的土地权利清楚、经营财产收入明晰,广受社员群众欢迎,激发和有效调动了千家万户农民、农户家庭从事农业生产、农副业生产的热情与活力,农民成为有明确自利获益目标的行动主体。虽然承包经营的土地是有限的,但是因“一权”变为“两权”所释放出来的基层青壮劳力,却是相当可观的。时间的自由支配和生产力的自由流动,使越来越多的农村青年获得了农业生产之外的就业机会。农业、副业、外出务工等,使勤劳的绝大多数农民收入迅速增加,手中逐渐积累有小额储蓄。农村隐性的、剩余的劳动力显现和

---

① 关于专业承包联产计酬责任制,参见中共中央《关于进一步加强和完善农业生产责任制的几个问题》第3条的规定,1980年9月27日;关于家庭联产承包责任制,参见1993年《宪法修正案》第6条;关于家庭承包双层经营体制,参见1999年《宪法修正案》第15条。

增加,极大地解放了农村生产力,农业生产效率得以大幅提高,农业生产、农村经济、农村集贸市场得以迅速恢复和发展,这为农业生产向更为高级的专业化分工、农村专业户的产生与增加、村镇小型企业的崛起、农村收入的拓宽以及其后的农村社会结构、产业结构、农村单一所有制结构、农村城镇化变化、乡村经济繁荣等,都创造了基础条件,发挥了重要的历史作用。①

“两权分离”这种集体所有制前提下全新的土地权利安排,是以承包合同方式让农民获得土地权利自主生产经营的方式。在“文化大革命”后,经这种摆脱计划经济束缚、将农民从土地捆绑束缚中解脱出来的法律安排,以促进个体自由的方式提升了农业生产力、增加了社会整体福利,让全国人民不再因为温饱问题而发愁,在粮食减产的年份也不必担心食不果腹。在这个意义上,以国家基本法形式固定下来的农户家庭联产承包责任制,实乃农业生产力改革的重大成果。②

(二)“两权分离”突出了集体农民的身份属性

在“两权分离”下,农用地是以集体农民身份承包到人头、到农户,供农民们无偿占有、经营。勤劳的农民为了生存,成群结队进入城镇务工挣钱。农业人口外出务工,繁荣了城市经济,却使大量农地处于闲置、撂荒、无人耕种的状况,导致农用地资源的巨大浪费。全国乡村,中、西部经济不发达农村,高山高原贫困山区农村,多多少少存在程度不一的农用地荒废的情况。因青壮年劳力外出务工,留守农村的多为老年人或幼年人。虽有生存压力但毕竟能力有限,他们在承包地上粗放地经营以够吃够喝为追求,不会精耕细作、追求产值、将资金投入农业生产,更不会贷款发展农业,导致农业生产投入的资金、劳力,明显萎缩甚至为零。农户家庭联产承包责任制在实现田地分户的同时,极大地将农地的经营“碎片化”,小家小户的经营模式排斥现代农业机械的应用,农业现代化发展更是无从谈起。生产效率低下的结果,是农副产品经营成本居高不下,与现代农庄相比毫无竞争力可言。

在农户家庭承包之外,2003年《农村土地承包法》对农民集体土地的承包还预留了其他方式承包的缺口。农户家庭承包的主体,一般是本农村集体的农民,而其他方式承包的主体,则是不具有农民身份而进行农业生产经营的单位或者个人(以下简称非农经营者)。从实践来看,非农经营者与农民承包人取得农地的客体、方式、权利性质,

---

① 参见唐林垚:《欧洲共同农业政策及其改革对确定中国农地政策的启示》,载《中国不动产法研究》2014年第2期。

② 参见林森:《社会需要与法律冲突:论土地承包经营权登记的行与止》,载《西南民族大学学报》2016年第5期。

都因身份不同而完全不同。① 集体农民可以取得集体的任何发包的土地,非农经营者只能取得“四荒”土地,土地客体的质量不同。虽然同样是从集体土地所有权人处取得土地权利,但取得的方式不一样:集体农民是以身份为前提承包取得经营权利,经营者只能是经“招、拍、挂”或者协商等市场化方式取得土地。经营者只能从集体土地所有权人那里流转土地,却不能从集体土地所有权人那里承包土地,经营者只有从承包人即集体农民那里才能取得非“四荒”土地经营权。不同承包地主体取得的权利性质不同:因身份不同,集体农民享有的是承包经营权,而经营者享有的仅是依附于承包权的非独立的经营权。

实践中最明显的问题就是农地权利享有者与经营者的错位。有的出生就获得农民身份的人,外出务工挣钱,导致承包农地被撂荒,就算他们不具备任何经营农地的专业技术,却也能依法享有承包农地、享有稳定的受法律保护的农地承包经营权;而如果没有集体农民身份,即使有经营农业技能、兴趣,有一定自有资金、愿意有偿经营农地的非农经营者,却无法享有稳定合法的农地经营权,更不可能长期承包、经营农地获取收益。

(三)“两权分离”未充分重视非农经营者的经营权利

集体土地“两权”分离的是集体土地所有权与农民享有的承包经营权,却没有将具有农民身份者享有的承包权与没有农民身份而进行农业生产经营的非农经营者享有的经营权进行分离。2003年《农村土地承包法》规定有承包合同、土地承包经营权流转合同,却没有规定与身份承包无关的“经营权”流转合同。非农经营者通过“招、拍、挂”协商取得的“四荒”地承包权、通过与承包农民签订合同取得的农地经营权,总是与农民集体或集体农民身份享有的承包权连在一起,没有截然分离。我国法律对农民身份的限制、对非农经营者享有的农地权利进行的制约,正如有学者指出的那样:“致使我国土地管制较为机械和僵化,缺乏活力和弹性。虽然监管世上最严,但由于激励和奖励措施过少,制度实施的法律效果和社会效果欠佳。”②

非农经营者流入的是土地承包经营权,事实上却不可能在农民集体享有承包的权利,法律没有明确规定独立的土地经营权的法律地位和对其的保护,非农经营者以市场化流入的经营权边界及其合法性都不清晰。从承包农民那里获得的农地经营权,并不如承包权一样更有保障,有更长的期限以及更具合法性。

农地产权区分不明、经营权语焉不详、非农身份限制极多的实际情况,导致非农经

① 参见2003年《农村土地承包法》第15条、第44条、第48条。

② 孙建伟:《土地开发权应作为一项独立的财产权》,载《东方法学》2018年第5期。

营者对经营的农地只有短期考虑,尽量降低用地成本,追求农地利益最大化,甚至对农地过度开发、掠夺性开发,不计后果使用农药和化肥,毁坏“一方水土”。

“两权分离”导致农地承包与经营权利不明晰,产生如下法律问题:第一,集体农民承包土地后撂荒是否应当承担责任?承担什么样的责任?承包农地后不经营、流出农地的人,其农地上的权利是否应当受到保护?如何保护?没有效率的家庭自足经营是否应当让位于更有效率的规模经营?如何合法有效地让位?第二,流入农地、经营农业生产的非农经营者的农地权利是否给予保护?应当如何保护?非农经营者是否可以长期稳定地享有农地经营权以利于农业的长期发展?对于农地的过度开发与污染,如何从源头上予以根治?第三,我国农业应当如何“去短板,强弱项”?如何盘活农民承包获得的农地财产权利?如何再次更大限度地调动农业经营者而非仅仅是农民的生产积极性?如何鼓励农业经营者投入农业生产的积极性长久地持续下去?

二、农地权利“三权分置”的市场化趋势

(一)“两权分离”导致的农业短板

进入21世纪以来,我国农业发展面临前所未有的挑战,虽较人民公社时期有了长足的发展,但仅靠农村家庭节衣缩食、“小打小闹”的财富积累方式难以催生现代化的农业经营样态。从国家竞争的角度来看,相对于进口粮食我国主要农产品的生产价格从2014年起就不再拥有成本优势,而农业的生产成本却在逐年上升。生态环境受损、生产积极性降低、耕地淡水资源紧张,是长期粗放式经营在不同领域结下的恶果,“农产品供求结构失衡、要素配置不合理、资源环境压力大、农民收入持续增长乏力等问题仍很突出,增加产量与提升品质、成本攀升与价格低迷、库存高企与销售不畅、小生产与大市场、国内外价格倒挂等矛盾亟待破解”。[①] 可以说,农业现代化是我国农业问题的核心,“全面建成小康社会的重点难点仍然在农村”。[②] 总而言之,“两权分离”的制度设计框定了农村家庭联产承包责任制的发展上限,严重阻碍了我国农地所蕴藏的潜力和价值实现,家家户户自给自足的小农业态阻碍了我国粮食生产的自给自足,削弱了国家农业竞争力。

(二)自下而上的“三权分置”实践

随着农村劳动力的解放及家庭承包责任制局限性的展露,与传统农民走出农村、

---

① 《中共中央、国务院关于深入推进农业供给侧结构性改革 加快培育农业农村发展新动能的若干意见》(2017年中央一号文件)。

② 陈二厚、王宇:《2014年中央农村工作会议在京召开》,新华社2014年12月24日。

撂荒农地形成鲜明对比的是,一些有经验和技术的农村专业户、各类合作社、农业产业化龙头企业等新型经营主体大量涌现,还有一大批具备现代农业经营技术和能力的农业专业经济组织、个人、家庭、法人等非农经营者,以代耕、承租、转承包等方式,在承包农民撂荒的集体农地上进行规模经营,发展农村第一产业、第二产业、第三产业;从省、直辖市、自治区到县乡镇乃至各村各组,不同级别的政府和乡村基层组织已经开始"摸着石头过河",将荒废的农地集中交给农业大户打理,部分地区已经出现小体量的农业规模经营样态。在土地广袤的农村地区,小规模传统家庭农业承包经营与中等规模的准专业化组织规模经营农地的状况共存并行,呈现"家庭承包,多元经营"的格局。至2017年,"农村已有30%以上的承包农户在流转承包地,流转面积4.79亿亩"。[①] 出于现实需要,农地制度客观上已经自发地"开始了'农地归集体所有、归农户自主用益,农业实行规模化经营'的又一次转型"。[②]

效用导向、利益最大化向来是制度改革的最大推力。农村土地制度的转型和改革,早已势在必行。

(三)自上而下的"三权分置"政策

针对农村经济持续增长乏力、集体农民自发流转承包农地、农地经营呈主体多元化等实际情况,针对"两权分离"在实践中产生的法律问题,2008年党的十七届三中全会报告、2012年党的十八大会议报告、《中共中央 国务院关于加快发展现代农业进一步增强农村发展活力的若干意见》(2013年中央一号文件)等,都就激活农民手中的农地财产权、建立健全土地经营权流转制度、实现农业规模化经营等,提出了高屋建瓴的方针和政策。

"三权分置"的提法,始见于《中共中央 国务院关于全面深化农村改革加快推进农业现代化的若干意见》(2014年中央一号文件):"在落实农村集体土地所有权的基础上,稳定农户承包权、放活土地经营权。"随即习近平总书记在中央全面深化改革领导小组第5次会议上指出:"我们要在坚持农村土地集体所有的前提下,促使承包权和经营权分离,形成所有权、承包权、经营权三权分置、经营权流转的格局。"[③]以习近平总书记讲话为指引,以《关于引导农村土地承包经营权有序流转发展农业适度规模经营的意见》为具体方案,"引导土地经营权有序流转"的"三权分置"改革措施,在全国诸多地区"先行先试"。

---

① 资料来源:刘振伟:《关于〈中华人民共和国农村土地承包法修正案(草案)〉的说明》,2017年10月31日。

② 参见蔡立东、姜楠:《农地三权分置的法实现》,载《中国社会科学》2017年第5期。

③ 《习近平主持召开中央全面深化改革领导小组第五次会议》,载《人民日报》2014年9月30日,第1版。

土地所有权、承包权和经营权的内涵与外延，在2016年中共中央办公厅、国务院办公厅印发的《关于完善农村土地所有权承包权经营权分置办法的意见》中得以科学界定。2017年中央一号文件进一步明确，要“落实农村土地集体所有权、农户承包权、土地经营权‘三权分置’办法”，于是便有了党的十九大报告中“巩固和完善农村基本经营制度，深化农村土地制度改革，完善承包地‘三权’分置制度”的呼吁。细细梳理开来，从2008年党的十七届三中全会决定，到2014年至2018年的党中央一号文件，“三权分置”已经跃迁为“全国政策”。

（四）上下同心固化“三权分置”法律规定

党中央、国务院有关针对“三农”变化的实际情况对“两权分离”进行的适时修改、调整，最终确定的“三权分置”政策，其内涵、权利界定及各权利之间的相互关系非常清晰。在农村集体的语境下，所有权对应农村集体土地所有权，承包权对应集体农民享有的农地承包权，经营权对应农地经营者享有的农地经营权。这三权的客体范围，仅指集体所有的农用地，排斥集体建设用地和农民占有使用的宅基地。更重要的是，为了“不以出身成分论英雄”，可以依法享有“三权”的主体从曾经的农民集体和集体农民扩大至愿意经营农业的非农经营者。由此可见，从“两权”向“三权”的嬗变，贴合了因农地权利不当分置导致农业经营规模日益萎缩的现实情况以及自下而上的农业生产规模化经营变革需求，“三权分置”替代“两权分离”，规模化经营取代作坊式劳作是中国农业发展的必经之路。

在40余年历史变迁中，在历经实践摸索和理论探讨之后，农村土地制度显现了“民间探索，政策先行和法律跟进的基本规律”。“三权分置”制度变革已经走完前面两步，“接下来要做的主要工作就是法律的及时跟进”。① 全国人大常委会在广泛征求意见的基础上，颁布了2019年《农村土地承包法》。2003年《农村土地承包法》共有五章65条，2019年《农村土地承包法》对其修改涉及四章（只有附则没有修改）、46个修改点的内容，②改“两权分离”为“三权分置”是其中最重要的内容。2019年1月1日正式施行的《农村土地承包法》，将“三权分置”的党政国策，以基本法形式固定下来。2021年生效的《民法典》第十一章“物权编”保留了原《物权法》对土地承包经营权的规定，规定“法律另有规定的，依照其规定”，这为2019年《农村土地承包法》的适用预留了空间。《民法典》“物权编”还规定“土地承包经营权人可以自主决定依法采取……其他方式向他人流转土地经营权”“土地经营权人有权在合同约定的期限内占有农村土地，

① 参见许明月：《改革开放40年我国农地制度的变迁与展望》，载《东方法学》2018年第5期。

② 全国人大常委会《关于修改〈中华人民共和国农村土地承包法〉的决定》，2018年12月29日。

自主开展农业生产经营并取得收益”,完全认可了2019年《农村土地承包法》有关“三权分置”的规定。[①] 2019年《农村土地承包法》和《民法典》的上述规定,使我国的“三权分置”实践与“三权分置”政策在法律上得以固化。

三、农民身份的限缩与经营权契约的扩展

(一)集体农民身份扩展的法定限制

2019年《农村土地承包法》在保留2003年《农村土地承包法》“保护承包方依法、自愿、有偿地进行土地承包经营权流转”规定的同时,对承包方承包土地后的事项作出额外规定:“可以自己经营,也可以保留土地承包权,流转其承包地的土地经营权,由他人经营。”就承包方享有的权利,将2003年《农村土地承包法》中有关“依法享有承包地使用、收益和土地承包经营权流转的权利”一项规定单列出来,改成两项:“依法互换、转让土地承包经营权”“依法流转土地经营权”;并且增加规定:“经发包方同意,承包方可以将全部或者部分的土地承包经营权转让给本集体经济组织的其他农户,由该农户同发包方确立新的承包关系,原承包方与发包方在该土地上的承包关系即行终止。”[②]

2019年《农村土地承包法》修改、新增的这一部分内容,仍以“保持农村土地承包关系稳定并长久不变”为目的,具有如下新内涵:

第一,赋予承包农地的集体农民充分选择权。集体农民可以自己经营承包的土地,还可以根据现实需要同他人互换承包地之后自主经营;集体农民不仅可以将土地承包经营权全部流转,还可以只保留承包权,但不经营承包地,仅将土地经营权流转。保留承包权,只流转经营权,则保留农民身份;承包权经营权全部流转,则不保留农民身份。法律允许、支持、鼓励那些不再经营农地的农民退出承包的农地。去与留由集体农民自主选择。这就明确了单独流转经营权、保留承包权的合法性,明确了集体农民承包农地不经营、流出农地,农地承包权受法律保护。

第二,土地承包经营权转让的限缩。只有农民才享有土地承包经营权,才有承包农地的“互换”;能够依法流转土地承包权的,只能是农民,其也只能流转给农民。土地承包权流转受身份限制,只有集体农民之间流转农地的方式才能是互换、转让。土地承包权不能流转给非农经营者,这就使具有身份属性的农地权利不再有扩大的可能,从而限制了传统意义上集体农民主体的扩大。

---

① 参见《民法典》第337条、第339条、第340条。

② 参见2003年《农村土地承包法》第10条、第16条第1项;2019年《农村土地承包法》第9条,第17条第2项、第3项,第34条。

集体农民之间流转土地承包经营权，也是集体农民退出集体农地、终止承包关系、终止农民身份的退出机制以及补偿机制的内容之一。以转让全部土地承包经营权方式退出农民集体的，集体农民得到的补偿，其价格由市场确定：由退出承包地的权利人与接收承包地的承包人自行自主确定。这就从法律上确认了没有效率的家庭自足经营合法有效地让位于更有效率的规模经营的方式。随着土地承包经营权流转、农地承包关系终止，享有身份权的农民范围逐步缩小。

（二）土地经营权的取得以契约为依据

2019年《农村土地承包法》将土地承包经营权流转合同改为土地经营权流转合同，将土地经营权人定性为“在合同约定的期限内占有农村土地，自主开展农业生产经营并取得收益”的经营权人。[①] 这就表明，非农经营者“占有使用农地、自主地在农用地上开展农业生产、取得经营收益”的依据是流入流出农地双方签订的土地经营权流转合同，而不是政府指令、政策干预，亦不是因身份取得的权利。土地经营权流转合同对非农经营者取得土地经营权及其合法收益至关重要，是农地经营活动从传统的以身份为前提向以契约为依据转换的重要表现。在农业经营从集体农民身份向不具有农民身份的非农经营者转换过程中，在2019年《农村土地承包法》规范农地经营权向市场方向的流转过程中，契约精神孕育的诚信、自由、平等、公开、公正等原则和理念，会在农地权利取得、流转、行使中，在农地生产经营中，得以彰显、体现并贯穿始终，逐渐净化“三农”基层社会的每一个经营者素质，逐渐引导农村经济向守契约、讲信用、重文明的现代农业经营方向延伸和发展。

（三）土地经营权市场化流转的扩展

2003年《农村土地承包法》第二章第五节标题为“土地承包经营权的流转”，2019年《农村土地承包法》第二章第五节标题为“土地经营权”。用专门章节规定“土地经营权”，凸显从土地承包经营权中剥离、分置出来的土地经营权的独立性，这充分表明，土地经营权并非仅是集体农民承包后流转出来的一项依附于土地承包经营权的权利，而是依法单独“流转”出来的一项独立的农地权利，是流入农地的非农经营者们享有经营农地的独立权利，这凸显并提高了土地经营权的法律地位。

第一，土地经营权流转没有限制。2019年《农村土地承包法》将土地承包经营权流转限制在集体农民之间，但对其单独流转土地经营权却没有任何限制，集体农民可以将承包的农地流转给任何不具有农民身份的非农经营者。集体农民与非农经营者之间流转的，只能是土地经营权，不包括土地承包权。这就意味着，不仅是农民可以享有

---

① 参见2003年《农村土地承包法》第37条，2019年《农村土地承包法》第40条、第37条。

土地经营的权利,不能享有农地承包权的受让农地的非农经营者,也可以成为独立经营土地的人,即土地经营权人。在这个意义上,土地经营权将不再是完全依附于土地承包权的、不可拆分出去的权利。流入土地的非农经营者,还可以将经营农地的权利再次流转出去,成为土地经营权流转人。不具有身份属性的土地经营权,成为没有限制的、可以在市场上自由流转的不动产权利。

第二,扩宽了非农经营者进入农业的门槛。2003年《农村土地承包法》规定的是土地承包经营权流转原则,2019年《农村土地承包法》规定的则是土地经营权流转原则。[①] 该流转原则增加了保护农用地"不得破坏农业综合生产能力和农业生态环境"的内容,还将土地经营权受让方范围从原本单纯的"须有农业经营能力"进一步扩大到"须有农业经营能力或者资质"。"资质"的含义有:"具有的某种能力"、有某种"资格认证"。在"资质"之前已有"须有农业经营能力"的规定,这里的"资质",就是指具有经营农业资格认证。具有经营农业资格认证流转农地经营的,主要是有经营农业能力的法人。当地的农民有"农业经营能力"无疑,非农经营者是否具有"农业经营能力",则只需看有无"资质"即可。增加"资质"二字,实际上扩宽了非农经营者进入农村、经营农业的门槛,简化了程序,减少了限制,可以吸引、促进有"资质"的法人经营农业,从而扩大农地经营规模的主体范围,有利于加快农业经营市场化的速度。土地经营权流转的原则增加了"不得破坏农业综合生产能力和农业生态环境"的内容,在拓宽、畅通非农经营者进入农业经营通道、保护非农经营者享有土地经营权的同时,还为防治与根治农业经营者过度开发与污染农地问题提供了法律依据。

(四)非农经营者农地权利的同等对待

在"两权分离"转化为"三权分置"、农用地利用从身份向契约的转化过渡时期,具有集体农民身份和不具有农民身份的非农业经营者同时存在,具有身份属性的土地承包经营权、土地承包权与具有契约属性的土地经营权并存。2019年《农村土地承包法》则不分身份地对农民和非农民的农业经营者的农地权利给予同等保护。

第一,2003年和2019年《农村土地承包法》都在第1条开宗明义地规定了该法制定的目的和依据。就维护当事人合法权益,2003年《农村土地承包法》是维护农村土地"承包"当事人的合法权益,2019年《农村土地承包法》是维护农村土地"承包经营"当事人的合法权益。增加"经营"二字表明,不仅是要保护承包农地的农民当事人,也要保护经营农地的非农经营者当事人的合法权益。2019年《农村土地承包法》扩大了维护合法权益者的范围,提高了经营农业的"非农经营者"的法律地位,将承包人与经营

---

① 参见2003年《农村土地承包法》第33条、2019年《农村土地承包法》第38条。

者的合法权益平等地加以保护。

第二,2003 年《农村土地承包法》对农地权利当事人的保护,始终对土地承包权和经营权不加区分,将二者混同保护,2019 年《农村土地承包法》则始终将土地承包经营权、土地经营权加以区分,又予以同等对待。2003 年《农村土地承包法》规定,侵害承包方的土地承包经营权应当承担民事责任,强迫承包方流转土地承包经营权的行为属于无效行为,非法截留、扣缴土地承包经营权流转收益的应当退还,就国家机关及其工作人员利用职权侵害土地承包经营权、给承包方造成损失的行为,规定了侵权人要承担损害赔偿的民事责任以及根据情节轻重,承担行政责任或刑事责任。① 2019 年《农村土地承包法》规定,侵害土地承包经营权和土地经营权,都应当承担民事责任,强迫土地承包经营权互换、转让和强迫土地经营权流转,同样都为无效行为;非法截留、扣缴土地承包经营权流转收益的应当退还;国家机关及其工作人员利用职权侵害土地承包经营权及土地经营权的行为,例如,干涉农地承包,变更、解除承包合同,干涉承包方依法享有的生产经营自主权,强迫、阻碍承包方进行农地权利流转等,都将视情节轻重,承担相应的民事责任、行政责任或刑事责任。②

四、利于农业符合市场化趋势的两大突破

实行“三权分置”后,享有农地权利的承包人和经营权人,都成为农地权利的独立主体。2019 年《农村土地承包法》,在保留土地承包经营权的基础上,鼓励经营者提高农业投入、扩大农业经营融资范围,以维护农业经济的可持续发展。

(一)突破孳息添附规则的农业投入之补偿

2003 年《农村土地承包法》规定,“承包期内,承包方交回承包地或者发包方依法收回承包地时,承包方对其在承包地上投入而提高土地生产能力的,有权获得相应的补偿”;“承包方对其在承包地上投入而提高土地生产能力的,土地承包经营权依法流转时有权获得相应的补偿”。③ 2019 年《农村土地承包法》第 43 条规定:“经承包方同意,受让方可以依法投资改良土壤,建设农业生产附属、配套设施,并按照合同约定对其投资部分获得合理补偿。”

对 2019 年、2003 年《农村土地承包法》进行比较,不难发现,对农地投入的补偿有三点不同。第一,得到补偿的主体不同。2003 年《农村土地承包法》,就流入农地的非

---

① 参见 2003 年《农村土地承包法》第 53 条、第 57 条、第 58 条、第 61 条。

② 2019 年《农村土地承包法》第 56 条、第 60 条、第 65 条。

③ 2003 年《农村土地承包法》第 26 条第 4 款、第 43 条。

承包人在经营农地上的投入是否给予补偿,没有作出规定,只有承包方即集体农民可以得到补偿;2019年《农村土地承包法》,非农民的受让方与集体农民一样,在农地上的投入能够得到补偿。第二,得到补偿的客体不同。2003年《农村土地承包法》规定,只有为"提高土地生产能力的"投入可以得到补偿;2019年《农村土地承包法》规定,为"投资改良土壤、建设农业生产附属、配套设施"(以下简称农业生产投入),都能得到补偿。第三,补偿的期限不同。2003年《农村土地承包法》,强调的是在"承包期内":在承包期内交回或者被收回承包地的,或者流转承包地的,可以得到补偿;承包期限届满,原承包人在农地上的投入,则得不到补偿;2019年《农村土地承包法》,对提高地力、提高农业生产力的各种投入补偿,没有期限限制,都可以根据双方的合同约定获得补偿。

农业投入补偿不仅有上述三个区别,还突破了"孳息添附"的传统民事规则。按照不动产添附规则,不动产上附合形成的添附新物,无偿归所有权人,不动产所有人甚至还有权要求添附人恢复原状,不能恢复原状的,有权要求添附人补偿损失。此规则在我国行政法规中有所体现。《城镇国有土地使用权出让和转让暂行条例》第40条规定:"土地使用权期满,土地使用权及其地上建筑物、其他附着物所有权由国家无偿取得。"这一规定的原理是,所有权是最完整、最神圣的物权,保护所有权的神圣不可侵犯、保护所有权人的利益。现代民法,在承认所有权是最完整的物权之时,更强调包括所有权在内的其他物权;将土地权利延伸至他物权,包括用益物权和担保物权。土地是财富之母,是主物;土地使用权期限届满后,地上建筑物、附着物、添附物等,作为从物,当然无偿归土地权利人所有。

或许有人会质疑:该新增的条款,明确规定的是"按照合同约定对其投资部分获得合理补偿",并没有无约定也要给予"合理补偿"的规定;不管是添附规则、原《物权法》、还是行政条例,不是都有"有约定从约定"的规定吗?怎么就突破了"孳息添附"的传统民事规则?笔者的疑问是,没有约定,"经承包方同意"的"农业生产投入",是不是就不应该补偿?2019年《农村土地承包法》第43条规定,有没有无约定就不给予"合理补偿"这样的含义?对有期限限制流入土地的经营权人实施的"农业生产投入"不予补偿,投资人即使为了方便生产兴建"农业生产附属、配套设施"时,会不会不注意工程质量、从而形成更大的浪费?

2019年《农村土地承包法》第43条并没有像《城镇国有土地使用权出让和转让暂行条例》第40条的"地上建筑物、其他附着物所有权由国家无偿取得"那样的规定,并没有"农地上的农业生产附属、配套设施的权利由承包方或发包方无偿取得"的类似规定,这就意味着2019年《农村土地承包法》第43条隐含的原意:无论是农民还是非农民,只要是"经承包方同意"的"农业生产投入",都应当给予"合理补偿"。补偿的方式,既可以是"按照合同约定对其投资部分"给予的"合理补偿";没有约定,也可以按照农业生产附属、配套设施已经使用年限及剩余使用年限合理定价、"合理补偿"。这并不是简单地适用"有约定从约定"规则,而是没有约定也要"合理补偿"的非添附规则。

2019年《农村土地承包法》第43条新增的内容,是对有期限限制流入土地经营的人实施的"农业生产投入",使农地综合地力得以长期提升、长期有利于农业发展的行为享有获得合理补偿权利的认可。这种认可,能够激发土地经营权人对农村土地的投入;可以鼓励投入人在建设农业生产附属、配套设施时注重未来能够得到补偿的效益,从而注重建设各类农业设施的工程质量,避免短期内重复建设导致的巨大浪费。保护土地经营权人投资农业的权利,不仅对土地经营权人有利,更有利于农业综合生产能力的提升、农业生态环境的改善,使我国农业生产设施更能够适应科技进步等农业现代化新要求,从而促进农村经济、农业生产的可持续发展。

(二)突破禁令与身份限制的土地经营权抵押

2019年《农村土地承包法》第47条规定:"承包方可以用承包地的土地经营权向金融机构融资担保,并向发包方备案。受让方通过流转取得的土地经营权,经承包方书面同意并向发包方备案,可以向金融机构融资担保。"根据该新增规定,不仅是享有农地承包权的集体农民可以用承包农地享有的土地经营权抵押担保融资,不具有农民身份、无权承包农地的非农经营者,也有权用自己流入农地享有的土地经营权作为融资的担保物。该规定有三个重大突破。

第一,突破了农用地禁止抵押的既往法律规定。原《担保法》和原《物权法》明确规定农用地不得抵押,[①]且该禁令在《民法典》生效前并没有废止。2019年《农村土地承包法》第47条第1款允许农民与非农经营者用"承包地的土地经营权向金融机构融资担保",这就从法律上确认了农用地禁止抵押的法律禁令得以终止。就农地承包经营权的流转,在2003年《农村土地承包法》规定的转包、出租、互换、转让等农地流转方式基础上,[②]又增加了抵押流转方式。2021年生效的《民法典》已经将作为土地承包经营权标的物的农用地排除在禁止抵押的范围之外,但是,也只是将"建设用地使用权"作为可以抵押的财产,并没有明确将土地承包经营权作为可以抵押的财产,而是将其作为"法律、行政法规未禁止抵押的其他财产",概括地规定在兜底条款之中。[③] 第二,农

① 参见原《担保法》第37条第1款第2项,原《物权法》第184条第2项。

② 2003年《农村土地承包法》第32条规定的土地承包经营权流转,只有转包、出租、互换、转让等方式,没有抵押担保流转方式,这与原《担保法》、原《物权法》明令禁止农用地抵押的规定是完全一致的。

③ 参见《民法典》第395条、第399条。

用地抵押突破了农民身份限制。不具有农民身份的农业生产经营者,也享有以“通过流转取得的土地经营权”向金融机构融资担保的权利。第三,解决了农用地抵押权实现的难题。“三权分置”将土地承包权与土地经营权分而置之。土地经营权是可以通过市场流转的农地权利,既不具有身份性也不具有保障性。即使是集体农民以农用地抵押贷款,用于抵押的也仅是可以流转的土地经营权而不是具有保障属性的土地承包权。当以农用地抵押的农民不能归还贷款时,贷款人有权拍卖该承包农民抵押的土地经营权,实现自己的贷款债权。抵押农民的土地承包权还在,就不存在影响其生活、激化“三农”矛盾等问题。简言之,以农用地为抵押贷款作担保的,是不具有身份属性的土地经营权。

这三个突破,具有重要意义。取消农用地禁止抵押的规定,盘活了农地不动产财产权,扩大了农业经营资金的融资担保范围;将掌握农地权利的集体农民与非农民作同等对待,冲破了传统“三农”主体只有农民身份的自然人,使不具有农民身份的非农经营者在从事农业领域的生产经营时,同样有权以农地担保获取金融机构的支持,扩大了农业经营资金融资担保的主体;消除了金融机构发放农业担保贷款的顾虑,为农地贷款抵押权的实现提供了法律保障。这就有利于农业生产资金的增加和农业经营规模的扩大,从而有利于促进我国农业经济的增长和发展。

五、结语

2003年《农村土地承包法》确认了人民公社集体土地所有权“一权”转变为“两权”,2019年《农村土地承包法》改“两权分离”为“三权分置”。集体农用地从“一权”至“两权分离”再到“三权分置”,是农用地利用权利从身份向契约转化的必然结果。中国农村的转变,必然经由一家一户自给自足的家庭联产责任制向小农户经营与规模经营共存,实现“小农户和现代农业发展有机衔接”后,再转向规模化经营发展。在农村未来发生的渐变中,以身份为前提的、只有集体农民享有农用地权利的封闭保守的农用地制度,必将被农用地市场化趋势冲破。我国农村土地产权发展、变革的必由之路,是集体农用地市场化的必然路径,其一定会实现传统农民身份权限缩、农业经营从“小家”到“大家”的拔擢,助力集体农用地利用的市场化、去身份化和现代化。

土地经营权市场规制工具：类型、选择与应用*

向　超**　张新民***

目　次

一、文献综述与问题意向

从世界范围来看，规制的发展已然呈现规制内部结构自创生再造与“后规制国”治理模式的两元划分。① 中国规制法制的发展整体上恪守了保守主义的规制传统，借由规制结构的自然演化塑造了自成体系的自创生规制模式。这种对刚性规制的青睐除

---

* 基金项目：国家自然科学基金面上项目“农村金融市场‘精英俘获’困境破解与包容性成长研究”(71773099)。

** 西南大学法学院讲师，西南大学普惠金融与农业农村发展研究中心研究人员，法学博士，农林经济管理博士后。

*** 西南大学法学院教授，博士研究生导师，法学博士。

① 规制自创生再造，是指规制法依赖其自身的规范进行自我完善和再造；后规制国治理是相对“规制国”而提出，意指弱化科层作为控制的工具，强调向其他控制模式转变的治理模式。参见[英]科林·斯科特：《规制、治理与法律：前沿问题研究》，安永康译，清华大学出版社2018年版，第118～135页。

由于科斯所言之“创新的制度成本”外,还取决于我国法律文化与社会现实的塑造作用。① 当然,这仅仅具有实证层面的解释学意义。探寻“规制国”的理论渊源则需要回归到规制的工具路径。规制是公共机构通过强制或非强制的手段改变被规制者的行为模式或利益结构,从而实现规制者所欲实现的目标。② 以我国农业经营为例,国家、农业企业、农户对农业经营在目标层次上存在交错与矛盾,而围绕农业经营的制度体系在相容性上却标准一致。也正因如此,制度目标的实现主体、目标层次存在异质、难以相容时,实现规制目标的最优方案是强制性较高和直接性较高的刚性规制工具。而规制工具与规制目标的匹配直接决定公共规制的质量,所以规制工具的选择与应用在规制决策体系中处于关键地位。③

在晚近发展中,规制俨然成为国家活动的重要形式。包括公共行政学、政策学、法学等在内的多个学科对此展开了关注、阐释与分析。与此同时,学界对规制工具的研究也渐次深入,并呈现相容与适用等方面的学科差异。基于学科自觉和规制场域的不同,呈现以下特征:其一,从学科视野来看,环境保护学在规制工具的应用上相对领先,并实现了一定的纵向研究,如在环境规制工具的区域差异,环境规制工具的空间异质效应,环境规制工具与技术创新、企业绩效等方面具有体系性成果。④ 其二,从法学的角度观察,法学领域对于规制工具的理论研究与实践应用有所涉及,但整体薄弱。部分学者对市场规制工具在具体场域的应用作了研究,如金融法领域、⑤环境法领域、⑥行政法领域⑦等。然相较其他研究工具,规制工具方面的研究明显不足,在研究质量上

---

① See R. H. Coase, “The Problem of Social Cost”, *The Journal of Law and Economics* 3, 1960, pp. 1－44.

② 段礼乐:《市场规制法的体系生成与制度实践:以市场规制工具为中心》,载《经济法学评论》2015年第2期。

③ 应飞虎、涂永前:《公共规制中的信息工具》,载《中国社会科学》2010年第4期。

④ 参见宋爽:《不同环境规制工具影响污染产业投资的区域差异研究——基于省际工业面板数据对我国四大区域的实证分析》,载《西部论坛》2017年第2期;李斌、彭星:《环境规制工具的空间异质效应研究——基于政府职能转变视角的空间计量分析》,载《产业经济研究》2013年第6期;占佳、李秀香:《环境规制工具对技术创新的差异化影响》,载《广东财经大学学报》2015年第6期;申晨、贾妮莎、李炫榆:《环境规制与工业绿色全要素生产率——基于命令—控制型与市场激励型规制工具的实证分析》,载《研究与发展管理》2017年第2期。

⑤ 参见沈伟:《中国的影子银行风险及规制工具选择》,载《中国法学》2014年第4期。

⑥ 参见金自宁:《作为风险规制工具的信息交流——以环境行政中的TRI为例》,载《中外法学》2010年第3期。

⑦ 参见Colin Scott、石肖雪:《作为规制与治理工具的行政许可》,载《法学研究》2014年第2期。

与成果数量上都存在提升的空间。① 其三,置于本文的研究场域而言,目前尚无文献成果从规制工具的视角讨论土地利用市场。总的来说,国内学者对规制工具的研究,或是聚焦于个别学科,或是侧重于对某一具体场域(以环境保护为主)的评估与应用,鲜见从工具选择与应用视角研讨土地利用市场。

本文对土地经营权市场中的规制工具进行研究,旨在构建一个具有一定普适性的规制工具选择模式,以指导土地经营权市场的制度实践。通过以文本实践的规范分析为起点,对当下土地经营权市场规制工具的选择与应用进行研究,并形成初步结论。以此为基础,本文试图探究以下问题:在土地经营权市场规制层面,工具的类型作何划分?规制工具的优势与限度为何?如何构建以土地经营权市场规范运行为内核的规制工具体系?

二、土地经营权市场规制工具的文本检视

以10省针对土地经营权市场实现为目标的政策文本为分析样本,符合规制目标转变为规制现实的制度路径,是具有解释学价值的分析路径。地方实施意见的文本实践显示出土地经营权市场领域的规制工具选择与应用具有以下特点和局限(如表1所示)。

表1　10省"三权分置"办法实施意见中的规制工具

省份	主要规制工具
广东省	立法、认证(鉴证)、标准、审批(市场主体、平台)、备案、禁令、信息披露、第三方监管、第三方服务、公众参与及建议、财政补贴、信用记录、评优、主体扶持(新型农业经营主体、职业农民)、目标规划、公共服务支持、说服(引导)、谈判(调解)
甘肃省	认证(鉴证)、标准、审批(市场主体)、备案、禁令、收费、制裁、第三方监管、第三方服务、财政补贴、主体扶持(新型农业经营主体、职业农民)、目标规划、公共服务支持、价格支持、宣传教育、说服(引导)
河北省	认证(鉴证)、信息披露、禁令、第三方监管、第三方服务、财政补贴、主体扶持(新型农业经营主体、农民合作社)、目标规划、公共服务支持、宣传教育、谈判(调解)、说服(引导)

① 目前,少有对市场规制工具作专门性讨论的专著或论文。其中,段礼乐博士于2018年年底出版的《市场规制工具研究》算是代表性成果。

续表

省份	主要规制工具
山东省	立法、认证(鉴证)、审批(市场主体)、备案、禁令、信息披露、第三方监管、第三方服务、财政补贴、主体扶持(新型农业经营主体、职业农民)、公共服务支持、税收减免、宣传教育、谈判(调解)、说服(引导)、拉拢(利益联结)
浙江省	立法、认证(鉴证)、审批(市场主体)、备案、收费、禁令、信息披露、第三方监管、第三方服务、主体扶持(新型农业经营主体、农户)、目标规划、公共服务支持、宣传教育、谈判(调解)、说服(引导)
江苏省	认证(鉴证)、备案、禁令、第三方监管、第三方服务、财政补贴、评优、主体扶持(新型农业经营主体、职业农民)、价格支持、宣传(教育)、税收减免、说服(引导)、谈判(调解)、拉拢(利益联结)
江西省	认证(鉴证)、标准、备案、禁令、第三方监管、第三方服务、财政补贴、评优、主体扶持(新型农业经营主体、职业农民)、税收减免、目标规划、宣传(教育)、说服(引导)、谈判(调解)、拉拢(利益联结)
四川省	认证(鉴证)、标准、审批(市场主体)、备案、禁令、第三方监管、第三方服务、财政补贴、信用记录、主体扶持(新型农业经营主体、职业农民)、公共服务支持、税收减免、宣传教育、拉拢(利益联结)、说服(引导)
湖南省	认证(鉴证)、标准、备案、禁令、第三方监管、第三方服务、财政补贴、评优、主体扶持(新型农业经营主体、职业农民)、目标规划、价格支持、宣传教育、谈判(调解)、说服(引导)、拉拢(利益联结)
安徽省	立法、认证(鉴证)、审批(市场主体)、备案、禁令、财政补贴、评优、主体扶持(新型农业经营主体、职业农民)、宣传教育、说服(引导)、谈判(调解)、拉拢(利益联结)

整体而言,以10个地方性“三权分置”办法实施意见为参照,各地基本形成了立法规范、主体确认、标准选定、公共服务等方面的规制工具体系。优于“三权分置”实施意见的是,规制工具的应用显得更加灵活多样,不拘泥于政策工具的贯彻,并在工具创新层面有所突破(如利益联结机制)。从类型上看,包含了命令控制型规制工具(如认证、禁令等)、合作治理型规制工具(如第三方监管、第三方服务等)、制度激励型规制工具(如财政补贴、宣传教育等)以及其他非正式工具(如引导、利益联结等)(见表2)。各个类型的规制工具在应用频率上出现两极分化,命令控制型规制工具与制度激励型规制工具占据主导地位,分别为34.46%、36.49%。而合作治理型规制工具与非正式规

制工具应用较少,分别占据12.83%、16.22%。具体就单一规制工具的应用而言,最受规制机构青睐的是认证、禁令,10个样本省份均予以采用,而信用记录等规制工具相对较少应用,仅广东省和四川省予以应用。

表2　10省"三权分置"办法实施意见中的规制工具应用次数和频率

规制工具	应用次数	应用频率/%
命令控制型规制工具:立法、认证、标准、审批、禁令、收费、制裁、备案、信息披露	51	34.46
合作治理型规制工具:第三方监管、第三方服务、公众参与及建议	19	12.83
制度激励型规制工具:财政补贴、主体扶持目标规划、税收减免、公共服务支持、价格支持、宣传教育	54	36.49
非正式规制工具:拉拢(利益联结)、说服(引导)、谈判(调解)、劝诫	24	16.22
总计	148	100.00

当然,作为文本呈现的规制体系自身未必能够决定其优劣与否。规制绩效关乎规制主体、规制客体、规制环境等多个影响因素。有关制度安排和规范选择在当时看来是正确的决定,或许很快就会成为规制实践的漏洞。因而,从文本和理论层面上检视规制体系亦有不可替代的价值。

第一,传统规制工具的路径依赖明显,创新型规制工具应用不足。土地经营权市场孕育着主体集聚与产业集群,规制的实践亦证明了规制机构在很大程度上对相关市场并不存在信息优势,有时甚至陷入信息短缺的窘境。这进一步削弱了传统规制工具应用的合理性,使创新型规制工具的应用成为必要。各地"三权分置"实施意见揭示,命令型控制规制工具依然占据主流,且在工具的类型化上最具广度,可达10项之多。然囿于规制机构的信息不足,包括认证、标准、审批等规制工具虽然对形式正式、标的大宗的土地经营权流转监管有效,但对于部分地区、小宗型非正式流转难以发挥作用。这种功能局限在很大程度上是由于违法成本过低以及执法成本过高所致。此外,类似命令控制型规制工具是对其他市场规制经验的模仿或复制,缺乏对土地经营权市场最基本、全面的人文考察,也就欠缺市场规制的社会伦理基础。例如,承包农户对土地经营权的主动流转大都呈现为互助性流转,形式多为非书面。而从规模流转来讲,农户对土地经营权的流转往往是被动的,或激励性的。

或由于关涉土地经营权市场规范的顶层设计尚未敲定,地方试点或地方实施意见中在规制工具的选择与应用并没有呈现地方特色的创新性规制。这种规制理念的趋同化一方面源于由来已久的"三农"问题对政策工具的高度依赖性,另一方面则凸显地方政府规制能力与"因地制宜"创新能力的不足。虽然规制工具的应用日渐多元化,但工具活力的释放上实则不足。无论是国家政策文本,还是地方工具实践,专属于土地经营权市场规制的工具并不多见。从工具的应用层面来看,虽然规制工具的应用日渐多元化,但在工具活力的释放上实则不足。无论是国家政策文本,还是地方工具实践,专属于土地经营权市场规制的工具并不多见。具体到单一规制工具的应用,最受政府青睐的是财政补贴、认证鉴证、禁令等规制工具,现行市场规制中备受推崇的"告知—承诺"制度、约谈制度等并未得到采用。①

第二,规制工具欠缺对土地经营权市场特性的提炼,产业属性缺失。纵向以《农村土地经营权流转管理办法(修订草案征求意见稿)》与地方实施意见为参照,横向以10省"三权分置"实施意见为参照,可见土地经营权市场规制工具应用在很大程度是对其他产业规制工具的简单复制或移植。此种不顾产业属性、市场规律,以经验模仿为主的规制工具设置方式,缺乏对不同产业本质、性能的深度分析,既可能危及本市场规制工具效率的实现,又难以实现规制工具与产业发展的深度融合。从产业内部来看,土地经营权市场亦可大体呈现为物权性流转与债权性流转、传统作物流转与非传统作物流转等内部产业差异。也正因为上述差异的存在,才使我们界分不同类型的规制工具成为必要。例如,针对交易关系稳定、更趋商业化的物权性流转则优先考虑规制预期稳定的命令控制型规制工具,针对互助性质强、小宗土地流转则可以考虑减少或弱化命令控制型规制。如此,土地经营权市场产业内部形成差异化与类型化,将利于内部不同业态之间实现融合发展。

第三,规制工具的组合配置理念缺位,应用不佳。置于整个市场规制体系和工具实现路径上来观察,任何一个规制工具都有其固有的功能缺陷。规制工具的组合配置即解决单个规制工具无法解决的市场失灵问题。观察"三权分置"实施中规制工具的应用实践,不难发现,组合配置的应用表现为多种拘囿:其一,工具组合应用的理念缺位。由于深度规制传统的延续以及政策思维的简单化,规制机构(主要是公权机构)通常忽视了规制工具的组合应用,往往以单一强度、单一类型或单一工具处理复杂的市场问题,造成规制低效或无效。其二,工具间的排斥应用。为便于执行方便,部分规制

① 例如,浙江省市场监督管理局在2019年8月14日即发布了《关于在市场监管领域实施轻微违法行为告知承诺制的意见》,明确了告知承诺制度的适用。

机构将不同的规制工具合并为一种,去除了工具差异性的同时排斥了工具间的组合配置应用。例如,部分省份将合同审查、登记、备案合署执行,即混淆了规制主体形式审查与实质审查的功能初衷。其三,工具组合的失效。工具组合以工具功能为前提,不同规制工具具有不同的运行机理和规制偏好。依赖政策直觉或缺乏深度分析的工具组合非但不能提高规制绩效,甚至可能导致规制工具间的功能抵消甚至冲突。① 例如,针对承包农户将唯一生活来源的承包地流转出去以获得即时的现金消费,这种情况很可能造成承包农户丧失生活来源,形成社会性问题。那么,规制机构便不能选择强制性的禁止此种农户参与市场流转,因为这既不符合"三权分置"的制度初衷,也不符合产权行使的基本要义,更是背离了规制绩效原则。在更多情况下,我们只能选择进行风险提示,配置以间接的、非正式规制工具组合,如社区教育、说服、引导等。

三、规制工具的类型、功能优势及功能限度

(一)规制工具的类型

市场经济形态的复杂化必然导致市场在更多方面、更高层次形成市场不完备或不完全,从而产生市场失灵。② 市场规制工具作为矫正市场失灵的手段,同样需要在工具类型、工具强度乃至工具体系方面作出动态性的调整,以因应优化资源配置的目标需要。相较政策工具,规制工具在学科界别上更显隐性,因而在类型化的共识上也更难达成。考虑市场运行和市场问题的动态性,可以在最为概括性和包容性的层面对规制工具予以类型化,增进市场规制工具类型和市场规制工具体系的涵摄范围(如表 3 所示)。市场规制实践是众多市场法律制度协同构造的有机体,市场规制工具则是二者的逻辑连接点,从这个层面来说,对市场规制工具的体系性认识亦是认识市场规制法律制度并提升市场规制实践效率的重要方式。

表 3　市场规制工具分类

内容种类	命令控制型规制工具	合作治理型规制工具	制度激励型规制工具	非正式规制工具
规制主体	公权机构	公权机构、行业协会、第三方组织	市场主体	以上均有
规制强度	强	中	弱	弱

① 段礼乐:《市场规制工具研究》,清华大学出版社 2018 年版,第 164～169 页。

② 盛学军、陈开琦:《论市场规制权》,载《现代法学》2007 年第 4 期。

续表

内容种类	命令控制型规制工具	合作治理型规制工具	制度激励型规制工具	非正式规制工具
工具特征	较高的干预强度;直接的政策效果;执行成本较高;市场激励效果差;可问责性	市场主体具有一定的自愿参与性;行业协会或第三方组织参与度高,有较高科学性和专业性;基于其规制的柔性特征,目前较多适用	规制主体多元;以市场信号为基础;规制效果存在时滞性	政策初始制定时未被纳入;相对的临时性;实践中常被非正式的应用
工具类型	立法、认证、标准、审批、禁令、收费、制裁、备案、信息披露、限购等	第三方监管、第三方服务、公众参与及建议、订单式培训、"告知—承诺"制度等	财政补贴、主体扶持、目标规划、税收减免、公共服务支持、价格支持、宣传教育、信用记录等	拉拢(利益联结)、说服(引导)、谈判(调解)、劝诫等

(二)规制工具的功能优势

1. 命令控制型规制工具

命令控制型规制工具,是指由公权机构通过法律法规、行政程序、标准实施等方式直接改变市场主体的利益结构的强制性规制手段。在土地经营权市场,常见的命令控制型规制工具主要有农业企业准入认证、用途管制、土地面积上线控制等。类似规制工具具有以下特征或优势:其一,规制方式具有强制性、直接性和及时性,利于实现制度预期。通常而言,违反规定将面临直接责任处罚。且因为公权力的保障实施,市场主体违法成本较高,企业在面临干预时往往选择接受。在我国部分市场的改革实践中,较多短期市场规制目标都以命令控制型规制工具为主。其二,命令控制型规制工具有利于压缩权力寻租空间,实现市场公平性原则。命令控制型规制工具在表现形式上通常体现为法规、行为标准、具体制度等,在制定程序上具有较高的技术理性。此种表现形式在执行方式上直接、明确和法定,从而减少了规制俘获的空间。其三,命令控制型规制工具具有一定规模效应,可以有效降低规制成本,避免单个规制造成的资源耗散。认证、标准、禁令等规制工具的这一优势更为明显。例如,土地经营权市场运营规制中设计的用途管制、规模上限等规制工具,适用于所有进入该行业的市场主体,可以减轻规制主体的信息压力,避免单个规制可能造成的高信息甄别成本,从而带来规模效益。[①]

2. 合作治理型规制工具

如果说命令控制型规制工具是行政治理的代表,那么合作治理型规制工具则是对行政治理规制结构的演化与创新。合作治理型规制工具以多中心治理网络为基础,是公权机构和第三方机构在规制合作中所采用的市场规制工具,其可谓是去“规制万能主义”下“有政府的规制”。在强调国家治理体系和治理现代化的背景下,推行合作治理型规制将具有广阔的前景。第一,合作治理型规制工具兼具公私治理模式的优势,更具包容性和应用性。正如朱迪·弗里曼所言:“许多公共服务和职能都是由相互依赖的公私伙伴关系来执行的。”[②]合作治理型具备多维度的规制关系,包括公权机构—行业协会(第三方组织)、公权机构—市场主体、行业协会(第三方组织)—市场主体等,此种多维度的规制关系有利于规制信息的传导和共享。此外,合作治理型规制在工具的选择和应用上更多元、更柔性,可以缓冲命令控制型规制工具的强制性,使公权机构在保持必要张力的同时,实现规制目标。第二,合作治理型规制工具更能实现新型规制的需要。现代市场是集聚大量公私主体和产品的商品市场,其相关市场亦是边界模糊和多维度的。现代规制则是以市场信息为基础的规制,通过市场性信号而不是命令性的指令来寻求被规制者行为的改变。[③] 协会是因行业、产品等共同特征组合起来的共同体,相较公权机构而言,它们更易观察和收集市场运营过程中的关键信息。[④] 因此,合作治理型规制是对规制主体权力(利)属性的整合以及信息资源的聚合,这种更为合作、互动性的规制方式更能满足当下的规制需要。

3. 制度激励型规制工具

制度激励型规制工具是在克服控制命令型规制和合作治理型规制缺陷的基础上,以利益诱导等方式改变市场主体行为导向,辅助规制机构实现规制目标的手段。在制度激励型规制工具的应用中,前述两种规制模式的局限性则转变为一种比较优势:其一,此种对被规制者的激励建立在市场主体本身所尽享的专业知识和商业信息基础上,将由于信息不对称所可能引致的负外部性内部化。其二,制度激励型规制工具的应用是一种具有灵活性的软性规制,其作为激励的效用函数十分多元(价格、利润、评价等均可),表现形式灵活多变,且可以根据效用函数的改变来对激励强度进行调整,

---

① 段礼乐:《市场规制工具研究》,清华大学出版社 2018 年版,第 93 ~ 94 页。

② Jody Freeman, “Extending Public Law Norms through Privatization”, *Harvard Law Review*, 2003, p. 1285.

③ 李军超:《基于第三方认证的社会性规制:一个合作治理的视角》,载《江西社会科学》2015 年第 7 期。

④ 宋华琳:《论政府规制中的合作治理》,载《政治与法律》2016 年第 8 期。

实现规制体系的激励相容。其三,制度激励型规制工具的种类可以根据效用函数作出多样化的设定,这为规制创新提供了跨行业、多主体、多类型的制度空间。

4. 非正式规制工具

规制工具是分层次的,这里的层次不是指规制工具的优劣高下,而是指在不同情况下,规制工具的应用存在优先性问题。能力强、执法资源富足的规制机构则会较多付诸正式的规制手段,如命令控制型规制工具中的标准抑或是制度激励型规制中的税收优惠。当规制机构能力不足或资源匮乏时,则会更多地考虑非正式规制工具,通常体现为说服、谈判、拉拢等。当然,这也并非非正式规制工具应用的充分必要条件。非正式规制工具的定义是开放性的,它既包含在规制方案制定过程中没有被提及然而在实践中经常被使用的工具,还包含实践中正式工具因各种因素而被非正式使用的工具。

其一,非正式规制工具的实现具有灵活性、阶段性的特征,这对于增强规制工具的弹性具有重要作用。规制强度、规制工具的选择需要与规制环境相匹配。完善的产业结构下,对市场效率的促进需要依赖更高强度的正式规制工具。市场发育初期或产业结构欠缺时,加强非正式规制工具有助于释放产业结构对市场效率的正向推动作用。土地经营权市场自"三权分置"政策实施以来逐步以地方试点的形式开展,尚处于市场制度实践与环境都薄弱的初期阶段,农户交易意识、市场主体信心、行业协会功能等层面都处于模糊建构阶段,因而需要非正式规制工具予以灵活应对。① 其二,置于规制工具体系视野下,非正式规制工具的功能优势还在规制工具的兜底性,以解决特定规制问题。不同级别、不同类型规制机构的规制任务、规制理念、规制技术、信息来源不同,在推行规制目标的过程中,需要借由非正式规制工具中的磋商、利益联结、谈判来实现规制合力,以填补规制罅隙。此外,规制目标同样存在时效性、阶段性、差异性,非正式规制工具以其利益配置的快速性、规制方案的针对性、规制实现的及时性予以有效应对,实现规制工具体系的兜底功能。

(三)规制工具的功能限度

从理论上来讲,如果规制工具体系的功能得到应然性的发挥,规制目标的实现则是水到渠成。但也正因为规制工具体系下的次级规制工具是各自独立的,功能层面存在差异甚至相异,因此也就有必要理清各规制工具的功能限度。②

---

① 向超、张新民:《土地经营权市场准入规制的制度检视与路径优化》,载《商业研究》2019年第10期。

② 何兴邦:《环境规制与城镇居民收入不平等——基于异质性规制工具的视角》,载《财经论丛》2019年第6期。

1. 命令控制型规制工具

一方面,命令控制型规制工具具有较高的实施成本。该工具在实施方式上采用直接改变权利配置和利益分配,如果规制不当,极易对私权产生不当干预。因此,在规制作出时需要大量的信息来判断目标群体的行为特征,受到市场信息的高度约束,具有较高的信息成本。此外,命令控制型规制工具基于其强制性、命令性和可苛责性,其执行效果是确保制度目标实现的关键。那么,执行成本在很大程度上决定了命令控制型规制工具的制度效果。另一方面,命令控制型规制工具不利于市场主体自主运营和创新。该类规制工具目标明确、强制性高、约束性强,通常体现为附条件允许或禁令,传导至市场主体层面则体现为市场行为的范畴约束。这在一定程度上压缩了市场主体进行运营决策的自主选择空间,不利于创新。

2. 合作治理型规制工具

合作治理型规制工具的应用在本质上即公权机构对规制权力的让渡,使规制行为的作出和执行是共同决策的结果。这种对规制强度的软化本身是对传统刚性规制的改进,但这种公权柔性化是否会削弱规制的约束力和威慑力,仍需要市场实践的检验。其一,合作治理型规制工具可能促使规制合谋,行业协会(第三方组织)可能成为权力寻租的桥梁。合作治理型规制的基础是信息不对称下信息共享和规制分担,同样,这种固有的信息不对称亦是规制合谋的信息基础。在公权机构、行业协会、市场主体的三层委托代理链中,有限理性作为客观条件难以被克服。那么,合作治理型规制囿于缺乏必要的程序机制,将导致这类规制工具走向异化甚至功能丧失。在此过程中,行业协会(第三方组织)缩短了市场主体与规制机构的"合谋"距离,成为权力"寻租"的桥梁。其二,行业协会(第三方组织)可能仅仅简单化地理解参与,无法发挥信息优势的功能。当下的政府规制中,行业协会(第三方组织)参与规制并不少见,但无论从政府角度还是行业协会(第三方组织)角度均还存在制度失效的空间。从政府有限理性的角度,此种参与可能是满足公众参与、民主决策等硬性要求而在规制形式上所作之"粉饰"。亦可能由于政府对命令控制型规制的路径依赖,为排除"权力制约"有意降低行业协会(第三方组织)的参与度和参与效果。从行业协会(第三方组织)的角度,上述主体则可能持以"搭便车"心理,没有以利益相关者的角色参与市场规制,也更难以自愿地肩负起实现公共目标的责任。

3. 制度激励型规制工具

对土地经营权市场实施制度激励型规制并非简单的利益给予或让与,或提供一系列的激励措施及政策,而是如何通过权衡制度激励与规制成本以及各地土地经营权市场的治理情况,因地制宜地赋予相容性的激励规制。因此,如何科学正确地权衡市场情况、激励强度、规制成本是制度激励型规制的难点之一,而这亦是制度本身的风险所在。恰当的激励强度是规制工具发挥作用的前提,而市场发育程度、规制成本是拟定恰当激励强度的核心因素。因此,制度激励型规制工具的应用需要对上述因素进行准确有效的分析,避免激励过度或激励失灵,这对政府的治理能力提出了比较高的要求。

如何在激励规制工具的生成过程中实现国家层面立法与地方层面立法的互动,是制度激励型规制工具设计的难点之二。其关涉土地经营权市场规制的立法面临诸多难题,国家层面的立法因正值改革尚需长远打算,《土地管理法》的修订以及《农村土地经营权流转管理办法(修订草案征求意见稿)》的出台虽然实现了立法规范的重要一步,然离规制目标仍任重道远。地方政府出于土地财政的考虑,对土地经营权的流转现状持积极态度,抑或是上位立法的缺乏抑制了地方立法的创新空间,整体上没有实质性的突破。因此,地方与国家层面的制度创新难以形成双向互动,创新的方向和空间问题是制度激励型规制工具生成与实现的重大遗憾。

4. 非正式规制工具

非正式规制工具显然有其局限性,这种局限与其优势是相辅相成的,如何权衡此种博弈是工具实施的难点。从规范意义上理解,非正式规制工具具有更多的反身性或回应性。① 其规制结构和程序与规制预期在很大程度上存在偏离的可能,且这种确证需要留在个案中解决。这种对规制程序的"虚化"和规制强度的"软"化可能造成我们对规制的界定过于宽松,以至于我们无法区分不同的规制形式,并对国家治理能力产生怀疑。此外,非正式规制工具作为正式规制工具的补充,这种趋势可能会使我们质疑程序控制的工具主义理念,转而更为关注以更为复杂的规制方案来实施间接控制,从而背离类型化规制的制度初衷。②

另外,由于非正式规制工具的间接性规制特征,普遍性规制效果的产生具有滞后性。虽然非正式规制工具擅长于应对个案规制,但规制作为社会治理的重要方式始终需要提炼、优化进而体系化。因此,难以形成普遍性的规制效果是非正式规制工具应用的局限之一。例如,在环境规制领域,环境信息披露对生产技术的影响相对于排污收费等正式规制手段更为缓慢,滞后时间可达2年。③

---

① See Gunther Teubner, "Substantive and Reflexive Elements in Modern Law", *Law and Society Review*, 1983, p. 239.

② 参见[英]科林·斯科特:《规制、治理与法律:前沿问题研究》,安永康译,清华大学出版社2018年版,第57页。

③ 贾瑞跃、魏玖长、赵定涛:《环境规制和生产技术进步:基于规制工具视角的实证分析》,载《中国科学技术大学学报》2013年第3期。

四、土地经营权市场规制工具的选择与应用

(一)土地经营权市场规制工具配置的基本原理

关于土地经营权市场规制的工具配置,学界在研究上少有涉及,也更难以论及工具配置的原理性共识问题。然综观相关领域的研究成果可知,工具配置的原理与方法仍不乏可资借鉴的经验。这些成果虽然存在角度差异、学科界别,但整体上也呈现成本收益原理、体系性配置原理、工具适应性原理等维度的基本原理取向。① 职是之故,以土地经营权市场的特性为基础,借鉴相关领域的智识,明确土地经营权市场规制工具配置的基本原理应为体系性配置原理、组合性配置原理、倾斜性配置原理、包容性配置原理。

第一,规制工具的配置应以土地经营权市场的整体性需求为考量基点,秉持体系性配置的理念。土地经营权市场的法律规制关涉乡村振兴、城乡融合、农业产业化等众多宏观利益,并直接影响数亿承包农户的利益关系,被动的“头痛医头,脚痛医脚”式改革难以有效协调改革发展中的众多问题。市场规制工具的配置理应是注重市场整体性需求,秉持内外部体系协调原则的配置方案。一方面,塑造融合、宏观回应型的内部体系构造,明确工具配置的价值取向。唯有如此,才能保持法律规制的规范弹性和制度活力,并实现内部体系外显以及指导外部体系的实定化。另一方面,则需要以法定化的方式确定规制工具的外部体系,辅以软法的规范功能,促进各规制工具的适时替代和良性互动。此外,以工具的类型化为基础,合理配置命令型、合作型、激励型规制工具体系。并以规制目标为导向,实现规制工具与次级规制工具的整合。

第二,规制工具的配置应凝练各工具的功能优势,以工具类型化为基础,注重规制工具、工具类型与工具层级的组合性配置。规制目标的多元性与复杂性、规制工具的功能与机理差异共同决定了规制工具组合配置的必然性。正如有学者认为,“没有一种政策工具能单独发挥作用”。② 同样,良好的规制工具组合能够弥补单个工具应用的缺陷,并通过产生新的特性和功能来扩大规制工具的适用范围,进而提高规制的整体

---

① 例如,有学者指出,针对互联网金融平台,在配置信息规制工具时应当定位于系统性配置原理、组合性配置原理与倾斜性配置原理;亦有学者认为,在规制信息不对称问题时,应秉持交易成本原理、系统性原理、组合性原理、配比原理来配置规制工具。参见李安安:《互联网金融平台的信息规制:工具、模式与法律变革》,载《社会科学》2018 年第 10 期;邢会强:《信息不对称的法律规制——民商法与经济法的视角》,载《法制与社会发展》2013 年第 2 期。

② 王辉:《政策工具选择与运用的逻辑严谨》,载《公共管理学报》2014 年第 3 期。

效能。[①] 规制工具的组合可呈现以下两个层面:(1)规制工具类型之间的组合;(2)规制工具之间的组合、规制工具与次级规制工具之间的组合、次级规制工具之间的组合。且理论上讲,规制工具的组合可达无穷多种。然无论何种规制工具本身或者组合,它们一经设计和选用,便要随着土地经营权市场的发展变化而因应性地作出调整、修改、补充以及更新,以适应新的市场发展环境。因此,规制工具的组合配置需要在基本原理的指导下进行,以实现规制工具的体系性整合。

第三,规制工具的配置应以产业地位、市场行情为基础,以倾斜性配置原理实现市场规范发展和产业新兴。现代市场体制下,经济社会化程度非常高,使以"社会本位"为理念的经济法律制度的治理地位得到了提升。[②] 这一方面是基于以"国家干预"为手段的经济法治善于发现并克服经济发展中的宏观风险;另一方面是经济法律制度体系中的众多部门法关注市场主体的微观行为,并以干预性的法律制度对市场风险予以消解。一方面,土地经营权市场规制工具的倾斜性配置要回应"社会本位"的经济法治理念,关注土地经营权市场产业的弱质化、政策化特征。以产业层面予以关注,并倾斜性配置规制工具,如改善土地经营权市场的规制环境,强化农地经营行业保护性规制制度。另一方面,土地经营权市场主体在组织程度、经济实力方面差距明显,应以倾斜性配置原理保护交易弱势方,维护市场稳定。

第四,规制工具的配置应明确市场的阶段性本质,迎合市场发展与改革的制度需求,秉持规制工具配置的包容性原理,并吸纳相关市场的创新规制工具。农地用益市场囿于产权主体复杂性、产业发展特殊性、国家政策高度关注性等特征,市场行为具有对相关市场及社会稳定的强大传导性。这就要求我们延伸和扩展市场规制的起点、形式乃至强度,以更有效的实现规制。其一,对规制逻辑的链条予以延展,强化事前(预防)规制的效能,构建"事前+事中事后"规制体系,实现规制过程的包容性创新。其二,创新工具形式,合理借鉴其他市场的规制工具。如约谈制度、企业负面清单制度等。其三,从规制强度来看,则应沿袭世界经验的规制脉络:市场初期采取直接规制,市场发展阶段采取直接规制与间接规制的混合规制模式。[③] 其表现形式应包含规制强度柔性化趋向与多元主体的规制参与。

(二)土地经营权市场规制工具的应用改进:以类型化规制为进路

规制工具的优化配置是选择和应用规制工具的基本原则。虽然在欧盟和美国范

---

① 唐庆鹏、钱再见:《公共危机治理中的政策工具:型构、选择及应用》,载《中国行政管理》2013年第5期。

② 李昌麒:《经济法学》,法律出版社2016年版,第179页。

③ 向超:《论土地经营权市场分类规制的理念与模式》,载《学习与实践》2017年第12期。

围内已经出现制定一般化规则的趋势,以减少工具选用的复杂性。① 然这种原则为基础的规制趋势没有经受住2008年全球金融危机的考验,以致淡出规制研究的范畴。当然,有解释认为此种方案忽视了一些确保规制有效的重要因素,如规制者与被规制者的行为导向。② 土地经营权市场致力于探明农地市场化的基本路径,乡村振兴始终是农地制度改革的核心要义。因此,于本研究主旨而言,这些重要因素理应蕴含土地经营权市场的规制前提与规制方法。

1. 规制前提:土地经营权市场与规制工具特性间的规律

规制工具的选择是一个由经验到理性的过程。且从理性的角度而言,这种选择是一个最优化的问题,规制机构应从规制目标、规制环境与规制工具的匹配性上来思考,选择最佳实现其目的的工具。③ 当下的土地经营权市场规制同样是经验主义主导的规制模式,虽然在工具的应用上逐渐多样化,但这种工具使用仍然是粗放式的,且在一定程度上保留了传统规制工具主义的守旧色彩,无法实现"三权分置"的预设目标。从本源上讲,工具主义的诟病在于对规制机构对规制权力的迷恋,而非以规制目标为导向,以规制环境为前提。因此,在土地经营权市场规制的优化方案中,应以市场与规制工具特性间的规律为基础和前提,实现深度规制与融合规制。继前文分析,正值改革的土地经营权市场在形态上是多样化的,这不仅表现为交易标的层面的多样化,还体现在整个市场的成熟度方面。基于农地区位、经营形式等方面的差异,以市场成熟度为标准,可将当前的同样的经营权市场分为原生型土地经营权市场、发展型土地经营权市场与成熟型土地经营权市场。原生型土地经营权市场即本市场中的农户大都以经营承包地为基本生存方式,存在的市场交易也主要为农户间的互助性互换、出租等形式。此种市场类型在市场程度方面处于初级市场,经济性较差,推行"三权分置"类土地经营权市场难度较大。发展型土地经营权市场即农地经营者大多处于农业兼业状态,承包地并非其主要家庭收入来源,对于土地经营权的流转持观望或议价阶段。成熟型土地经营权市场即土地经营权已经进入线上、线下的交易平台,市场具有清晰的标的来源和交易规则,对推行"三权分置"具有成熟的制度准备。根据土地经营权市场的形态,规制工具应当采取不同的规制策略。对原生互助型土地经营权市场,应当采取约束性较强命令控制型规制工具保障其农业经营的稳定性,并辅以合作治理型与制

---

① See John Braithwaite, "Rules and Principles: A Theory of Legal Certainty", *Australian Journal of Legal Philosophy*, 2002, p. 47.

② See Julia Black, "The Rise, Fall and Fate of Principles-Based Regulation", *SSRN Electronic Journal*, 2010, pp. 2-3.

③ 丁煌、杨代福:《政策工具选择的视角、研究途径与模型建构》,载《公共政策》2009年第3期。

度激励型规制工具,为市场进化做适当准备。对于发展型土地经营权市场,则应以制度激励型规制工具为主,辅以合作治理型与非正式规制工具扩大市场接受度,实现规制目标。囿于成熟型土地经营权市场具有较高的市场性,则应保障市场规律的干预作用,采取命令控制型规制工具以预防市场系统性风险(见表4)。

表4　土地经营权市场与规制工具之匹配

土地经营权市场类型	原生型	发展型	成熟型
规制工具类型	命令控制型规制为主 合作治理型与制度激励型规制为辅	制度激励型为主 合作治理型与非正式规制工具为辅	命令控制型为主

当然,土地经营权市场亦存在许多共性的问题,如市场化程度整体不高、产业发展不均衡、规制主体公信力不足等。然这种共性是相对的,因为当这些问题驻足于土地经营权市场时就已经决定了问题解决的基本前提:基本农情下的农民利益保护与改革目标所追求的农业优化经营。这既是土地经营权市场的内在价值,亦是规制工具发挥作用的基本前提。

2. 规制方法:规制工具间的组合配置应用——以工具类型化为例

规制工具的选择与配置在于寻找与土地经营权市场失灵相契合之工具,因此,这项工作的进行应当在整个市场规制工具体系下进行,这构成了规制工具组合配置应用的制度基础。规制工具的组合配置应用较早地出现在环境规制领域,而后受到多个学科的重视并被其采用。于法学领域而言,多位学者在消费者保护、养老保障、金融市场等领域对其予以明确及采用。① 如同文明的多样性一样,市场规制的形态也是多种多样的,这同样反映在工具组合的多样性方面。② 组合的多样性可以类型化为:工具类型组合、工具强度组合、工具之间乃至次级工具之间的组合。以工具类型组合为例,因为规制工具的类型组合能够提高规制绩效,而我们的任务就是要找到哪种组合能够在某个时点上或在不同时期产生合意的结果。③ 因此,从规制类型的维度,针对不同的规

---

① 参见应飞虎:《消费者立法中的信息工具》,载《中国社会科学》2019年第2期;杨复卫:《支持养老产业发展的财税政策工具选择与应用研究》,载《西南大学学报》(社会科学版)2017年第6期;段礼乐:《市场规制工具研究》,清华大学出版社2018年版,第261～277页。

② 王首杰:《激励性规制:市场准入的策略?——对"专车"规制的一种理论回应》,载《法学评论》2017年第3期。

③ 参见[美]盖多·卡拉布雷西、菲利普·伯比特:《悲剧性选择——对稀缺资源进行悲剧性分配时社会所遭遇的冲突》,徐品飞译,北京大学出版社2005年版,第2页。

制阶段、不同的规制目标,也存在不同的规制工具配置策略。以土地经营权市场之特性为基础,可基本厘清各类型规制工具于本市场的分工(见表5)。针对主体资格领域、市场准入领域需要配置命令控制型规制工具的前提下,组合配置制度激励型规制工具。原因即在于命令控制型规制工具可以对市场主体的资格和准入作基本的甄别和筛选,以防范市场秩序的系统性失范,而制度激励型规制对于土地经营权市场类新兴市场而言则是实现创新和节省规制成本的最佳选择。针对土地经营权市场退出规制则应配置命令控制型规制工具与合作治理型规制工具,在公权机构与行业协会的规则指引下实现退出合法、合理、合情,这是基本农情下农村社会稳定的需要。

表5 工具类型组合配置的适用空间

规制领域	工具类型的组合配置
主体资格	命令控制型规制工具、制度激励型规制工具
市场准入	制度激励型规制工具、合作治理型规制工具
市场运行	合作治理型规制工具、非正式规制工具
价格规制	命令控制型规制工具、合作治理型规制工具
市场退出	命令控制型规制工具、合作治理型规制工具

规制工具的配置组合本身并非一个纯技术问题,且土地经营权市场的创设型本质加剧了制度选择的复合型。技术参数、权力(利)博弈、工具替代性、规制偏好等因素均影响着规制工具组的形成。因此,需要对关键性影响因素进行评估,并力图确立规制工具组合应用的一般性原则或规则。以土地经营权市场规制目标为追求,需要立足于规制工具的特性、工具替代性分析、市场主体遵从度、规制偏好的避免等因素的正确评估,才有可能配置出正确的规制工具组合,从而推动土地经营权市场的发展(见图1)。

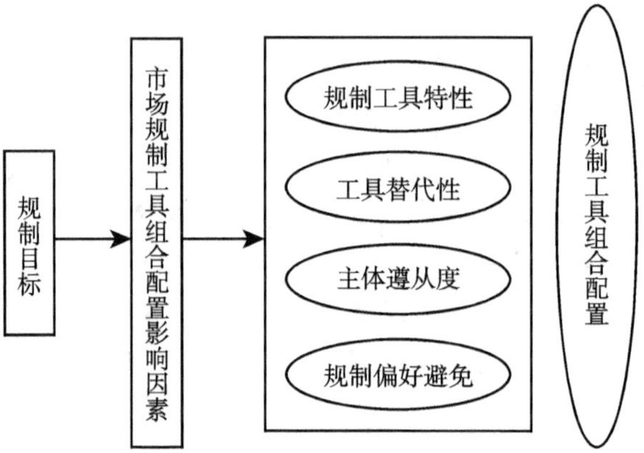

图1 土地经营权市场规制工具组合配置模型

第一,规制工具的特性。从工具组合配置的角度出发,规制工具的特性既需要考究单个规制工具的特性,还需要考虑所适用的规制工具类型之特性。这种特性除前文所述之功能优势及限度外,还应注重评估工具强度。不合理的工具强度往往会使市场陷入规制窘境,其负外部性甚至可能大于规制需求。

第二,工具替代性分析。工具替代性概念是在共同规制的框架之下引入的,指某种规制工具对某种规制工具的替代不影响规制效果,并能达到共同的规制目标。① 工具替代性要求这种替代不以规制主体、工具类型、工具强度等因素的刚性指定为要求,具有灵活性强、反应及时、规制成本低等优势。在土地经营权市场中,多个规制工具对某个规制目标存在趋同性。例如,关于农业企业激励,除了制度激励型规制类型中的财政补贴,还可采取降低准入门槛的方式,促进农业企业参与土地经营权市场。因此,规制工具的组合配置中,需要评估各个工具的替代性分析,以避免规制功能的重叠的同时实现规制功能的互补。

第三,市场主体遵从度。市场主体遵从度不仅是规制工具生效的主要方式,亦是规制工具的目标指向。规制工具关涉多个市场主体,市场主体的种类、数量同样会影响规制工具的选择与配置。规制工具正是通过影响市场主体的利益结构,从而改变市场主体的行为选择,以实现规制目标。

第四,规制偏好的避免。在市场规制的工具体系中,有一部分工具是政府的规制工具,如土地经营权市场中的认证、审批制度,这与传统的土地市场管制思维密切相关。"三权分置"下,土地经营权市场需要在理念层面实现"管制"到"规制"的转变,并

---

① See Saurwein F.,"Regulatory Choice for Alternative Modes of Regulation:How Context Matters",*Law & Policy*,2011,pp. 334 – 366.

更多地体现市场化权利的规制制度。因此,规制偏好的避免在本市场的规制工具选择中尤为重要。

五、结语

市场是一个动态的过程,由市场问题决定的规制工具也应当是动态的。这种观点在工具多元化、工具类型化以及工具组合配置的分析中得到了印证。而动态化的市场过程所衍生的复合化市场失灵问题淡化了市场规制形态的界分标准,这是由单个或单类型的市场规制工具所存在的功能缺陷所决定的。体现在土地经营权市场,即表征为工具创新的非正式化方向、工具强度的柔性化转变、工具类型的组合配置化趋势。因而,基于类型化界分而提出的土地经营权市场规制工具配置的基本原理与基本方法不仅是问题导向型的研究,还有益于深化和挖掘规制工具的技术理性,从而形成一般性规则。

反不正当竞争法

网络直播平台恶意“挖角”行为的反不正当竞争法分析*

叶　明** 朱佳佳***

目　次

一、问题的提出

随着“互联网＋”与共享经济时代的到来，网络直播作为一种新兴媒体传播技术迅速崛起，但问题也随之而来。由于网络直播市场缺乏应对机制，相关部门管控效果不明显，使直播行业乱象丛生。网络直播红利期过后，直播行业进入了残酷的淘汰阶段。① 为了在竞争中获取最终胜利，一些网络直播平台恶意竞争，虚假宣传，相互诋毁商誉；部分主播明争暗斗，手段低劣。如今很多平台“兵败如山倒”，比如，熊猫 TV、全民 TV 等平台因资金链断裂被迫关停，也有一些平台“半路杀出”，如花椒 App、快手 App、抖音 App 等都开放全民直播。尽管直播行业发展越发多元化，但这并不代表直播

* 基金项目：国家社科基金重大项目（18ZDA150）；重庆市研究生科研创新项目（CYS19147）。

** 西南政法大学经济法学院教授。

*** 西南政法大学市场经济法制研究中心助理研究员。

① 参见《2017～2022 年中国直播平台市场行情动态及发展前景预测报告》，载产业信息网：https://www.chyxx.com/research/201609/453480.html，最后访问日期：2020 年 5 月 20 日。

行业已经规范化。在这硝烟未散的战场上,网络直播行业旧有问题尚待解决,新兴问题又层出不穷。其中,平台挖人行为屡禁不止,主播跳槽现象屡见不鲜。例如,斗鱼TV、虎牙TV等直播平台相互“挖角”,网络主播因受优厚待遇利诱接连跳槽。平台为防止主播跳槽,纷纷与主播约定高额违约金条款。例如,在曾经轰动一时的“直播违约第一案”①中,赔偿违约金高达8522万元,堪称“天价违约金”。②

网络主播在直播平台发布直播内容,用户通过关注主播成为粉丝,用户与主播之间产生黏性,基于此种关系,拥有大量粉丝的主播在平台中处于核心地位,而拥有优质主播的数量决定平台的竞争优势和发展状况。因而一些平台为打压竞争对手,通过许诺支付高薪等方式,利诱具有一定知名度且与原平台未解约的主播离开原平台,此即网络直播平台恶意“挖角”行为。目前,该类纠纷并无成熟的解决方法,起初是按照合同纠纷处理,后来出现了反不正当竞争之诉。通过无讼软件的搜索,以“主播跳槽”“网络平台”为关键词,经过筛选和整理,发现了22例案例,如表1所示。这些都是平台高薪挖角知名主播的案例,然而仅有1例是著作权侵权以及反不正当侵权之诉,其余皆为违约之诉。为防止主播跳槽和减少损失,网络直播平台希望通过高额违约金条款来约束主播。尽管违约金金额不断刷新,但“挖角”行为却愈演愈烈,导致网络直播行业“乌烟瘴气”,更多平台不愿再花费成本培养主播,转而选择“挖角”这条捷径。

表1 网络直播平台恶意“挖角”主播诉讼类型

单位:万元

序号	案件	诉讼类型	赔偿金额
1	上海脉淼信息科技有限公司与谭某某合同纠纷	违约之诉	40
2	蔺某某、广州虎牙信息科技有限公司服务合同纠纷	违约之诉	54
3	上海熊猫互娱文化有限公司与杨某某合同纠纷	违约之诉	60
4	朱某某、广州虎牙信息科技有限公司合同纠纷	违约之诉	70.2
5	武汉鱼趣网络科技有限公司与上海炫魔网络科技有限公司、上海脉淼信息科技有限公司等著作权权属、侵权纠纷	侵权之诉	90
6	杭州战旗网络科技有限公司与徐某某其他合同纠纷	违约之诉	100
7	杭州战旗网络科技有限公司与张某合同纠纷	违约之诉	130

① 2017年,主播“韦神”被虎牙直播平台“挖角”,“韦神”私自从斗鱼TV跳槽到虎牙直播,引发诉讼。最终湖北省高级人民法院判决“韦神”向斗鱼TV支付违约金8522万元,是国内直播行业违约金最高的跳槽案。

② 参见湖北省高级人民法院民事判决书,(2019)鄂民初32号。

续表

序号	案件	诉讼类型	赔偿金额
8	深圳白驹网络科技有限公司与王某合同纠纷	违约之诉	192
9	广州虎牙信息科技有限公司、高某网络服务合同纠纷	违约之诉	200
10	上海熊猫互娱文化有限公司与王某合同纠纷	违约之诉	250
11	深圳白驹网络科技有限公司与肖某某合同纠纷	违约之诉	250
12	张某某与深圳市腾讯计算机系统有限公司、武汉斗鱼网络科技有限公司合同纠纷	违约之诉	300
13	武汉鱼趣网络科技有限公司与尹某合同纠纷	违约之诉	336
14	曹某、广州斗鱼网络科技有限公司合同纠纷	违约之诉	360
15	广州虎牙信息科技有限公司、唐某某服务合同纠纷	违约之诉	450
16	章某、广州虎牙信息科技有限公司合同纠纷	违约之诉	500
17	武汉斗鱼网络科技有限公司与王某合同纠纷	违约之诉	653.101
18	陈某某、武汉鱼行天下文化传媒有限公司合同纠纷	违约之诉	720
19	广州斗鱼网络科技有限公司、深圳白驹网络科技有限公司等与鲍某合同纠纷	违约之诉	1500
20	深圳白驹网络科技有限公司、沈某合同纠纷	违约之诉	1500
21	江某某、广州虎牙信息科技有限公司网络服务合同纠纷	违约之诉	4900
22	韦某、武汉鱼行天下文化传媒有限公司合同纠纷	违约之诉	8522

通过对文献的检索可以发现,研究网络直播平台恶意“挖角”行为的文献较少且观点各异。有学者指出,反不正当竞争法规制网络直播平台恶意“挖角”行为不具备必要性和可行性,应当采用合同法进行规制。① 也有学者认为高薪“挖角”并不会给平台造成根本性损害,反而有可能促进直播行业的创新和活力,增进消费者福利,因而反不正当竞争法无介入的必要。② 有法官则认为反不正当竞争法有介入的必要性和现实性,反不正当竞争法与合同法的协调可有效防止恶意“挖角”行为。③ 综观学界相关研究,

① 参见方雅蔚:《网络直播平台恶意挖角行为的法律分析》,载《北京政法职业学院学报》2018 年第 3 期。

② 参见黄钟玲:《网络游戏主播跳槽不正当竞争问题分析》,载微信公众号“青苗法鸣”:https://mp.weixin.qq.com/s/pCZ5if1VcJFgeWenPK9Ckg,最后访问日期:2020 年 5 月 20 日。

③ 参见余杰:《反不正当竞争法视野下网络主播跳槽问题研究》,载《人民司法(应用)》2018 年第 10 期。

可以发现存在以下问题:对网络直播平台恶意“挖角”行为的定义不清晰,定性不统一,采用何种法律规制也是众说纷纭,对反不正当竞争法介入之必要性和可行性分析仍不透彻,有关的责任赔偿问题也未妥善解决。在此背景下,本文从反不正当竞争法视角对网络直播平台恶意“挖角”行为进行分析,旨在更好地厘清此种行为的性质,有效规制此类行为。

二、反不正当竞争法规制网络直播平台恶意“挖角”行为的依据

从既有案例可以发现,网络直播平台常规的维权做法是起诉主播违约,很少起诉“挖角”平台著作权侵权或不正当竞争侵权。尽管违约赔偿金额越来越高,但这一现象并未得到有效的规制。网络直播平台相互之间大肆“挖角”,导致“劣币驱逐良币”,网络直播市场竞争秩序混乱不堪。这种现象让我们不得不思考:采用何种部门法规制网络直播平台恶意“挖角”行为更合适。

(一)合同法与著作权法规制的不足

1. 合同法规制的片面性

对于这类案件,司法实践中平台常常会起诉主播违约,但违约责任并不能很好地规制“挖角”平台。第一,设立违约金的目的主要为填补对方损失,是为了鼓励履约,而非严厉惩处违约方。一味地依赖提高违约金金额来限制主播跳槽,不符合违约金的设立目的,支持高额违约金条款会损害主播的权益。第二,基于合同的相对性和私益保护性质,采用合同法并不能直接惩罚“挖角”平台,只能通过对主播的处罚间接惩罚“挖角”平台。由于很多情况下是由主播自身承担赔偿责任,这对“挖角”平台难以形成实质性的惩罚,即使由平台替“挖角”主播承担,违约金跟平台的未来利益相比,可谓“九牛一毛”。而且一般而言合同法属于私法,主要关注个体利益,并不会太多考虑市场竞争秩序,因此,仅追究违约责任难以遏制“挖角”平台的“挖角”动机。第三,违约金不能从根本上解决问题,对于“挖角”平台来说,主播作为直播平台的核心资源,其他平台通过“挖角”主播获取竞争优势,同时还能削弱竞争对手的实力,可谓“一箭双雕”。这就造成恶意“挖角”行为日益猖獗,市场竞争秩序杂乱无章。因此,通过合同法规制“挖角”行为无异于“剜肉补疮”,只能暂时弥补平台的部分损失,无法治标治本,不利于网络直播行业的发展。

2. 著作权法规制的局限性

司法实践中,有一些平台认为恶意“挖角”行为构成著作权侵权。比如,在“武汉鱼趣网络科技有限公司与上海炫魔网络科技有限公司、上海脉淼信息科技有限公司等著

作权权属、侵权纠纷案”(以下简称“鱼趣与炫魔、脉淼案”)①中,鱼趣公司认为其对主播朱某的游戏解说直播作品享有著作权,从而认为朱某在全民TV等直播平台直播侵犯其著作权。然而网络直播画面及视频是否属于作品,其权属关系又该如何认定,这些问题至今仍争议不休,因而采用著作权法规制具有较大的局限性。

第一,著作权法的规制存在前提条件,即主播跳槽到“挖角”平台进行直播。如果主播尚未在“挖角”平台直播,就没有争议的网络直播画面和视频,就不存在著作权侵权的可能。但主播决定跳槽离开原平台时,损害就已发生,已经成立恶意“挖角”行为,此时主播尚未在“挖角”平台进行直播,著作权法是无法进行规制的,所以著作权规制恶意“挖角”行为存在一定的局限性。

第二,目前,著作权法并未将网络直播画面和视频单独列为一种类型化的作品,其能否成为著作权法上的作品主要取决于独创性要求。然而有关独创性的定义及其标准缺乏统一规定,对于独创性判断仍存争议。传统作品独创性的判断尚且存在争议,网络直播画面的独创性争议就更大。以网络游戏直播为例,有学者认为,游戏玩家参与电子竞技主要是为了赢得比赛,而非创作,从而得出游戏直播画面不属于作品。② 但部分学者主张直播画面是著作权法规定的作品,认为直播画面包含游戏主播对游戏操作的讲解、表演等一系列创造性的劳动,游戏直播画面类似电影作品。③ 也有学者认为,应当视情况讨论网游直播画面的作品属性。④ 类似学术界,司法实践中判决也各有不同。总之,我国有关独创性的标准仍存在较大的缺陷,网络直播画面相对传统作品又具有诸多的差异性和特殊性,因而对网络直播画面的独创性判断难乎其难,而独创性的判断又因网络直播类型的不同而有所区别。由此可见,网络直播画面的独创性判断可谓困难重重,而只有当其具有独创性构成作品时,著作权法才有可能对网络直播平台恶意“挖角”行为进行规制。

第三,即使将网络直播画面或视频视为作品,其权属关系也面临复杂的认定过程。网络直播涉及的利益主体众多,权利分配不明确,致使著作权人难以确定。就恶意“挖角”行为而言,著作权归属关系是判断能否构成著作权侵权的又一关键,是归原平台还是“挖角”平台,或者归属于主播所有,目前司法实践和学术界尚未有定论。

综上所述,合同法和著作权法规制网络直播平台恶意“挖角”行为均具有一定的局限性。

---

① 参见武汉市中级人民法院民事判决书,(2017)鄂01民终4950号。

② 参见黄玉铧、王骁:《论游戏直播画面的法律属性》,载《河南财经政法大学学报》2017年第4期。

③ 参见周高见、田小军、陈谦:《网络游戏直播的版权法律保护探讨》,载《中国版权》2016年第1期。

④ 参见崔国斌:《认真对待游戏著作权》,载《知识产权》2016年第2期。

(二)反不正当竞争法规制的优势

相较合同法和著作权法,反不正当竞争法具有双重规制功能。具体而言,反不正当竞争法不仅能规制恶意"挖角"行为,对有关市场主体利益进行救济,同时注重对网络直播市场竞争秩序的维护。网络直播平台之间恶意"挖角",其不仅侵害了被挖角平台的商业利益和竞争优势,更为严重的是,其破坏了网络直播行业经营模式和竞争秩序。平台实施恶意"挖角"的目的绝非仅是"挖角"主播,"挖角"主播只是一种手段,其实际目的是恶意竞争,通过"挖角"主播打压其他平台,并同时提升市场优势,获得垄断地位。在规制互联网直播平台恶意"挖角"行为时,反不正当竞争法存在以下优势:

1. 反不正当竞争法更注重对竞争秩序的保护

平台为了培养优质主播,需投入大量的人力、物力和财力,另一平台通过"挖角"主播来提升自己的竞争优势,削弱被"挖角"平台的竞争力,可谓"一石二鸟"。这种"低投入高产出"的投资极不公平,且实施"挖角"行为相比自主培养主播而言轻而易举,很容易导致平台将主要精力用于"挖角"主播,而不是培养优质主播和提升平台服务质量,这会影响网络直播行业的竞争活力和市场秩序。由于法本位的限制,以保护私主体利益为本位的著作权法和合同法对此束手无策,反不正当竞争法被视为构建有序竞争秩序的一办法,立足于竞争行为正当性和制止不正当竞争行为。[①] 相较著作权法和合同法,其不仅能追究恶意"挖角"平台的责任,对受损的平台进行补偿,而且能通过监管和行政处罚的方式对竞争秩序进行合理的保护。

2. 反不正当竞争法加强了对消费者利益的保护

网络直播平台以"流量为王",用户流量是网络直播平台的命脉所在,主播的培养以及平台的发展皆为实现流量的最大化。平台之间恶意"挖角"也是为争夺流量,流量是消费者的集合,恶意"挖角"行为会损害消费者利益。反不正当竞争法通过预防和规制恶意"挖角"行为,确保消费者的合法权益不受侵害。反不正当竞争法通过维护公平和自由的竞争,使经营者以价格、质量为中心去争取消费者,消费者从而能获得物美价廉的商品或服务。[②] 一方面,主播在平台上的直播可被视为一种产品或服务,如果恶意"挖角"行为得不到约束,主播跳槽成性,这导致原平台的消费者不能够享受该产品或者服务,而不得不更换平台,这严重影响了消费者的体验感。而反不正当竞争法能够很好地规制此现象,保证消费者选择权的同时,也提高了消费质量。另一方面,网络直播基于互联网技术,其内容的发布可以不受时间和空间限制,一旦主播非法跳槽到"挖

---

① 参见董笃笃:《〈反不正当竞争法〉的定位与功能》,载《法治研究》2016年第4期。

② 孔祥俊:《反不正当竞争法新原理·总论》,法律出版社2019年版,第285页。

角”平台直播,危害结果会迅速扩大,粉丝可能会立马转投新平台,从而导致非理性消费。而作为公法机构的反不正当竞争执法机构能够对此迅速作出反应,及时制止不法行为,从而避免消费者冲动消费,减少“挖角”行为对消费者的不利影响。

三、网络直播平台恶意“挖角”行为的反不正当竞争法规制困境

虽然反不正当竞争法规制网络直播平台恶意“挖角”行为具有较多优势,但是由于各种原因,当前反不正当竞争法规制该类行为存在以下困境。

(一)一般条款适用的不确定性

网络直播平台恶意“挖角”行为并不属于《反不正当竞争法》第 2 章规定的类型化行为,只能根据该法第 2 条来判断是否属于不正当竞争行为。虽然《反不正当竞争法》第 2 条的性质颇有争议,但在司法实践中,尤其是在互联网不正当竞争纠纷中,其作为兜底条款长期起一般条款的作用。[①] 最高人民法院 2009 年在“海带配额案”[②]中确立了一般条款的适用条件:(1)法律对该种竞争行为未作出特别规定;(2)其他经营者的合法权益确因该竞争行为而受到了实际损害;(3)该种竞争行为因确属违反诚实信用原则和公认的商业道德而具有不正当性。依照这一标准,判断该行为成立不正当竞争行为的关键在于是否损害其他经营者的合法权益,是否违反诚实信用原则和公认的商业道德。虽然 2019 年《反不正当竞争法》对一般条款作了修改,重构了不正当竞争行为的认定模式,增加了利益衡量要素,改变了不正当竞争行为的利益优先考虑因素,[③]但并没有明确指出一般条款的判断标准,导致法官有较大的自由裁量权,在决策时多受个人道德感支配,最终竞争行为正当性判定的决定因素容易被法官的个人直觉支配,产生不同的审判结果。例如,在“鱼趣与炫魔、脉淼案”[④]中,一审法院仅笼统表述此行为违反“诚实信用原则”而判定成立不正当竞争行为,但并未对违反“诚实信用原则”进行充分说理,此判断忽略了司法裁判的严谨性。另外,该标准的判断核心在于是否违反诚实信用原则和商业道德,然而网络直播行业属于新兴市场领域,商业规则仍处于探索之中,诸多竞争行为是否违反商业道德并没有达成共识,加之网络直播市场注意力竞争的特性以及技术特性难以寻求道德共识,因而在适用一般条款规制恶意“挖角”行为时具有不确定性。

---

① 参见裴轶、来小鹏:《反不正当竞争法中一般条款与“互联网条款”的司法适用》,载《河南师范大学学报》(哲学社会科学版)2019 年第 4 期。

② 参见最高人民法院民事判决书,(2009)民申字第 1065 号。

③ 参见肖顺武:《网络游戏直播中不正当竞争行为的竞争法规制》,载《法商研究》2017 年第 5 期。

④ 参见武汉市中级人民法院民事判决书,(2017)鄂 01 民终 4950 号。

(二)责任赔偿标准难以确定

网络直播平台之所以青睐违约之诉,而极少提起反不正当竞争之诉,原因在于以下方面。

1. 直接损失难以确定

直接损失包括现有财产的损失和合理费用的支出。网络直播平台的损失多为非物质形态的损失,因此损失数额难以计算。[①] 例如,网络直播平台损失了主播资源和用户流量,此损失皆为非物质性损失,很难准确计算平台受损的具体金额。同时,合理费用支出的范围难以确定。网络直播平台在制止侵权行为、调查取证和防止损失扩大时的支出往往比较高,而《反不正当竞争法》第17条并未规定合理支出的概念和范围,导致合理支出难以得到充分赔偿。

2. 间接损失易被忽略

在互联网领域,因不正当竞争行为所导致的可期待利益损失往往大于直接损失。[②] 恶意"挖角"行为造成的损失主要体现在因平台用户数量的下降从而造成未来利益损失,间接损失要比直接损失大得多。而间接损失又缺乏计算标准,因而损失额很难确定。[③]《反不正当竞争法》及相关司法解释均未明确指出可期待利益损失的重要地位,并未明确将其纳入损害赔偿范围,[④]因此,法院对间接损失作出判决时难免有失偏颇,有时甚至不考虑间接损失。

3. 酌定考量因素模糊

《反不正当竞争法》第17条规定的赔偿标准,是依照原先所受损失—被告获利—酌定赔偿的标准逐次确定。互联网环境下对原告无形财产的侵害后果没有明确的判定界限而难以计算,[⑤]因而网络直播平台的实际损失难以确定,而对于被告所获利益,不能简单根据主播在"挖角"平台直播所获得的用户打赏来计算,"挖角"平台获得了新的流量和增值业务收入,而且收益是长期存在的,由于这些利益主要为非物质形态的利益,实践中难以准确计算,因此,一般需要法官通过酌定赔偿的方式来确定。而对于网络直播平台恶意"挖角"行为,酌定赔偿具体考量因素并不明确,酌定赔偿的本质是

① 参见谭俊:《论互联网行业不正当竞争的新特征及其法律规制》,载《电子知识产权》2014年第10期。

② 参见王艳芳:《〈反不正当竞争法〉在互联网不正当竞争案件中的适用》,载《法律适用》2014年第7期。

③ 参见吴太轩、罗淋尹:《互联网新型不正当竞争行为的损害赔偿责任研究》,载《经济法论坛》2016年第2期。

④ 参见范敦强、叶勇论:《商誉的反不正当竞争法保护》,载《知识产权》2013年第3期。

⑤ 参见吴太轩:《互联网不正当竞争案件酌定赔偿考量因素的实证研究——以312份法院判决为样本》,载《经济法论坛》2017年第1期。

法官行使自由裁量权，不同的法官判断标准不同，这可能造成“同案不同判”的情形。此外，司法实践中有的法官不能对酌定赔偿数额的确定进行充分说理，在说理时常常一笔带过，笼统表述为“综合考虑涉案侵权行为的性质和情节等因素，酌情确定赔偿数额”，这很难看出酌定赔偿数额是通过具体的考量因素计算得出，反而显得无理无据。

四、网络直播平台恶意“挖角”行为的反不正当竞争法规制对策

（一）细化一般条款的适用标准

《反不正当竞争法》一般条款的适用具有不确定性，判断网络直播平台恶意“挖角”行为是否违反一般条款时，为避免出现“同案不同判”以及类似案件的判断依据大相径庭的窘境，需要对一般条款的标准具体化和规范化。

依照一般条款认定不正当竞争行为虽缺乏列举性规定，但其实质要件和考量元素则存在于不正当竞争行为的界定之中，①因而对一般条款适用标准的把握须从法律条文本身出发。《反不正当竞争法》第 2 条第 2 款规定了三个要素：(1)所涉行为必须是市场行为或者市场竞争行为；(2)该行为违反了市场竞争原则和法律规定；(3)对市场竞争产生了损害。对于这三个要素，第二个要素主要是主观标准，第三个要素则为客观标准。在具体判断网络直播平台恶意“挖角”行为时，建议从主观、客观两个方面去综合认定。

1. 主观方面

法院应当根据反不正当竞争法的价值追求，并结合网络直播行业的特点，来判断网络直播平台恶意“挖角”行为是否违反商业道德原则。市场竞争原则中最为突出的即商业道德原则，反不正当竞争法中的商业道德不同于社会日常道德，它所关注的是商业活动中的诚实，所体现的是一种商业伦理，是交易参与人普遍和共同认可的行为标准，应按照特定商业领域中交易参与者即经济人的伦理道德标准来加以评判。② 网络直播行业并没有形成公认的商业道德，但这并不代表网络直播行业即可无序竞争。反不正当竞争法追求的是效率基础上的公平，网络直播行业的商业道德标准应当以市场效率为基础和目标。例如，在“鱼趣与炫魔、脉淼案”③二审判决中，法官以网络直播行业的惯常做法，并以市场效率为基础和目标，结合网络直播行业的竞争环境和特点判断该行为具有不正当性，是对一般条款的正确适用。

---

① 孔祥俊：《反不正当竞争法新原理 · 总论》，法律出版社 2019 年版，第 244 页。

② 参见刘维：《反不正当竞争法一般条款的适用边界》，载《上海政法学院学报》（法治论丛）2011 年第 6 期。

③ 参见武汉市中级人民法院民事判决书，(2017)鄂 01 民终 4950 号。

2. 客观方面

建议从反不正当竞争法保护的法益来考量,包括经营者利益、消费者利益和社会公共利益,并以社会公共利益和消费者利益为判断重点。

(1)经营者利益。反不正当竞争法保护互联网经营者公平自由竞争的权利,如果网络直播平台是通过不正当手段来增强自身利益或削弱对方竞争优势,应当被认定为不正当竞争行为并受到规制。① 针对恶意“挖角”行为,要判断“挖角”平台是否是通过不正当途径“挖角”,这里的不正当途径更多应解释为高薪利诱主播导致主播非法跳槽,如果主播是在合约期结束后再跳槽到“挖角”平台,这种情况是市场选择的结果,并不会损害原平台的合法权益。另外,须判断主播非法跳槽后,原平台的竞争优势和经营利益是否因此遭受较大损失,可通过主播的知名程度、平台的收入和流量损失来衡量。其中,优质主播是重要的判断因素,平台的主播越优质,吸引的用户则越多,用户越多,提供的商品和服务范围就越广,能够吸引更多的用户,从而吸引更多的主播进入该平台直播,也会获得更多的广告等增值业务,因此,优质主播对平台的发展起着极其重要的作用,通常而言,被“挖角”主播越优质,原平台的合法权益损失越大。

(2)社会公共利益。竞争的正当性不仅是为了各个经营者的利益,也是为了公共利益。有些行为从表面上看是对经营者不利的,但从本质上看却有利于社会公共利益,对该类行为的违法性认定须保持谦虚谨慎的态度。对于恶意“挖角”行为,从保护社会公共利益视角出发,建议多从行业效率、竞争秩序和行业发展的角度来考量。如果恶意挖角主播行为扭曲行业竞争秩序,阻碍行业效率的提高,或者其导致无序和无效竞争、行业发展缓慢,那么,其应当被认定为损害社会公共利益。

(3)消费者权益。互联网经济是注意力经济,通过锁定用户来获得更多的市场份额,网络直播平台尤其如此,平台间的竞争也是争取消费者的过程。在互联网市场,消费者一改以往被动的状态而成为互联网市场的“裁判官”。此时,对消费者利益的保护不再是一种“间接保护”或“反射保护”,消费者利益具有独立判断价值。② 因此,反不正当竞争法将保护消费者的利益放在重要的位置。判断恶意“挖角”是否损害消费者利益时,应当根据其是否侵犯了消费者对平台的选择权和知情权等权利,是否有利于平台提供丰富多彩的内容、增加消费者的选择、提高消费的质量和增进消费者的福利。

(二)增补“恶意‘挖角’行为”为类型化行为

由于直接适用一般条款规制恶意挖角行为具有不确定性和不可预见性,而人才对

---

① 参见叶明、陈耿华:《互联网不正当竞争案件中竞争关系认定的困境与进路》,载《西南政法大学学报》2015年第1期。

② 参见张占江:《不正当竞争行为的认定的逻辑与标准》,载《电子知识产权》2013年第11期。

企业的发展至关重要，恶意挖走竞争对手的人才常常会破坏公平的竞争秩序，严重损害被“挖角”经营者的合法权益，那么反不正当竞争法可将“恶意‘挖角’行为”列为具体的不正当竞争行为。第一，从恶意“挖角”行为的普遍度来看，恶意“挖角”行为不仅存在于互联网行业，同样也存在于传统行业。而且随着自主择业的思想在人们心中越发深入，劳动者在市场上的流动也越加频繁，“挖角”行为频出。例如，在保险行业，部分保险公司以高薪、高职为条件频繁“挖角”，导致个别保险公司业务团队整体跳槽，这严重扰乱了市场竞争秩序。第二，就恶意“挖角”行为的性质而言，虽然并不是所有的恶意“挖角”行为都能构成不正当竞争行为，但绝大多数将损害市场竞争秩序。如今，企业挖走另一企业的不仅是单个人才，更多的是挖走一个或者多个团队，这对于被“挖角”企业的损害是巨大的，也破坏了企业之间的公平竞争，是赤裸裸地“食人而肥”。恶意“挖角”行为严重破坏了行业正常的生态，会导致企业与企业之间恶意竞争，最终导致恶性循环，中小企业难以生存，甚至可能出现行业垄断现象，因而有必要将其在反不正当竞争法中进行类型化列举。反不正当竞争法将恶意“挖角”行为类型化，一方面，能够避免适用一般条款的不确定性，从而更好地规制恶意“挖角”现象；另一方面，又能够确定“挖角”行为构成不正当竞争行为的具体标准，以便更好地保护经营者的合法权益和市场竞争秩序。

（三）完善责任制度

网络直播平台恶意“挖角”行为需要一套合理的责任制度来加以规制，要做到宽严相济、恩威并施，使受损平台得以补偿，“挖角”平台受到惩戒。

1. 坚持合理费用支出的必要性和合理性

对于合理费用的确定，坚持支出的必要性和合理性，必要性是指为制止侵权和调查取证所必需支出的费用，合理性要求支出必须符合国家标准和调查地的经济水平标准。合理费用应当包括律师费、公证费、技术评估费、审计费、鉴定费、当事人以及诉讼代理人必要的交通食宿费、出庭作证的证人必要的交通食宿费。

2. 创新可期待利益的计算方法

确定可期待利益损失需要具体到个案，结合互联网经济的特点总结出可期待利益损失的范围。① 对于网络直播平台恶意“挖角”案件，可期待利益损失具体包括财产性利益损失和非财产性利益损失。财产性利益损失，是指原平台因主播跳槽损失的业务收入、广告收入以及增值业务收入等，非财产性利益损失主要表现在原平台因该主播跳槽导致的活跃用户数量的减少、新注册用户数量的损失。侵权案件中可期待利益损

① 参见邵建东：《德国反不正当竞争法研究》，中国人民大学出版2001年版，第389页。

失的计算方法通常包括前后比较法、标杆法、成本推算法、市场份额法和模拟法等,[①]根据恶意"挖角"行为的特点,综合利用这些方法计算出可期待利益损失。建议在市场份额法基础上,即将免费用户视为基础的市场份额,再利用前后比较法和标杆法,计算出在主播没有跳槽情况下原告可以获得的市场份额,此市场份额即原告因恶意"挖角"行为丧失的市场份额。再根据该平台免费服务百分比的市场份额所对应的在收费服务一端可能带来的经济效益,通过专业人士的帮助计算出具体的利益损失额。这比直接推算主播在合同期限内能给平台创造的利润更具合理性和科学性。

3. 明确酌定赔偿的考量因素

网络直播平台恶意"挖角"行为损害多表现为非物质性财产损失,大多数情况下法院只能采用酌定赔偿的方式来确定赔偿额。法院在适用酌定赔偿时须重点考虑以下因素:(1)损害事实。尽管通过损害事实无法直接计算出具体损失数额,但是可根据这些证据所反映的相关信息确定赔偿金额。(2)被告主观过错程度。恶意"挖角"行为的恶意有大小之分,大小不同责任不同。例如,在权利人或监管部门提醒侵权人停止侵权行为,被告仍继续放任主播在该平台直播,则认定主观恶意程度较大,可适当加重惩罚力度。(3)侵权时间。区别于一般的互联网不正当竞争行为,恶意"挖角"行为的侵权损害具有持续性,在主播与原平台的协议期间,主播在其他直播平台直播,原平台的损失将持续增加。(4)主播知名度。主播是平台的核心资源,不同知名度的主播对平台的市场份额影响不同,造成的损害也不同,因此知名度高的可以适当加重处罚。(5)直播平台对主播的发掘与培养程度。网络直播平台大部分资金和资源用于培养优质主播,如果平台对该跳槽主播的投入很大,则应当适当提高赔偿的数额。

4. 增加适当的行政处罚

规制网络直播平台恶意"挖角"不能只依赖司法赔偿,适当的行政处罚是必要且合理的。网络直播平台实施恶意"挖角"行为就是为通过牺牲一定量的短期利益来打击竞争对手,若不采取其他方式对其进行限制,那么实力强大的平台最终通过恶意"挖角"能够获得垄断地位。综观现今直播市场,经过多次恶意"挖角",层层角逐,最终"活下来的"都是具有巨大市场优势和强大股东的直播平台,因此司法赔偿并不是无所不能的。此外,还须协调行政处罚和司法赔偿责任,做到处罚合理有效,防止一事多罚。在行政处罚方面,鉴于互联网企业信誉的重要性,不妨采用社会公告的方式,因为社会公告相较金钱处罚,对企业的信誉更有杀伤力。同时在必要情况下,执法机构可以在

① 参见邓志松:《基于互联网行业对反不正当竞争案件损害赔偿计算的若干建议》,载《电子知识产权》2013年第11期。

一定期限内适当限制“挖角”平台播放该主播的直播,以阻止“挖角”平台不正当竞争目的的实现。

五、结语

针对网络直播市场恶意“挖角”主播的现象,合同法只能通过违约责任来弥补被“挖角”平台的损失,尽管违约金越来越高,但是“挖角”行为却成为网络直播行业实施不正当竞争的常规手段。为保证自由公平的市场竞争秩序,保护经营者和消费者的合法权益,采用反不正当竞争法规制网络直播平台恶意“挖角”行为具有必要性和合理性。然而反不正当竞争法在规制时,仍需从主观、客观两方面细化一般条款的适用标准,主观方面,法官应当以反不正当竞争法的价值追求和网络直播行业的市场特点来判断,客观方面,建议从反不正当竞争法所保护的法益来认定是否违反一般条款。另外,基于如今人才在竞争中的重要性,反不正当竞争法可以增补“恶意挖角人才”为类型化行为。最后,在赔偿责任制度方面,需坚持合理费用支出的必要性和合理性,在市场份额法基础上,将免费用户视为基础的市场份额,再利用前后比较法和标杆法计算可期待利益,同时从损害事实、主观过错程度、侵权时间、主播知名度和直播平台对主播的发掘和培养程度计算酌定赔偿数额,并适当增加行政处罚措施。尽管对于网络直播平台恶意“挖角”行为应加大反不正当竞争法规制力度,但这不意味着反不正当竞争法是规制此类行为的唯一路径。只有各部门法协调一致,才能更好地维护网络直播市场的竞争秩序,保护平台和消费者的合法权益。

知识产权法

赛事网络直播节目的版权保护路径探究

冯明杰* 田小军**

目 次

“赛事直播节目”是广播组织或互联网平台以赛事为对象,借助摄录直播技术对竞技赛事进行直播,通过导播、解说、远景镜头切换、特写等方式,创造性地对赛事进行全方位演绎,最终由多种连续画面与声效形成的视听内容。在赛事节目直播业态中,国际奥委会、亚足联、中超公司等赛事组织方对赛事场所拥有控制权,可以自行组织或者委托专业公司制作赛事节目,禁止未经许可的现场拍摄、直播与其他方式传播,也可以通过售票、颁发许可证等方式禁止他人未经许可地进入,从而获得赛事主办的经济收益;广播电台、电视台、互联网平台等则是被许可方,在获得授权后参与赛事节目的制作,并通过直播、回放、短视频等方式将精彩节目送达用户。我国政府在2014年10月放宽了赛事转播权的限制,由此,央视网、腾讯体育、苏宁体育、优酷、阿里体育等获得进入市场的资格,开始参与中超、欧冠、美职联等各类赛事新媒体版权的采购、制作与

* 深圳大学经济学院博士研究生。
** 中南财经政法大学知识产权研究中心研究员。

传播。①

面对赛事直播产业中的巨大市场,实务中有关赛事网络直播节目的版权纠纷也频繁产生,而在2010年《著作权法》②的制度设计下,司法实践对相关版权纠纷的判决中,也出现了不少“同案不同判”情形,难以对赛事网络直播节目提供完善的版权保障。对于赛事网络直播节目的版权保护,学界也有长久的分歧。在赛事网络直播节目的作品属性认定上,吉林大学王国柱副教授认为,赛事网络直播节目的作品属性不能一概而论,基于对机位设置、拍摄手法的独创性区分,可将其分别认定为“类电作品”或录像制品;③而央视版权和法律事务室副主任严波则强调,以“制品”来保护该类客体难以促进我国体育赛事相关产业的发展,应当将其认定为作品。④ 而针对规制赛事网络直播节目的专有权类型,中国人民大学刘春田教授、熊文聪博士在探讨“央视诉优搜网案”时提出,网络平台截取了央视“春晚”节目信号才实现直播,该行为应当受广播权规制;⑤而在网络直播发展的早期,原最高人民法院法官蒋志培认为,网络环境下的直播是“网络传播”,应当由信息网络传播权规制。⑥

在此背景下,赛事网络直播节目版权究竟应如何保护?著作权法体系如何对其进行制度接纳?其存在的理论困境究竟在哪里?未来的制度出路如何?本文试图在总结归纳以往司法判例的基础上,回答以上问题,并力图完善既有著作权法体系,实现赛事节目版权保护的科学化、体系化和逻辑化。

一、赛事网络直播节目版权保护的法制困境

在赛事节目的网络直播中,互联网平台在接收到承载节目内容的信号后,对赛事

---

① 据不完全统计,2019年,腾讯体育购买了美国职业篮球联赛、美国国家橄榄球联盟、美国职业棒球大联盟、北美职业冰球联赛、世界一级方程式锦标赛,苏宁体育购买了欧洲冠军联赛(欧冠)、欧足联欧洲联赛(欧联杯);亚洲联赛冠军杯(亚冠);英格兰足球超级联赛(英超)、德国足球甲级联赛(德甲)、法国足球甲级联赛(法甲)、意大利足球甲级联赛(意甲),爱奇艺购买了2020欧洲国家杯(欧洲杯)、西班牙足球甲级联赛(西甲)、温布尔登网球锦标赛(温网)、法国网球公开赛(法网)、澳大利亚网球公开赛(澳网)、高尔夫“四大满贯”赛事(美国大师赛、英国公开赛、美国公开赛、美国PGA锦标赛)等赛事的网络版权。

② 此处《著作权法》为2010年修正版,2020年修正的《著作权法》已于2021年6月1日生效。

③ 王国柱:《著作权法律制度发展的“媒体融合”之维》,载《出版发行研究》2016年第10期。

④ 严波:《体育赛事直播节目版权保护路径探析》,载《中国版权》2017年第5期。

⑤ 刘春田、熊文聪:《著作权抑或邻接权——综艺晚会网络直播版权的法律探析》,载《电视研究》2010年第4期。

⑥ 蒋志培:《版权保护的新视野——互联网的机遇和挑战》,载汪涌、史学清:《网络侵权案例研究》,中国民主法制出版社2009年版,第2页。

画面进行重新制作,如剪辑插播、配图配表、解说与数据分析等,其既参与制作赛事节目,又主导赛事节目的网络直播,兼具节目制作者与传播者的角色。基于赛事网络直播节目的技术特点和内容形式,其具有动态连续画面的表现特征,因而可能得到2010年《著作权法》的保护。然而,在"网络直播"权利价值不断攀升之时,①基于2010年《著作权法》体系,互联网平台对于赛事网络直播节目的维权依然困难。② 在"新浪诉凤凰中超赛事转播案"一审③、"央视国际诉华夏城视侵权纠纷案"④、"央视诉上海悦体案"(2014年"巴西世界杯案")⑤、"央视诉北京我爱聊网络科技案"(2012年"伦敦奥运会案")⑥等多个赛事网络直播节目版权纠纷案件中,法院或将体育赛事节目归入类电作品、录像制品,或不认可对赛事网络直播节目提供版权保护,司法判决结果的不统一难以为权利人带来稳定的权益保障。赛事网络直播节目版权保护的法制困境具体而言表现在以下方面:

(一)赛事网络直播节目"独创性"与"固定性"存在争议

与综艺节目类似,赛事网络直播节目是传统非典型作品⑦,我国2010年《著作权法》并未明确将其类型化。根据类推原则,赛事网络直播节目最接近2010年《著作权法》第3条的"电影作品和以类似摄制电影的方法创作的作品"(以下简称类电作品)。根据《著作权法实施条例》第4条的规定,"类电作品"有两个必备要件:一是独创性;二是固定性。但对于赛事网络直播节目是否具备这两个要件,各界有不同理解。

---

① 2014年国务院颁布46号文件打破了央视对赛事版权的垄断,体育赛事产业迎来"井喷点",2015年体奥动力80亿元天价购得中超赛事版权,2016年腾讯5亿美元购得NBA中国大陆独家网络播放权,2017年苏宁体育(PPTV)50亿元斩获英超大陆独占许可。

② 根据中国版权协会12426版权监测中心的统计数据,在对足球、篮球、乒乓球、格斗搏击等各类直播赛事共546场监测中,未获授权的直播链接有4633条。另根据冠勇科技统计,2017年中超联赛被侵权场次240场,侵权比例为100%,共发现侵权直播平台57个,直播侵权链接1248条。

③ 北京新浪互联信息服务有限公司与北京天盈九州网络技术有限公司侵害著作权纠纷、不正当竞争纠纷一审民事判决书,北京市朝阳区人民法院民事判决书,(2014)朝民(知)初字第40334号。

④ 央视国际网络有限公司与华夏城视网络电视股份有限公司著作权权属、侵权纠纷一审民事判决书,深圳市福田区人民法院,(2015)深福法知民初字第174号。

⑤ 央视国际网络有限公司与上海悦体信息技术有限公司侵害作品信息网络传播权纠纷一审民事判决书,上海市闵行区人民法院,(2015)闵民三(知)初字第1057号。

⑥ 北京我爱聊网络科技有限公司与央视国际网络有限公司侵害作品信息网络传播权纠纷二审民事判决书,北京市第一中级人民法院,(2014)一中民终字第3201号。

⑦ 非典型作品主要包括两种形式:一是传统非典型作品,如综艺节目等;二是新型非典型作品,如人工智能作品等。参见曹阳:《非典型作品著作权保护的审慎原则证成与修正》,载《电子知识产权》2019年第12期。

1. 赛事网络直播节目的“独创性”不足

所谓作品的独创性,是指作品源自创作者本人,并具有一定智力创造水平。[①] 在“新浪诉凤凰中超赛事转播案”中,一审法院认为,“……应当认为对赛事录制镜头的选择、编排,形成可供观赏的新的画面,无疑是一种创作性劳动……”从而认定赛事网络直播节目满足“独创性”要求。[②] 而二审法院推翻一审判决,认为涉案赛事网络直播节目不具备我国2010年《著作权法》要求的“独创性”,无法构成作品。[③] 法院认为,《公用信号制作手册》限制了“创意”的发挥,既存的制作标准导致涉案节目制作流程确定、摄像机位固定、创作选择空间过小,故独创性高度不足。同时,直播节目是对体育赛事的忠实记录,其拍摄的目的是向观众展现比赛的真实情况,存在表达的雷同。事实上,在2014年“巴西世界杯案”中,法院同样认为,“摄制者在拍摄过程中并非处于主导地位,能够按照其意志作出的选择和表达非常有限”。[④] 华东政法大学教授王迁也持此观点,认为“摄像机的设置需要遵循一定的规范”,[⑤]且导播为了满足观众预期去做画面选择,这将限制直播节目独创性程度。

2. 赛事网络直播节目不满足“固定性”要求

对于赛事网络直播节目的是否满足“固定性”要求,也存在很多争议。根据《著作权法实施条例》,“类电作品”应当满足“摄制在一定介质上”的条件,这是立法对作品“固定性”的强调。有学者指出,“固定性”是指“可固定性”,即具备固定的可能性;[⑥]而另有学者指出,“摄制在一定介质上”的要求意味着“类电作品”中的连续画面已经固定在了某种物质上,而不是指被固定的可能性。[⑦] 在前述“新浪诉凤凰中超赛事转播案”中,二审法院认定涉案赛事网络直播节目以“随摄随播”的方式进行,直播画面“未被稳

① 王迁:《著作权法》,中国人民大学出版社2015年版,第20页。

② 北京新浪互联信息服务有限公司与北京天盈九州网络技术有限公司侵害著作权纠纷、不正当竞争纠纷一审民事判决书,北京市朝阳区人民法院,(2014)朝民(知)初字第40334号。

③ 北京天盈九州网络技术有限公司等与北京新浪互联信息服务有限公司不正当竞争纠纷二审民事判决书,北京知识产权法院,(2015)京知民终字第1818号。

④ 央视国际网络有限公司与北京暴风科技股份有限公司侵害录音录像制作者权纠纷一案一审民事判决书,北京市石景山区人民法院,(2015)石民(知)初字第752号。

⑤ 王迁:《论体育赛事现场直播画面的著作权保护——兼评“凤凰网赛事转播案”》,载《法律科学》2016年第1期。

⑥ 李明德:《论作品的定义》,载《甘肃社会科学》2012年第4期。

⑦ 王迁:《论现场直播的“固定”》,载《华东政法大学学报》2019年第3期。

定地固定在有形载体上”,因而否定了直播画面满足“固定性”的要求。①

(二)2010年《著作权法》专有权难以规制网络直播行为

网络直播是赛事直播节目的新传播形式,是针对不特定公众的远程公开传播,这与2010年《著作权法》中“信息网络传播权”和“广播权”所规制的传播行为非常接近,而在司法实务中,也大量存在网络直播的专有权混乱认定的情况。譬如,在“宁波成功多媒体信息通信有限公司诉北京时越网络技术有限公司案”②与“央视国际网络有限公司诉世纪龙信息有限责任公司案”③中,法院均认定被告的“定时播放”行为侵害了原告的信息网络传播权;而在“央视国际网络有限公司诉百度网讯科技有限公司案”④中,法院则认定被告未经许可的“实时转播”行为侵犯了原告的广播权;又如,在2008年“安乐影片有限公司诉北京时越网络技术有限公司案”⑤与“新浪诉凤凰中超赛事转播案”中,法院则认定被告的定时在线播放行为属于侵害2010年《著作权法》第10条第1款第17项规定的“其他权利”的行为。另外,互联网协议电视(Internet Protocol Television,IPTV)“回看”,也同样存在权利归类困难的问题。如在涉及“回看”的两起案件中,北京、杭州两地法院作出了两份截然不同的判决。⑥ 在两案中,原告均就主张涉案作品的信息网络传播权,被告均抗辩“回看系广播权项下延伸”,北京法院支持了原告,杭州法院支持了被告。事实上,基于网络直播行为的技术特征,在2010年《著作权法》专有权体系下,其面临着归类困境。

1.广播权不能规制网络直播行为

根据2010年《著作权法》,广播权是指“以无线方式公开广播或者传播作品,以有

① 北京天盈九州网络技术有限公司等与北京新浪互联信息服务有限公司不正当竞争纠纷二审民事判决书,北京知识产权法院,(2015)京知民终字第1818号。

② 宁波成功多媒体信息通信有限公司诉北京时越网络技术有限公司一审民事判决书,北京市海淀区人民法院,(2008)海民初字第4015号;参见北京时越网络技术有限公司与宁波成功多媒体通信有限公司侵犯著作权纠纷上诉案,北京市第一中级人民法院,(2008)一中民终字第5314号。

③ 央视国际网络有限公司、世纪龙信息网络有限责任公司害信息网络传播权纠纷案,广州市中级人民法院,(2010)穗中法民三初字第196号。

④ 宁波成功多媒体信息通信有限公司诉北京时越网络技术有限公司案,北京市第一中级人民法院,(2013)一中民终字第3142号。

⑤ 安乐影片有限公司诉北京时越网络技术有限公司等侵犯著作权纠纷案一审民事判决书,北京市第二中级人民法院,(2008)二中民初字第10396号。

⑥ 乐视网信息技术有限公司诉中国电信股份有限公司杭州分公司侵害作品信息网络传播权纠纷案,杭州互联网法院,(2018)浙0192民初4603号;北京爱奇艺科技有限公司与爱上电视传媒(北京)有限公司著作权权属、侵权纠纷一审民事判决书,北京市海淀区人民法院,(2019)京0108民初3738号。

线传播或者转播的方式向公众传播广播的作品,以及通过扩音器或者其他传送符号、声音、图像的类似工具向公众传播广播的作品的权利”。因此,广播权只控制以下三种广播行为:其一,从基站接受的无线电波;其二,信号较差的山区通过差转台接收信号后进行转播,或城区通过有线方式进行转播;其三,通过扩音器等设备转播广播的作品①。

从广播权的定义中不难发现,广播权所规制的传播行为是初始传播为无线的传播,如传统广播电台、电视台发出无线信号,这是由于广播权设定之初还未有普遍的有线传播技术。而网络直播是基于互联网的直播,接入互联网依赖于有线传输技术,因而网络直播是一种典型的有线传播,因此,广播权无法规制初始传播为有线的网络直播。

2. 信息网络传播权不能规制网络直播行为

根据2010年《著作权法》,信息网络传播权是指“以有线或者无线方式向公众提供作品,使公众可以在其个人选定的时间和地点获得作品的权利”。互联网时代之前的信息传播是单向的,如传统的广播、电视传播技术,基于其实时传播的特点,受众仅能在传播者指定的时间、地点接触作品。而互联网时代则呈现“交互式传播”(interactive communication)的特点,使受众可以按照自身需要在自己挑选的时间和地点来获取作品。因此,信息网络传播权是一种规制“交互式传播”的权利。

然而,尽管网络直播依托于互联网而存在,但其直播技术保持典型的实时性特点,即受众只能在直播者指定的时间才能获取直播信息,是一种与传统广播、电视传播技术类似的“非交互式传播”。因此,作为“非交互式传播”的网络直播难以受到信息网络传播权规制。

3. 以“其他权利”难以有说服力地规制网络直播行为

在2010年《著作权法》体系下,广播权和信息网络传播权规制网络直播行为都将面临制度困境,但实务中大量赛事网络直播节目版权侵权纠纷需要司法予以回应,为此,司法实践创造性地适用了2010年《著作权法》第10条第1款第17项“应当由著作权人享有的其他权利”来规制网络直播。

“其他权利”的开放性很好地缓解了法律滞后性与新兴技术问题的矛盾,在前述“安乐影片有限公司诉北京时越网络技术有限公司案”“新浪诉凤凰中超赛事转播案”等案件中,法院均曾认定涉案网络直播行为应当以“其他权利”予以规制。

---

① 郑直:《“何妨一统二权”,广播权与信息网络传播权的现实分野与未来走向》,载微信公众号“知产力”2018年5月10日,https://mp.weixin.qq.com/s/pNgW-bUkaXFbkdwc3EqKcQ。

然而,作为一项兜底性权利,未能被法律所明确的"其他权利"在个案被广泛使用,实质上是扩张了司法的自由裁量权,违背了"著作权法定"原则对著作权的专有权类型应当具体且明确的要求。在司法实践中,对于"其他权利"的解释更加依赖于法院的主观判断,难以逃脱"法官造法"的嫌疑,更使司法裁决陷入更大的不确定性中。事实上,具有兜底意味的"其他权利"成为法院审理网络直播著作权纠纷的优先选择,本身即反映了2010年《著作权法》构架不完善的困境,也难以为相关纠纷提供具有说服力的规制。

(三)邻接权亦不能为赛事网络直播节目提供完善保障

邻接权是大陆法系国家为补充著作权体系而创设的制度,针对作品传播者对传播作品、增进作者利益的贡献,著作权法为其赋予了区分于"作品创作者"(作者)的权利,即邻接权。① 在赛事网络直播节目权利人难以获得作者权身份认定和权益保护的情况下,基于其网络赛事直播节目传播者的角色,以广播组织者或录像制作者等邻接权人身份寻求2010年《著作权法》保护成了退而求其次的选择。不过,在2010年《著作权法》体系下,邻接权亦不能为赛事网络直播节目提供完善保障。

1.广播组织权权利主体未包含网播组织

在网络直播未大规模出现之时,赛事节目直播主要通过电视台的现场直播进行。我国2010年《著作权法》规定的"广播组织",仅包括"广播电台、电视台",广播电台、电视台可以通过行使广播组织权,来禁止未经权利人授权的非法直播与转播。

互联网平台是主流的赛事网络直播平台,从世界范围来看,目前,国际条约中开始出现"网播组织"的概念。"网播"系指以有线或无线的方式,通过计算机网络,使公众能基本同时得到所播送的声音或图像,②世界知识产权组织也早在1999年4月就已对"网播组织"进行定性,认为其是对传统陆地广播、有线广播或卫星广播方式的模仿和扩张。③ 但是,"网播组织"仍未在立法上获得与传统"广播电台、电视台"等同的著作权主体地位,我国2010年《著作权法》并未将其视为"广播组织",广播组织权也未扩张至互联网环境。

事实上,司法实践有关网络直播行为的邻接权认定也并不明晰。在"央视国际诉青岛云瑞迅杰等三被告侵权案"中,法院认定央视国际对涉案"春节联欢晚会"的直播

① 王国柱:《邻接权客体判断标准论》,载《法律科学(西北政法大学学报)》2018年第5期。

② WIPO:《关于保护广播组织的条约经修订的合并案文》,SCCR/12/2,2004年10月4日。

③ 赵双阁:《三网融合背景下中国广播组织权制度的反思与重构》,社会科学文献出版社2017年版,第23页。

享有“通过信息网络转播央视频道的专有权利”①;而在“央视诉北京我爱聊网络科技案”中,法院援引《与贸易有关的知识产权协定》,提出我国2010年《著作权法》“尚未将广播组织权的保护范围扩展至网络环境”,因此认定原告权益不受邻接权保护。②

2. 赛事网络直播节目的“录像制品”认定尚有争论

对于不满足“类电作品”独创性要求的动态影像,司法多将其认定为“录像制品”,实践中也存在将赛事网络直播节目视为“录像制品”的判决,如在“央视国际诉华夏城视侵权纠纷案”中,法院认定,涉案赛事直播时“……能够按照制作人意志作出的选择和表达非常有限”,其独创性也未能达到“类电作品”要求,因此将涉事赛事画面认定为录像制品。③

不过,另外,将“赛事网络直播节目”纳入“录像制品”,同样存在有关其是否是“首次固定的图像”的质疑。“录像制品”的“首次固定的图像”,与“类电作品”的“摄制在一定载体”,虽表述方式略有不同,但都指向所谓的“固定”。是故,如果不能对“赛事网络直播节目”的“固定性”进行证成,则节目权利人将无法作为“类电作品”或者“录像制品”,获得相关的著作权或者邻接权。

二、赛事网络直播节目版权保护困境的成因分析

通过前述梳理不难看出,赛事网络直播节目的版权保护与2010年《著作权法》制度设计存在矛盾和冲突,由此造成了一系列法制困境。为回应司法实践与产业保护的现实需要,有必要探究2010年《著作权法》难以为赛事网络直播节目提供有效保障的原因。

(一)司法实践对赛事网络直播节目独创性要求普遍偏高

在既有不认可赛事网络直播节目具有“独创性”的司法判决中,大多囿于赛事网络直播节目是“对现场内容的忠实记录”,“依照赛事节目固定标准制作而来”,“制作人的意志表达非常有限”,而否认其构成作品。事实上,当前司法实践对赛事网络直播节目的独创性要求,体现了比其他“类电作品”更高的标准,并在一定程度上忽视了节目制作人在直播过程中的创造性劳动。

---

① 央视国际网络有限公司诉青岛云瑞迅杰网络技术有限公司等侵害广播组织权及侵害作品广播权纠纷案民事判决书,山东省青岛市中级人民法院,(2013)青知民初字第232号。

② 北京我爱聊网络科技有限公司与央视国际网络有限公司侵害作品信息网络传播权纠纷二审民事判决书,北京市第一中级人民法院,(2014)一中民终字第3199号。

③ 央视国际网络有限公司与华夏城视网络电视股份有限公司著作权权属、侵权纠纷一审民事判决书,深圳市福田区人民法院,(2015)深福法知民初字第174号。

1. 赛事网络直播节目的制作蕴含了创造性劳动

应当注意到,对赛事的忠实记录并不能直接否定赛事节目可以具有独创性,更不会导致体育赛事节目的同质化,也不存在“有限表达”的问题。实践中,同一场赛事在不同的制作公司把控下,会呈现不同的画面选择和节奏把控结果,例如,2008 年北京奥运会开幕式,央视与美国 NBC 播出的版本差异巨大。对此,原国家新闻出版广电总局政策法规司前司长王自强主张,争议双方都放下争论,扛上摄像机,到一个开放的比赛现场做一次现场直播。“如果彼此双方直播的赛事影像画面都是相同的,也就证明了持忠实记录、被动选择、缺乏主导性的观点的人是正确的”;①反之,所谓的直播节目不具有独创性或者独创性不足就是伪命题。另外,体育直播节目对赛事的忠实记录并非意味其为现场画面的简单复刻整合,这同纪录片的制作在行为属性上如出一辙。此二者皆属于对客观事实的讲述,且其在拍摄、录音、编排等手法方面具有高度的相似性,在承认后者具有较高艺术性与独创性的同时,否定前者在创作高度上潜在的可能性,显然有悖于常理与实践逻辑。② 正是基于此,体育赛事直播节目在美国与欧盟等国家或地区可以作为视听作品保护。③

再者,在实践中,为了保证体育赛事直播节目的质量,赛事制播团队会制作与不断升级《公用信号制作手册》,设定与规范赛事制作的人员岗位配置、节目制作的技术与设备标准,以及场馆标准、机位设置等内容。例如,万勇教授即认为,《公用信号制作手册》之于导播制作者的意义犹如摄影课程的教科书或教师讲授的拍摄技巧之于摄影师。④ 并且,在节目的制作过程中,公用信号制作公司会根据不同的赛事、场馆和直播要求,订制不同的《公用信号制作手册》,并且会在节目制作中不断迭代以提升品质。更重要的是,在赛事节目的现场制播过程中,手册性质仅为赛事直播节目摄制的规程与说明指导书,制播者会根据赛事进程与现场情况进行赛事节目创作。由此可见,《公用信号制作手册》不仅未限制节目创作,反而体现了组织者对节目质量稳定化、标准化

---

① 王自强:《关于体育赛事直播有关版权保护问题的再思考》,载《知识产权》2018 年第 7 期。

② 崔国斌:《体育赛事直播画面的独创性标准选择》,载《苏州大学学报》(法学版)2019 年第 4 期。

③ 美国众议院对于《1976 年版权法》的解释:“一场足球赛正在进行,球场上摆放了四架摄像机从不同的角度进行拍摄。与此同时,某导演坐在演播室内,将来自 4 架摄像机的画面进行选择或切换,通过电视广播出去,就构成了具有独创性的作品。”[See House Report 94 – 1476, 52 (1976)]“对 28 个欧盟成员国的调查显示,除瑞典之外,其余所有欧盟国家对足球比赛之类的体育赛事直播节目认为满足著作权保护所需要的相对低的原创性要求。”参见《欧盟体育赛事组织者权利研究报告》。

④ 万勇:《功能主义解释论视野下的“电影作品”——兼评凤凰网案二审判决》,载《现代法学》2018 年第 5 期。

的追求,[1]其恰恰保证了体育赛事节目至少具有最低限度的独创性。因此,切不可以节目制作流程的标准化去完全否定标准化程序化下不同节目制作者的个性,否则就犯了南辕北辙、指鹿为马的错误。

2. 赛事网络直播节目的独创性要求对比其他作品类型更高

在2004年NBA西部半决赛中,费舍尔在终场前0.4秒绝杀马刺,现场制播团队与广大的球迷通过屏幕记录了绝杀的精彩镜头,至今令人记忆犹新。如非有一定独创性与高超摄录水平,此画面绝难有如此影响。在赛事直播中,相较传统影视作品制作,导播与制作团队需要在更短的时间内,对节目拍摄角度、精彩镜头与节目效果作出选择,这均要求制作团队具有极高的创作水平。我国2010年《著作权法》对电影与类电作品的保护,覆盖作品中任意一段具有独创性的连续画面,其间截取的几秒或几十秒的内容均可被视为具有高度独创性的表达。而与此相似的,赛事网络直播节目中,一秒数十帧的、经过人为有选择地切换的、具体而连续的画面也应当在权衡作品独创性时被重点关注。[2]

实际上,司法实践时常纠结于赛事网络直播节目的独创性高低的认定,而在认定同样利用摄制技术产生、表现形式为静态的摄影作品时却十分果决。法院对于摄影作品的认定极少会涉及其是否满足独创性的探讨,而往往更宽容地认可其拍摄的视角、空间、光线等体现了充分的独创性,这对以"动态连续画面"为特征、制作成本更高、在镜头切换角度设计付出了更多劳动成本的赛事网络直播节目而言,是不够公平的。

(二)"作品"与"制品"的版权保护界限不明

我国2010年《著作权法》采用"著作权—邻接权"区分保护模式,对于"连续画面"形态的内容,我国2010年《著作权法》同时规定了受作者权保护的"类电作品"与受邻接权保护的"录像制品"。而对于"作品"与"制品"的划分界限,学界与实务界普遍存在争议,有的主张以独创性的有无区分,有的主张以独创性的高低区分。但无论如何,无论是"独创性"的概念,还是"类电作品"与"录像制品"的边界,都未有明确的标准。

1. 区分"创作高度"加剧司法认定的混乱

在"新浪诉凤凰中超赛事转播案"二审中,法院引入了"创作高度"的概念,即以独创性的高低作为区分标准,进行"类电作品"与录像制品二分,意味着前者独创性高,后者较低。[3] 但在我国著作权法体系中,"独创性"概念是抽象的,而在缺乏具体标准的情况下再叠加"创作高度"概念,难免造成"独创性"与"艺术性"的混淆,甚至将促使法官

---

① 张耕、孙正樑:《论体育赛事节目的独创性》,载《电子知识产权》2018年第10期。

② 崔国斌:《体育赛事直播画面的独创性标准选择》,载《苏州大学学报》(法学版)2019年第4期。

③ 北京天盈九州网络技术有限公司等与北京新浪互联信息服务有限公司不正当竞争纠纷二审民事判决书,北京知识产权法院,(2015)京知民终字第1818号。

进行艺术价值判断。美国最高法院在 1903 年的“布莱施泰诉唐纳森光刻公司案”(Bleistein v. Donaldson Lithographing Co.)[①]中即指出,由法官来判断作品的艺术价值,将会是“危险的”,法官也不能以作品艺术价值之高低来判断是否对其提供版权保护。事实上,在既往的司法实践中,无法否认诸如 MTV 类的“录像制品”具备一定独创性的事实,但该内容的独创性程度却难以客观判断。在两分法下,我们无法逃避对独创性程度高低的量化分析,而此种高度划分的精准要求却恰恰是现阶段法官在繁重复杂的案源压力下无法解决的司法难题。

此外,“创作高度”概念正在不断发生变化。以美国为代表的英美法系国家不存在“录像制品”的概念,如《美国版权法》仅规定了“视听作品”。并且,美国国会曾明确,“当四台摄像机从不同角度拍摄一场足球赛时,导播要对四名摄像机发出指令,并选择要将哪些电子影像以怎样的顺序向公众传播。无疑,摄影师和导播的工作构成了创作”。[②] 显然,英美法系国家对“独创性”采取了较低的标准。同时,作为大陆法系主要代表的德国,其著作权法对作品创作高度的要求也正在逐渐被打破。“追债程序案”(Inkasso-Programme)[③]后,“创作高度”概念的光环逐渐被“小硬币”标准[④]掩盖,德国放宽了对于作品“创作高度”的要求。

2.“作品”与“制品”的区分降低版权保护水平

我国 2010 年《著作权法》采取“作品”与“制品”二元划分的方法,但却在司法实务中常常混淆二者的界限,难以对其作有效区分。固守该标准,将不可避免地导致部分本可被认定为“作品”的客体无法作为类电作品得到保护,而被划入制品范畴。在我国,邻接权不仅在保护期限上较著作权更短,保护权能范围也更窄。同样是“有伴音或无伴音的连续画面”电影作品能够享有 2010 年《著作权法》第 10 条所规定的人身权及根据其性质而来的财产权,而录像制品仅享有“复制、发行、出租、通过信息网络向公众传播并获得报酬”[⑤]4 项权利,这无疑直接降低了著作权客体保护水平。

---

① Bleistein v. Donaldson Lithographing Co. ,188 U. S. 239, 23 S. Ct. 298, 47 L. Ed. 460.

② The House Report on the Copyright Act of 1976, H. R. REP. 94 - 1476, p. 52. 转引自王迁:《论体育赛事现场直播画面的著作权保护——兼评“凤凰网赛事转播案”》,载《法律科学》2016 年第 1 期。

③ 1955 年的“追债程序案”中,法官要求软件作品达到一定创作高度,遭到德国学界广泛批评。

④ “小硬币”标准意为“单纯但刚好仍然具有保护能力之创作,应视为著作权保护能力之下限”,即针对电脑程式、商品说明书、表格、目录等著作权客体,可版权性的条件非常容易满足,与小硬币一样厚即可。

⑤ 2010 年《著作权法》第 42 条第 1 款规定:“录音录像制作者对其制作的录音录像制品,享有许可他人复制、发行、出租、通过信息网络向公众传播并获得报酬的权利;权利的保护期为五十年,截止于该制品首次制作完成后第五十年的 12 月 31 日。”

在司法实践中,由于我国 2010 年《著作权法》中存在“类电作品”与“录像制品”两分的问题,加之独创性高低难以判断,法院便无所适从地提高了保护门槛,在个别判例中否定了赛事网络直播节目的可版权性。此问题引发的争议也出现在了更早的卡拉 OK 歌厅播放 MTV 侵权纠纷中,在相关判决中,部分 MTV 受著作权保护,部分受邻接权保护。而在一些相关判决中,我国部分法院也出现了模糊“电影作品”和“录像制品”的尝试,比如,在判决中认可“游戏直播画面”属于 2010 年《著作权法》未曾明确的“连续画面作品”。当“电影作品—录像制品”二分体制不再适应社会需求时,应当在立法上进行果断突破。因此,实有必要对作品与制品二分法进行进一步的理论反思和制度检讨。

(三)专有权划分过细产生“法律空白”

在 2010 年《著作权法》体系下,法院对网络直播的权利归类莫衷一是。对网络直播行为法律定性的模糊,加剧了法院对赛事网络直播节目保护的不确定性,亟须从理论上对其展开有效的回应。否则,既不利于赛事网络直播产业的发展,也不利于著作权制度的变革与重构。

1. 2010 年《著作权法》专有权体系存在立法疏漏

从技术特征与传播效果来看,网络直播与广播更为接近,网络直播的“非交互式传播”特点与正是广播权所规制行为的核心特征。然而,目前,广播权最大问题是未规制有线形式的直接传播,此问题可追溯至《保护文学和艺术作品伯尔尼公约》(以下简称《伯尔尼公约》)。《伯尔尼公约》订立于 1886 年,限于当时的技术水平,有线传播技术尚未诞生,其对于非交互式传播的规制也仅限于初始传播为无线的传播。而“信息网络传播权”则脱胎于 1996 年世界知识产权组织制定的《世界知识产权组织版权条约》(World Intellectual Property Organization Copyright Treaty, WCT),其中第 8 条前半段规定了广泛的“向公众传播权”(right of communication to the public),后半段规定了“向公众提供权”(right of making available to the public)①,而“向公众传播权”正解决了有线条件下的非交互式传播的问题。但我国 2010 年《著作权法》在制定时,仅采纳了后半段,形成了现有的“信息网络传播权”概念。

非交互式网络传播也即网络直播的法律规制困境已经被 WCT 第 8 条解决,但我国 2001 年修改后的《著作权法》既未参照 WCT 制定向公众传播权,也未回应技术发展扩展《伯尔尼公约》中广播权的使用范围。因此,由于我国 2010 年《著作权法》仅采纳 WCT 第 8 条后半段,且严守《伯尔尼公约》中广播权概念,导致法律“真空”产生。因

---

① 刘银良:《信息网络传播权及其与广播权的界限》,载《法学研究》2017 年第 6 期。

此,如何针对这二者进行有效的立法或者法律解释之扩张,是立法和司法者的重要任务。

2. 传统专有权划分体系难以适应新型传播技术

我国2010年《著作权法》第10条规定了17项人身权与财产权,特别是单列了"广播权"与"信息网络传播权",用以分别规制广播渠道的非交互式传播,与信息网络渠道的交互式传播,其本意是推动法律适用的精细化,却无法适应网络直播、IPTV"回看"等日益创新的传播形式与传播样态。此外,"广播权"与"信息网络传播权"二者本应互相补充,但结合不严,由此形成了法律空白,并使赛事网络直播节目在实务中产生法制困境。

事实上,《著作权法》的更迭往往伴随传播技术的进步,《著作权法》专有权扩张的过程,也是新技术不断更新的过程。然而,《著作权法》对新传播技术的吸纳是刻板的,由此才会因传播技术的不同而产生多个细分的专有权类型,如摄制权、广播权、信息网络传播权等。这一划分标准使《著作权法》难以适应日新月异的技术变化,更暴露了立法的滞后性。同时,技术必然是无限更迭和进步的,长此以往,《著作权法》专有权也会无限扩张,既不能及时回应现实所需,又使权利体系更加冗杂。

三、完善赛事网络直播节目版权保护的具体出路

有学者主张,赛事组织者只能凭借对赛事场所的物权设定他人入场并进行直播的条件,不能根据自身的章程取得对直播画面的著作权或邻接权。① 但事实上,赛事组织者对赛事场所的占有、使用、收益、分配权利,仅仅是物权之上的权利,这与赛事直播画面的权利有本质不同。后者权利的取得并不完全依赖赛事场所,而是基于赛事组织者自行或者委托他人对体育赛事进行创造性拍摄与呈现。赛事场所仅仅是对体育赛事节目的一种物理控制,但赋予知识产权则是一种排他权控制。2019年12月,中央办公厅、国务院办公厅在其印发的《关于加强知识产权保护的意见》中专门强调,"研究加强体育赛事转播知识产权保护",在该规格文件中规定赛制直播的保护问题,极其少见,有特殊意义。2020年11月,我国《著作权法》第三次修正完成,是我国主动求变,直面赛事网络直播节目保护等问题的应时之作。其中,引入了更具包容性的"视听作品"概念,并将网络直播明确归入"广播权"规制。这为赛事网络直播节目版权保护的具体出路的设计提供了基础。

---

① 王迁:《论体育赛事现场直播画面的著作权保护——兼评"凤凰网赛事转播案"》,载《法律科学》2016年第1期。

(一)将具有独创性的赛事网络直播节目纳入“视听作品”范畴

1. 以“独创性有无”作为“作品”与“制品”的区分标准

毫无疑问,较之邻接权保护模式,著作权保护模式更能够维护直播节目权利人的利益,[①]也更符合赛事网络直播节目的实际情况。在《著作权法》第三次修正中,相关部门在《著作权法(修订草案)》第一稿中删除了“录像制品”的有关规定,将“电影作品和类似摄制电影的方法创作的作品”修改为“视听作品”,将《著作权法实施条例》中对“电影作品”的定义上升到法律层面,同时删除了“摄制在一定介质”上的要求。[②] 其希望将这些在摄制方法上虽然不同于电影,但表现形式相同且具有独创性的视听节目均能纳入“视听作品”的范畴加以保护。[③] 笔者认为,该修改理顺了我国著作权法体系中“制品”与“作品”间的内在逻辑,有利于从理论和制度逻辑上澄清二者的关系,也有助于保护新型体育赛事直播节目、游戏直播画面等“连续画面”的合法权益。如国务院与全国人大等能坚持此思路,直播节目的版权保护将迎刃而解。

不过,2020年修正的《著作权法》虽引入了较“电影与类电作品”更具包容性的“视听作品”概念,却也同时保留了“录像制品”。虽不甚理想,但并不影响将赛事网络直播节目,在“具有独创性并能以一定形式表现”的情况下,作为“视听作品”进行保护。有学者主张,“在我国著作权法中,独创性的‘有无’实际上是指独创性高低”。[④] 本文并不认可。如前所述,如果以独创性的高低来区分类电作品与录像制品,将会导致诸多问题,在此不赘。2020年9月,在《著作权法》第三次修正讨论关键之时,北京市高级人民法院重审“新浪诉凤凰中超赛事转播案”,明确“从体系解释的角度,电影类作品与录

---

① 刘家瑞:《论体育节目的国际版权保护》,载《知识产权》2017年第8期。

② 李伟民:《视听作品法律地位之确立——以文化安全为视角》,载《法学论坛》2018年第2期。

③ 录像制品与其他视听作品在表现形式、技术层面上并没有本质的区别。由于独创性标准的主观化,“作品”与“制品”之间存在巨大争议。另外,无论是国际组织,还是多数国家,均未将录像制品同录音制品一起作为邻接权对象进行保护。例如,1961年通过的《保护表演者、录音制品制作者和广播组织国际公约》(以下简称《罗马公约》),其保护的邻接权主体,包括录音制品制作者,而不包括录像制品制作者。此外,1971年在日内瓦缔结的《保护录音制品制作者防止其录音制品被擅自复制公约》,也只是对录音制品的保护作出了规定。又如,1986年修订的日本《著作权法》,在第四章著作邻接权中,只对唱片制作人制作的唱片给以保护,而不包括录像制作者权利,其录像品是分别以电影作品和著作财产权中的复制权加以保护的。英国、美国的著作权法,则把录像制品与录音制品一起,给以作品著作权保护,其中,录像制品归入电影作品类,录音制品作为单独一类“录音作品”。

④ 王迁:《体育赛事现场直播画面著作权保护若干问题——评“凤凰网赛事转播案”再审判决》,载《知识产权》2020年第11期。

像制品的划分标准应为独创性之有无，而非独创性之高低”。[①] 新法规定的“视听作品”，是对“电影类作品”的替代与扩展，在新法保留“录像制品”的情况下，“独创性有无”而非“独创性高低”应作为划分“视听作品”与“录像制品”的确定性标准，将具有独创性的赛事网络节目纳入“视听作品”不存在法律障碍。

2. 赛事网络直播节目可满足“固定性”要求

针对赛事网络直播节目的“固定性”问题，事实上，2020 年 4 月，全国人大在其公布的《著作权法修正案（草案一次审议稿）》中，已经用“可复制性”取代了“可固定性”的表述[②]，不再考虑内容“固定性”的问题。在《著作权法修正案（草案二次审议稿）》中，作品的定义已经修改为“文学、艺术和科学领域内具有独创性的智力成果”，对“有形形式复制”亦不作强制规定，将“以有形形式复制”修改为“以一定形式表现”。

另外，即使要求“直播节目”具有“固定性”，如今的直播技术，也早已实现了“边录边播”。[③] 直播往往存在一分钟的延迟，在这短暂的延迟里就是录制、剪辑和传输所发生的时间，随着电子现场制作（Electronic Field Production，EFP）技术的发展，实现了现场直播节目的“多机摄录、即时编辑”的“即时制作和录制”方式，[④]这意味着画面在播出的同时已被固定。且直播画面虽是通过网络进行“即时性”传输，但该连续画面亦是经由一个个数字信息压缩包组成，不论被固定于何种介质上，这些数字化形式的载体在传输过程中一定是有形且存在的。因此，作品的固定问题不应再成为赛事节目作为类电作品保护的理论障碍。

（二）将网络直播行为纳入“广播权”规制范畴

1. 使广播权可规制初始有线传播

司法实践中，因权利划分过细，在各类新兴传播技术面前才会屡遭困境。如有关 IPTV“回看”的案件中，我国国内法院同样存在争议。在两起相关案件[⑤]中，原告均就

---

① 央视国际网络有限公司与暴风集团股份有限公司侵害著作权纠纷案，北京市高级人民法院，(2020)京民再 127 号；北京新浪互联网信息服务有限公司与北京天盈九州网络技术有限公司侵害著作权纠纷案，北京市高级人民法院，(2020)京民再 128 号。

② 田小军：《简读〈著作权修正案（草案）〉修改要点》，载知乎：https://zhuanlan.zhihu.com/p/138727869，最后访问日期：2020 年 9 月 28 日。

③ 田小军：《短视频火了，版权问题来了》，载《中国新闻出版广电报》2018 年 11 月 29 日，第 5 版。

④ 严波：《现场直播节目版权保护研究》，华东政法大学 2015 年博士学位论文，第 45 页。

⑤ 乐视网信息技术有限公司诉中国电信股份有限公司杭州分公司侵害作品信息网络传播权纠纷案，杭州互联网法院，(2018)浙 0192 民初 4603 号；北京爱奇艺科技有限公司与爱上电视传媒（北京）有限公司著作权权属、侵权纠纷一审民事判决书，北京市海淀区人民法院，(2019)京 0108 民初 3738 号。

主张“回看属于信息网络传播权权利范围内行为”,被告均抗辩“回看系广播权项下的延伸”,而北京市海淀区人民法院支持了原告,杭州互联网法院则支持了被告。

在2010年《著作权法》体系下,网络直播技术的核心特征符合广播权的规制要求,因而完全有理由将网络直播行为纳入广播权的规制范畴,进一步明确广播权与信息网络传播权的规制界限,回应司法实务之所需。目前,2020年修正的《著作权法》第10条已纳入了初始有线传播技术,原有广播权扩充为“以有线或者无线方式公开传播或者转播作品,以及通过扩音器或者其他传送符号、声音、图像的类似工具向公众传播广播的作品的权利”,从而可以规制现有各类新兴网络直播行为。

2. 期待建立广泛的“传播权”概念

在“三网融合”的技术背景下,宽带通信网、数字电视网与下一代互联网最终将实现互联互通、资源共享。① 智能电视、手机、平板,甚至车载、机载与船用等智能终端均能通过有线或者无线、交互或者非交互方式传播视听节目,广播权规制的客体与信息网络传播权规制的客体发生了混同,给2010年《著作权法》中与传播相关的权项授权与适用带来了巨大困境。而这一困境在国际条约和国外法律中早有应对:WCT中规定了“向公众传播权”;美国法中以“公开表演权”规范“广播”和“信息网络传播”行为,同样采取合并立法的模式;法国的“公开表演权”也同时涵盖两种这两种权项。② 根据世界知识产权组织的调查,在2003年加入WCT与《世界知识产权组织表演和录音制品条约》的39个成员中,有19个国家通过制定涵盖广播权和信息网络传播权的“向公众传播权”来规范广播和信息网络传播行为。③

在我国《著作权法》第三次修正过程中,2012年3月31日公布的《著作权法(修改草案)》第一稿中,将“广播权”修改为“播放权”,解决了无法规制直接有线传播的漏洞,增加了“向公众传播作品”的概念。笔者以为,《著作权法》“三修”不应当止步于填补现有的法律漏洞,随着传播技术的快速发展,传统广播与网络传播的界限必然会被冲淡。目前,相较前述修正草案第一稿,2020年修正的《著作权法》第10条仅扩充了“广播权”的内涵,规定“广播权,即以有线或者无线方式公开传播或者转播作品,以及通过扩音器或者其他传送符号、声音、图像的类似工具向公众传播广播的作品的权利,

---

① 焦和平:《三网融合下广播权与信息网络传播权的重构——兼析〈著作权法(修改草案)〉前两稿的相关规定》,载《法律科学(西北政法大学学报)》2013年第1期。

② [匈]米哈依·菲彻尔《版权法与因特网》(上),郭寿康等译,中国大百科权属出版社2009年版,第256页。

③ WIPO, “Survey on Implementation Provisions of the WCT and the WPPT”, https://www.wipo.int/edocs/mdocs/copyright/en/sccr_9/sccr_9_6.

但不包括本款第十二项规定的权利”,新增对“初始有线传播”的规制,但没有与交互式的“信息网络传播权”合并。事实上,将网络直播行为明确纳入“广播权”规制,这并非一劳永逸的做法。未来,笔者依然期待我国《著作权法》的再次修订,可以建立一个广义的“传播权”概念,合并“广播权”与“信息网络传播权”的含义,使相关作品的传播行为得到更完善的保护。

(三)广播组织权的扩张需谨慎

2020年4月30日,在全国人大常委会面向社会公开征求意见的《著作权法修正案(草案)》中,新增了广播电台、电视台针对“节目信号”的“信息网络传播权”。[①] 学界亦有扩张广播组织权的讨论,如王迁教授认为,我国2010年《著作权法》存在用于保护广播信号的广播组织权,应“将网播组织纳入广播组织”,[②]主张通过完善广播组织权来保护直播节目。同时,有专家呼吁赋予广播组织以“信息网络传播权”,[③]使广播组织权的“转播权”能够涵盖网络转播行为,以限制网络平台的信号盗播。然而,无论是赋予广播组织以“信息网络传播权”,还是将互联网平台纳入邻接权主体,都应慎之又慎。

1. 谨慎赋予广播组织以“信息网络传播权”

广播组织权的权利内容应以“禁止权”为核心,而非“许可权”,即法律不应赋予广播组织权权利人对“其播放的节目信号”的信息网络传播许可权,以避免与著作权权利人的“信息网络传播权”产生冲突。卢海君教授即主张,“广播组织权的客体是广播组织播放的广播、电视节目,对广播组织权的保护不增加也不减损广播、电视节目中所包含的著作权法地位”。[④] 因此,如果仅因广播组织禁止网络盗播需求,而赋予广播组织以“节目信号”的信息网络传播权,则混淆了“禁止权”与“许可权”的区别,可能威胁节目著作权人的合法权益,应更为谨慎。2020年修正的《著作权法》第47条再次明确,广播组织权为“禁止权”,并明确其行使“不得影响、限制或者侵害他人行使著作权或者与著作权有关的权利”,有利于保护文化产业发展,平衡各相关方的利益。

2. 互联网平台主体的邻接权身份仍待商榷

针对互联网平台的著作权主体身份问题,我们回顾历史,在“广播组织”的发展过

① 《著作权法修正案(草案)》第45条规定:“广播电台、电视台对其播放的载有节目的信号享有下列权利:(一)许可他人转播;(二)许可他人录制以及复制;(三)许可他人通过信息网络向公众传播。前款规定的权利的保护期为五十年,截止于该信号首次播放后第五十年的12月31日。”

② 王迁:《论体育赛事现场直播画面的著作权保护——兼评“凤凰网赛事转播案”》,载《法律科学》2016年第1期。

③ 张宇庆:《对广播组织信息网络传播权主体地位的再思考》,载《科技与法律》2010年第5期。

④ 卢海君:《论广播组织权的客体》,载《苏州大学学报(法学版)》2019年第4期。

程中,主体是不断被扩充的:无线电波传送声音的实验成功标志着电台广播的诞生;电视技术的创新引来了电视台的发展;卫星技术的发展和使用改变了传输技术,广播组织的内涵得到了拓展,法律中"传播组织"的概念也随之一步步被拓展。当前互联网平台在作品"创作—传播—使用"的链条上扮演了不可替代的传播者角色。不过,《罗马公约》签署时,人类文明正处于第三次工业革命的起步时期,电子计算机技术还处于初始阶段,互联网尚未发明,网络时代还未到来。而随着时代的进步,旧有的传播者分类无法囊括信息发布的网络平台。但是,在立法中新增权利主体与权利内容,涉及创新激励与公共利益平衡,新技术发展与既有法律政策协调,以及国内外制度协同等问题,有其复杂性与特殊性。① 因此,将互联网平台纳入邻接权主体,尚需更长时间的观察,2020年修正的《著作权法》亦未对权利主体进行扩张。

四、结语

在"新浪诉凤凰中超赛事转播案"再审之前,赛事网络直播市场格局发生了很大的变化,新浪实际上已经不做与之相关的业务运营。但新浪依然坚持走完此案再审流程,所追求与坚持的是"不为自己,而为辨明"。良法善治,体育经济的增长,依赖《著作权法》等相关法律制度的保障。自2014年,我国政府放宽了赛事转播权的限制,互联网公司进入赛事制作与播放市场,但基于2010年《著作权法》对于作品独创性与固定性的定义模糊、"类电作品"与录像制品的界限不明、专有权划分过于刻板,使2010年《著作权法》在为赛事网络直播节目提供保护时存在客体、专有权及邻接权制度上存在诸多矛盾,赛事网络直播节目版权保护的争论已持续7年有余。这集中反映了互联网商业模式与技术创新,对我国著作权制度的冲击,也是我国《著作权法》第三次修正过程中,各界讨论最激烈的焦点之一。2020年,我国《著作权法》因时而变,以"视听作品"概念替换"类电作品",将有线直播纳入广播权的规制范畴,强调了邻接权的行使不得损害其他合法权益,为赛事网络直播节目版权保护法制困境的解决提供了支持,而北京市高级人民法院重新对"新浪诉凤凰中超赛事转播案""央视诉暴风世界杯赛事侵权案"作出改判,明确赛事节目的数字化复制和传播满足类电影作品"可复制性"与"介

---

① 司晓认为,"网络环境下的版权保护,涉及创新激励与公共利益平衡,新技术发展与既有法律政策协调,以及国内外制度协同等问题,有其复杂性与特殊性。"参见路艳霞:《8年前在北京缔结,4月28日这个国际知识产权条约生效!》,载北京日报客户端:https://ie.bjd.com.cn:443/5b165687a010550e5ddc0e6a/contentApp/5b21d73be4b02439500383f1/AP5ea57c3ce4b0b1fafa185487?isshare=1,最后访问日期:2020年9月28日。

质固定”要求,[①]也是从司法上对既往行业共识的明确认可。不过,2020年《著作权法》修正亦未达到充分完善,如“视听作品”与“录像制品”的冲突尚未彻底解决,集合广播权与信息网络传播权的广义“传播权”概念未能落实,“网播组织”的法律地位未能明确等,这些问题仍有待在2020年《著作权法》实践的过程中探索更适当的解决路径。

① 央视国际网络有限公司与暴风集团股份有限公司侵害著作权纠纷案,北京市高级人民法院,(2020)京民再127号;北京新浪互联网信息服务有限公司与北京天盈九州网络技术有限公司侵害著作权纠纷案,北京市高级人民法院,(2020)京民再128号。

法治人才培养

大学“接力式”教学方式的问题审思与质量提升[*]

杨青贵[**]

目　次

一、问题的提出

中共中央、国务院印发的《中国教育现代化 2035》提出，“创新人才培养方式，推行启发式、探究式、参与式、合作式等教学方式”，“培养学生创新精神与实践能力”。教育部发布的《关于深化本科教育教学改革全面提高人才培养质量的意见》（教高〔2019〕6号）从“互联网 + 教育”、智能教育新形态、严格的课堂教学管理、完善的高校内部教学质量评价体系等方面提出了具体落实措施。事实上，课堂教学向来被作为大学落实教育现代化任务的主要抓手，其发挥思想引导、知识传授、能力培养、人格培育等各项功能。在借鉴“一对一”或“一对多”的传统教学经验的基础上，我国许多大学在课堂教学实践中探索形成了“接力式”教学方式。“接力式”教学方式属于合作式教学方式在当

---

* 基金项目：重庆市高等教育教学改革研究项目“大数据时代‘接力式’教学质量保障与评估机制研究”（173035）。

** 西南政法大学经济法学院副教授，硕士研究生导师，中国农村经济法制创新研究中心研究员，法学博士，博士后。

下大学教学中的普遍应用,能够在良好制度安排下形成“1+1>2”的效果,已成为一种不可或缺的重要教学方式。

课程设计是人才培养工作实施的基本依据,符合中国实践,契合人才培养需求是课程设计方案和课程教学质量判定的基本标准。从实践来看,许多大学对“接力式”教学方式持开放态度。① “接力式”教学方式能够兼容项目教学、案例教学、情境教学等教学模式,具有较强的融智融式功能,具有较好的实践性、兼容性特点。尽管“接力式”教学方式已实践多年,但理论与实务界对大学“接力式”教学方式的关注极少,相关研究仍然是缺位的。课程教学应当与人才的职业性紧密联系在一起,②并以此为基础形成面向科学需求的课程制度。在此指导下,当前亟须深入总结“接力式”教学方式的经验做法,深挖“接力式”教学方式面临的主要问题,以形成适应教育现代化发展要求的质量提升方案。

二、大学“接力式”教学方式的实践梳理

“接力式”教学方式已在我国大学教学实践中运行多年。早在20世纪90年代,西南政法大学等国内许多高校便已在博士研究生层次的课程教学中开始应用“接力式”教学方式,后逐步拓展至硕士研究生、本科生层面的课程教学。目前,“接力式”教学方式在许多大学课堂教学中基本实现了本科生、硕士研究生(学位硕士、专业硕士)、博士研究生各个学位层次的必修课、限选课、公选课以及专业能力核心课、专业能力拓展课、专业能力实践课等课程的全覆盖。为深入研究大学“接力式”教学方式的实践情况,笔者于2016年7月至2019年8月以大学的本科生、硕士研究生、博士研究生以及本、硕、博各阶段毕业生、大学教师为调查对象,开展问卷调查和访谈调查。③

(一)“接力式”教学方式的调查样本情况

发放问卷192份,收回有效问卷192份,其中共有29位受访者在学习期间未接触过“接力式”课程,有7位大学教师未从事过“接力式”教学。在受访的教师群体中,男性占66.67%,女性占33.33%,95.24%的受访对象为高校教师,4.76%的受访对象从

---

① 高等院校课程教学一般存在大班教学和小班教学之分,即使是小班教学,也存在不同的学生对课程教学需求不同的情况。事实上,这种多元需求是难以一一满足的,而只能追求需求的最大化满足。“接力式”课程教学不仅存在多元师资力量的融入,实现了在知识传授方面的多元化,而且在课程各个环节上亦有一定的自主性,能够灵活满足人才培养需要。

② 方流芳:《追问法学教育》,载《中国法学》2008年第6期。

③ 在被调查对象中,有43人为大学教师,大学本、硕、博等各阶段在校生和毕业生(大学教师除外)149人。

事高校教学管理工作;在学历层次方面,本科学历的受访对象占2.38%,学术型硕士(毕业)占4.76%,专业性硕士(毕业)占4.76%,博士(在读)占2.38%,博士(毕业)占85.71%;在职称方面,教授/研究员占23.81%,副教授/副研究员占45.24%,讲师/助理研究员占1.29%,未取得职称人员(博士毕业视同讲师)占11.9%,其中,处级1人、科级1人。以上结构符合西南政法大学实际。

在受访的非教师群体中,男性占38.26%、女性占61.74%;在学历构成方面,本科(在读)为34.23%、本科(毕业)为2.01%、学术型硕士(在读)为32.21%、学术型硕士(毕业)为0.67%、专业型硕士(在读)为1.34%、专业型硕士(毕业)为2.68%、博士(在读)为20.13%、博士(毕业)为6.04%、其他为0.67%;在年龄段方面,受访者为18~25岁的占69.13%、26~30岁的占12.08%、31~40岁的占16.11%、41~50岁的占2.68%;在职业/身份方面,有81.21%是学生、10.74%为教师(与受访对象为高校教师不重复)、2.68%为公务员、2.01%为企业人员、其他的占3.36%。

(二)“接力式”教学方式应用广泛且层次性强

调研发现,“接力式”教学方式在国内大学应用广泛。在受访对象为高校教师及教学管理人员的调查中,42.86%的调研对象“非常了解”“接力式”教学方式,54.76%的调研对象“了解”“接力式”教学方式,只有2.38%的调研对象“不了解”;在非教师群体中,84.57%的受访对象“了解”“接力式”教学方式。在受访对象中,83.33%的受访教师“上过”“接力式”课程,80.54%的受访非教师群体“上过”“接力式”教学方式。尽管国内许多大学在本、硕、博三个层次都开设有“接力式”教学方式,但“接力式”教学方式的应用情况呈现较强的层次差异性。

受多方面因素制约,本科生层面的“接力式”课程教学模式应用率偏低,绝大部分本科生层次的课程仍然是以传统的一对多的教学模式展开。例如,在2017~2018学年第一学期,64.29%的受访教师未给本科生上过“接力式”教学;在2017~2018学年第二学期,73.81%的受访教师未承担过“接力式”教学。

在学术型硕士和专业型硕士中,“接力式”课程教学应用率均高。以2017~2018学年为例,在该学年第一学期中,54.76%的受访教师承担过学术型硕士的“接力式”教学任务,59.52%的受访教师承担过专业型硕士的“接力式”教学任务;在该学年第二学期中,38.09%的受访教师承担过学术型硕士的“接力式”教学任务,42.86%的受访教师承担过专业型硕士的“接力式”教学任务。可见,“接力式”教学方式在专业型硕士的课堂教学中应用更为广泛。

博士研究生的绝大部分课程采取“接力式”教学方式。承担博士研究生“接力式”课程的任课教师基本上都是博士研究生导师。以2017~2018学年第一学期为例,在受访的10位教授/研究员中,有2位教授/研究员上过3门“接力式”课程,2位教授/研究员上过2门“接力式”课程,1位教授/研究员上过1门“接力式”课程,有4位非教授职称教师承担过博士研究生“接力式”课程;以2017~2018学年第二学期为例,有1位教授/研究员上过3门“接力式”课程,1位教授/研究员上过2门“接力式”课程,3位教授/研究员上过1门“接力式”课程,有2位非教授职称教师承担过博士研究生“接力式”课程。

(三)“接力式”教学方式的效果评价良好

从调研数据来看,“接力式”教学方式获得的效果评价较为良好,但也存在不同“接力式”课程的不同效果评价。关于“接力式”教学方式取得良好效果的原因,在非教师群体的调查汇总中,63.76%的调研对象认为是“课程教师分工明确”,57.72%的调研对象认为是“课程内容安排合理”,53.02%的调研对象认为是“每位老师讲的内容先后衔接恰当”,41.61%的调研对象认为是“课程负责人认真负责”,28.86%的调研对象认为是“明确的课程负责人”,9.4%的调研对象认为是“学校学院监督有力”,5.37%的调研对象认为存在“其他”原因。在受访教师群体中,也呈现与上述数据类似的调查结论。

(四)“接力式”教学方式的质量保障逐渐加强

目前,许多大学都形成了完善的课程质量保障体系,推动了“接力式”教学方式的推广应用与质量保障。以西南政法大学为例,该校针对本、硕、博各层次人才培养的特点,在校、院两级制定了多层次的质量监控与管理办法。同时,还在课程教学中引入和坚持推广课程督导制度,强化督导专家对课程方案设计、课程教学质量把控、课程考核和评估等课程教学各个环节的参与,极大地推动了包括“接力式”教学在内的课程质量和教学质量提升。此外,该校还在任课教师的认真负责、高度敬业、团结协作的态度和精神方面设计了相应的监测与保障制度。

三、大学“接力式”教学方式的问题审思

(一)“接力式”教学方式缺少系统认知

从实践来看,无论是大学教学管理者,还是大学教师、参与学生,对“接力式”教学方式的认知都存在明显的系统性不足、深入度不够的问题。这集中体现为对“接力式”教学方式的适用范围有待制度层面的明确规定、对“接力式”教学方式质量把控的主要环节和方面的把握不准。在适用范围的实践探索中,“接力式”教学方式主要应用于博士研究生和硕士研究生层次的课程教学中,本科生层面的课程教学亦有部分课程涉及但核心课程仍主要以传统的任课教师“一对多”的方式开展。尽管受访教师群体构成

差异以及各人才培养阶段的课程数量和构成存在一定差异，但就为何出现“接力式”教学方式集中在硕士研究生层面和博士研究生层面，而本科生层面较少的情况，对此，尚无理论探讨，也未形成较为成熟的实践结论。大学教学改革探索中大都习惯将课程设立、课程准备、课程授课、课程考核、课程评价、课程监管作为课程的核心环节，以探讨课程质量提升。但“接力式”课程与一般课程相比，具有自身的独特性，并不能完全适用统一的课程管理制度。对大学“接力式”教学方式，其主要环节和方面是否也是上述方面，以及上述方面与“接力式”教学方式质量把控的关联性，当前存在明显的认知不清问题。

（二）课程负责人制度建设稍显薄弱

目前，开展“接力式”课程教学的课程负责人主要是由教研室主任担任或者由教研室主任指定，课程负责人的产生、职权职责乃至课程负责人绩效尚未在制度中得到明确。许多大学甚至尚未在探索中考虑课程负责人问题。从深层次来看，其原因在于尚未把握好从“管理”走向“平衡”背景下，[①]大学自治管理与课程教与授的主体需求之间的适度平衡。

一是课程负责人主要是由教研室主任担任，部分情况下由教研室主任指定，但均缺少制度依据。事实上，教研室主任除教研室的教学研究工作之外，还往往承担了相关党务、党支部建设等工作，甚至相当多的教研室主任本身就是多门课程的负责人。同时，几乎所有的教研室都开设了本、硕、博各层次的“接力式”课程，加之“接力式”课程的负责人遴选条件缺少明确规定，因而也并非任何教师都能成为课程负责人。当然，有部分教师考虑课程负责人工作繁重，也存在不愿意担任课程负责人的情况。

二是课程负责人在“接力式”课程中的职责不明确，履职能力也有待提升。从调研来看，关于“接力式”教学效果的影响因素，59.52%的受访教师和28.86%的受访学生认为是“明确的课程负责人”，50%的受访教师和41.61%的受访学生认为是“课程负责人认真负责”。其实，无论从调研来看，还是从实践运行来看，课程负责人的履职情况确是影响课程效果的主要因素。在缺少明确的职责设定的情况下，课程负责人问题必然成为大学“接力式”教学方式的主要问题。

三是课程负责人履职情况并不乐观。课程负责人履职情况是“接力式”课程教学质量得到保证的关键所在，涉及课程设计、课程开展、教师之间的衔接、课程监测、课程测评等各个环节和方面。以“‘接力式’课程负责人是谁”这一问题为例，54.76%的受

---

① 姚荣：《从“管理法”走向“平衡法”：中国公立高校学生管理规则系统的演进逻辑》，载《首都师范大学学报》（社会科学版）2017年第2期。

访教师全部知道,26.19%的受访教师绝大多数知道,9.52%的受访教师个别知道,4.76%的受访教师从不知道,甚至有2.38%的受访教师根本不关心,2.38%的受访教师未予回答。这一问题在作为授课对象的学生中表现得更是突出,只有12.75%的学生都知道课程负责人,24.16%的学生绝大多数知道,28.86%的学生个别知道,26.17%的学生从不知道,3.36%的学生根本不关心,4.7%的学生未予回答。可见,连授课教师和授课对象都不完全知道课程负责人是谁,这在很大程度上说明了其履职效果不佳。

四是课程负责人履职相关配套制度尚未建立。这主要体现为:担任"接力式"课程负责人更多需要具备公益心、公德心,教研室主任很难从已有任课教师中直接安排课程负责人。甚至出现个别教师不服从课程负责人安排、不按照课程安排开展教学工作等现象。这些问题除与课程负责人制度、课程管理制度有关外,在很大程度上还与课程负责人制度建设相配套的绩效、考评以及课程参与教师考核等配套制度建设不协同有关。

(三)"接力式"教学方式的满意度有待增强

"接力式"教学的课程效果与教学质量在很大程度上与作为课程受众的学生的反馈情况有关联。"接力式"课程的听课学生所反馈的满意度可以直接反映"接力式"课程教学的大体情况。从调研来看,受访对象认为,课程方案及计划设计不当、课程内容松散、体系性不强、课程教师的课程安排衔接不当、课程讲授教师授课质量差异大等,都是影响"接力式"课程教学效果的主要因素。例如,76.19%的受访教师和60.4%的受访学生认为课程方案及计划设计不当是影响"接力式"课程教学效果的主要因素。受访学生所评出的最不满意的"接力式"课程具有如下显著特征:博士研究生最不满意的"接力式"课程主要集中为多学科知识交叉的基础课程,硕士研究生最不满意的"接力式"课程主要是理论程度较深、与社会实践相距较远的课程,本科生最不满意的"接力式"课程主要是一些学科基础或专业理论较强的课程。

(四)"接力式"教学方式的评估机制缺位

《教育部关于深化本科教育教学改革全面提高人才培养质量的意见》(教高〔2019〕6号)提出,"完善高校内部教学质量评价体系,建立以本科教学质量报告、学院本科教学评价、专业评价、课程评价、教师评价、学生评价为主体的全链条多维度高校教学质量评价与保障体系"。这是一个适应中国大学教学,具有较强科学性、系统性、实践性的大学教学质量评价与保障体系,成为"接力式"教学方式的评估机制建设的基本方向。然而,当前国内绝大多数高校对于上述教学质量评估与保障体系的建设仍处于逐步探索阶段,尚未普遍形成适应该校实际的评价指标、评估方案和质量保障体系。对"接力式"教学方式的评估,仍然是纳入大学各层次课程的评估体系中,尚缺少针对

“接力式”教学方式基本特点的针对性评估指标、评估方案和质量保障体系。可见,当前“接力式”教学方式的评估机制仍然存在缺位的问题。

(五)“接力式”教学的课程设计与实施问题

除课程负责人外,“接力式”教学的课程设计和实施也是影响课程效果与质量提升的重要因素。当前,由于多方面因素制约,大学“接力式”教学方式实践仍存在一定的课程设计与实施问题。一是课程方案及计划设计不当。当前,大多数大学仍然以传统“一对一”或“一对多”的教学方式中形成的经验、思维、思路考虑和设计“接力式”教学的课程方案。但“接力式”教学方式与传统教学方式的差异,就决定了这一路径必然存在不完全匹配的问题。在受访教师中,60% 的受访教授/研究员、73.68% 的副教授/副研究员、93.33% 的讲师/助理研究员、100% 的未取得职称的教师和教学管理干部都认为,当前“接力式”教学质量问题与“课程方案及计划设计不当”有较大相关性。二是在课程方案实施中,基于课程负责人和参与教师的履职能力与态度、课程方案实施的有效性追踪与评估等方面存在的一定不足问题,在很大程度上影响了“接力式”教学的课程方案的有效实施。三是缺乏有针对性的监管,也是当前“接力式”教学方式存在质量问题的重要原因。调研发现,10% 的受访教授/研究员、36.84% 的副教授/副研究员、16.67% 的讲师/助理研究员、20% 的未取得职称的教师认为当前对“接力式”课程的监管存在问题。

四、大学“接力式”教学方式的质量提升

(一)大数据有效融入“接力式”教学方式的路径

大数据作为一种新的行业模态,对传统的工作生活方式的影响是巨大的,甚至是冲击性的。要适应大数据的发展趋势,有效发挥大数据的突出优势,就必须确立大数据的思维和思路。这就要求要提升各级教育主管部门及其行政人员以及广大师生对大数据突出优势及其与“接力式”课程教学质量提升与评估机制建设高度契合性的认识。高度重视大数据在打造“金课”、淘汰“水课”中的积极作用,明确其着力点和可为方面。在此基础上,教育教学数据信息收集与整理的思维也应当从“报送式收集”转变为“伴随式收集”。目前,“报送式收集”仍主导教育数据收集方式,“伴随式收集”没有真正实现。对此,高等学校课程教学数据信息的收集领域,不仅在教育系统内,还广泛源于智能设备、社交媒体等诸多方面。随着“物联网”成为现实,“伴随式收集”变得现实可行。

更新高校课程数据收集手段是实现“接力式”教学方式质量提升的应有内容。首先,大数据高校课程数据收集的手段应当坚持多元化。尤其应当立足大学实际,选择

线上与线下结合的多元化高校课程数据收集手段。其次,高校课程数据信息的线上收集,应当注重运用好“互联网+”“大数据”“人工智能”等新兴领域及其新型方式、手段,发挥其信息收集、整理的快捷、高效功能。同时也要重视线上收集手段的局限性和庞杂数据中的信息失真、数据造假等问题,避免对课程数据信息结果生成的不当影响。再次,高等学校课程数据信息的线下收集,既要利用好传统数据信息收集手段的突出功能,又要注意将管理学、经济学、社会学、法学等相关学科领域的可用手段、方式引入高等学校课程数据信息收集中。当然,还需要高度重视对线下收集的数据信息存在的失真、不准确等情况的分析与甄别。最后,尚需注意线上与线下结合的多元化高等学校课程数据收集手段相互之间的有效运用的问题。尤其需要针对线上手段技术本身存在的缺陷或局限性问题,进行分析、甄别,并在此基础上重视发挥线下手段的重要作用。

“接力式”教学方式的有效推进,还须依赖多层次的全域教育大数据平台。大数据背景下“接力式”课程教学质量保障与评估机制的建设应当纳入高等教育乃至教育领域的全域大数据平台。自上而下布局并推动建立多层次的全域教学大数据平台。首先,在全国层面乃至省级层面,根据国家要求,打破教育“信息孤岛”,建立统一的教育大数据管理中心。教育大数据管理中心主要以教育资源公共服务、教育管理公共服务两个数据平台为基础,打破“信息孤岛”,整合各业务单位和地方教育数据,形成统一的国家教育大数据管理中心,其主要职责包括:全面负责教育统计与数据收集;教育大数据的开发应用,服务于教育决策与管理、教育评估、舆情监控;发现教育规律,改进教育方法;推进教育数据法律法规的制定,维护数据安全;与其他领域数据共享合作等。其次,各高校应当建立与教育大数据管理中心能够有效衔接和对应的教育大数据子中心,负责本校教育统计与数据收集、教育大数据的开发应用,服务于教育决策与管理、教育评估、舆情监控,以及与其他领域数据共享合作等。

(二)严格限定“接力式”教学方式的适用范围

在适用的对象层次方面,应立足大学不同层次人才培养目标与需求而有所差异。博士研究生课程教学应当是启迪式、参与式的,而非传统的讲授方式,这从根本上是由博士研究生的已有知识储备和培养的重点要求所决定的。① 学术型硕士研究生的培养主要是在本科阶段已经学习了所在专业核心课程的基础上进行更加专业的深度研习。

① 调研发现,90%的教授/研究员认为应当在博士研究生课程体系中多开“接力式”课程,73.68%的副教授/副研究员认为应当在博士研究生课程体系中多开“接力式”课程,100%的讲师/助理研究员和教学管理人员都认为应当在博士研究生课程体系中多开“接力式”课程。此外,76.67%的在读博士研究生和77.78%的毕业博士生都赞成在博士研究生课程体系中多开“接力式”课程,这一结果与受访教师群体的观点高度一致。

这种研习目标要求课程体系和课程内容的设计有一定的专业深度且注重学术型研究生在学习中的参与度和积极性。“接力式”教学方式具有较强的兼容性且不同任课老师的风格和内容安排正好契合了上述要求。但学术型硕士研究生也需要兼顾专业核心知识及其运用能力,因此学术型硕士研究生应用“接力式”教学方式又存在较之于博士研究生培养的一些限制。[①] 专业型硕士研究生在本科阶段大部分没有学习本专业基础课程或核心课程,需要在硕士研究生阶段进行以专业核心课程为主、兼有专业性较强的专业内容的学习。体系性、基础性、全面性是专业型硕士研究生课程体系安排的主要考虑。然而,纵然“接力式”教学方式具有集合多位任课教师专长的特点,但往往在课程体系性、基础性、全面性方面稍弱。正因如此,专业型硕士研究生的课程体系中不宜过多开展“接力式”教学,其难以适应本科生课程教学的基础性、系统性要求,故而应少开或不开“接力式”课程。[②]

在适用的课程类型方面,可做一定倾向性选择:一是更倾向于将“接力式”课程教学应用于实践能力培训、能力拓展等基础课程或核心课程以外的课程类型。这既说明了“接力式”教学方式对于受访教师的客观需求,也体现了“接力式”课程教学客观存在的适用范围限制。二是“接力式”课程教学模式的具体适用范围还需要根据每个人才培养阶段的不同特点作出具体选择。在博士研究生层面,“接力式”教学方式基本上可覆盖博士研究生的全部课程;在学术型硕士研究生层面,“接力式”教学方式基本上可以适用于全部的课程;在专业型硕士研究生层面,“接力式”教学方式主要适用于专业性较强的课程,而对课程体系性要求较强的课程一般不宜适用“接力式”教学方式;在本科生层面,除公共选修、实践能力拓展等知识补充性质的课程之外,原则上不应当采取“接力式”教学方式。

在开课学期和班级规模方面,应当根据不同层次人才培养实际确定。在本科生层面,由于本科生从大学一年级开始逐步接触专业课程,而且只有部分专业课程之间才具有基础与专业的关系,因此,本科生阶段应当尽可能少开“接力式”课程,而且不宜过早开设“接力式”课程。如有必要,可在本科生毕业学年开设。在学术型硕士研究生层面,考虑学术型硕士研究生大多在本科系统学过本专业基本知识和核心内容,因而可在学术型硕士研究生培养的任何一个学期开展“接力式”教学方式。在专业型硕士生

---

① 调研所得数据亦可作验证,受访教师中教授/研究员认为学术型硕士研究生课程体系应当多开的为70%,小于这一群体认为博士生课程体系应当多开的90%,但高于这一群体对专业型硕士生课程体系开设“接力式”课程的比例。

② 这也可以从调研中得到相关群体的印证。在受访教师中,50.00%的教授/研究员、47.37%的副教授/副研究员、54.90%在读本科生都主张在本科阶段少开设“接力式”课程。

层面,考虑专业型硕士研究生对本专业知识需要进行体系化学习,因而不宜较早开展"接力式"教学方式,而应当在体系化专业课程结束后再行安排。在博士研究生层面,开展"接力式"课程教学所受的限制最少,原则上任一学期均具备开设"接力式"教学的条件和可能性。

(三)加强课程负责人制度建设

"接力式"教学方式质量提升的关键在于加强"接力式"教学团队建设。在"接力式"教学团队中,课程负责人则是"接力式"课程教学质量提升的关键。[①] 在课程负责人资格条件方面,应当着重把好"接力式"课程负责人选任关。这就需要做好如下几个方面。

一是在大学相关文件中作出专门、明确的规定,同时明确博士研究生、硕士研究生两个层次的课程教学相关要求。

二是从资格条件、资历条件、履职条件三方面确定课程负责人选聘条件。其中,资格条件包括:必须具备高校教师资格和主讲教师资格且符合各个层次课程任课教师条件;近两年年度评教结果为优秀;担任本科"接力式"课程负责人年龄为30~45岁,担任硕士研究生"接力式"课程负责人年龄为33~50岁,担任博士研究生"接力式"课程负责人年龄为35~55岁。资历条件包括:担任本科"接力式"课程负责人应具有讲师以上职称获博士学位并且担任该门课程任课教师两次以上(若是新设课程则必须担任相关课程任课教师两次以上);担任硕士研究生"接力式"课程负责人应当具备副教授以上职称且担任该门课程任课教师两次以上(若是新设课程则必须担任相关课程任课教师两次以上),具备讲师职称的博士应当担任该门课程任课教师五次以上;担任博士研究生"接力式"课程负责人应当具备教授以上职称且担任该门课程任课教师两次以上,具备副教授职称的博士应当担任该门课程任课教师五次以上。履职条件包括:身体健康、作风正派、认真负责;未曾出现任何教学事故,未受过学校处分。

三是细化"接力式"课程负责人选聘程序。鉴于当前全校本科和硕士生层面的课程基本上都落实到各个教研室,且实践中也主要是由教研室开展相关课程教学,故而应当坚持由教研室主任负责"接力式"课程负责人的选聘工作。关于"接力式"课程负责人选聘对象,应当是从符合"接力式"课程负责人资格条件的人选中选择,考虑实际情况,为加强日常监管和质量把控,原则上应当优先从所在教研室人选中选聘。关于

---

① 76.19%的受访教师将"建立严格的课程负责人制度"作为提升"接力式"课程教学质量的主要选择,70.00%的教授/研究员、84.21%的副教授/副研究员、83.33%的讲师/助理研究员以及100%的处级教学管理干部和科级教学管理人员都强调提升"接力式"课程教学质量必须"建立严格的课程负责人制度"。

选聘程序，考虑监测、监管的需要，建议由教研室推选后，由所在学院任命，由学校教务管理部门备案。

四是明确课程负责人任期与待遇。一方面，关于课程负责人的任期，应当坚持稳定性和灵活性并重的原则。课程负责人原则上应当具有稳定性，除非个人自愿主动退出或存在“接力式”课程负责人退出情形。另一方面，课程负责人任期又应当有一定的灵活性，以避免不积极履行“接力式”课程负责人职责但尚未出现退出情形的现象。同时，考虑课程负责人较之于一般课程的上课教师，会承担更多的工作，付出更多的时间和精力，尤其按照与“接力式”教学监督监测中可能承担的责任相匹配的原则，建议通过按“接力式”教学课时的20%～30%（按照课程考评等级确定具体比例）单独给予“接力式”课程负责人的工作量、将履职情况作为个人相关考核、职称评聘、推优选优、人才计划推荐等方面优先指标（条件）等方式，明确“接力式”教学的课程负责人的相关待遇。

五是考虑“接力式”教学课程负责人资格条件中的一些特殊限制，不宜对大学全校所有类型的课程负责人退出条件作统一规定，而应当采取“原则规定＋典型情形列举”的方式，单独规定课程负责人的退出情况。其中，“原则规定”主要包括：在“接力式”课程教学中不积极作为或乱作为，不适宜继续担任“接力式”教学课程负责人的，应当及时退出并按规定程序重新选聘。“典型情形列举”主要包括：不具备“接力式”教学课程负责人资格条件的；出现教学事故的；督导专家评议认为不适合继续担任的；所负责的“接力式”教学存在教学质量问题且课程负责人负有责任的；违反学校、学院相关强制性要求的。

（四）“接力式”教学方式准备环节的改革对策

课程准备环节是“接力式”教学方式质量把控与提升的首要环节。较好的课程设计、团队配置都是“接力式”教学方式教学准备环节保证“接力式”课程教学质量的重要方面。提升“接力式”教学方式教学效果与质量，必须坚持以课程负责人制度建设为关键抓手，强化课程团队建设。一是学院领导下充分发挥教研室及教研室主任的作用，在博士研究生层次和硕士研究生层次，以课程负责人的选聘为基础，从兼顾稳定性和灵活性出发，建立起相对稳定的“接力式”教学团队。二是可将课程团队成员选拔标准设定为：身体健康；遵守学校、学院关于“接力式”课程教学相关规范和要求，服从课程负责人的调配和管理；符合学校和学院关于该门课程所在人才培养层次的任课教师要求；近两年上过各个人才培养层次的该门课程或近似课程两门以上，具有教授该门课程的知识储备和授课能力；近三年未曾出现任何教学事故；以往承担过“接力式”课程教学工作，个人考核和课程考核应当为良好以上；至少旁听过本门“接力式”课程或相似课程的“接力式”课程不少于3次。此外,还可规定在以往“接力式”课程教学中,课程考核获得过优秀的优先。

课程设计是课程团队良好协作,是“接力式”课程教学质量的重要保障。首先,在课程体系设计方面,应当在学院、教研室指导下,由课程负责人组织课程团队成员开展,关键在于强化实施面和力度。该课程所在二级教学单位应当根据每门“接力式”课程所在人才培养层次的相关要求,专门组织相关“接力式”课程的任课团队以及潜在的团队非正式成员开展研讨,确定每门“接力式”课程的授课内容及各部分的重点知识点后,报所在学院批准、学校教务管理部门备案后予以实施。其次,课程设计经批准后,应当在学期上课前提前一段时间督促教研室和二级教学单位对该门课程拟开展情况进行调查和监督,若有不当之处,可及时调整修改。经督查通过后方可开课。当然,这些规则作为大学内部规则,在创建时应当具有前瞻性和创新性。① 调查监督内容主要包括“接力式”课程团队配置情况、“接力式”课程主讲知识点、课程内容分工与衔接方案、“接力式”课程课时分配与工作量分配、“接力式”课程的考查与评价安排、“接力式”课程的保障措施、任课教师备课情况。

(五)“接力式”教学方式授课环节的改革对策

授课环节是“接力式”课程教学质量保障的关键和最直接的一环。在此过程中,作为授课对象的学生、参与授课的团队教师是“接力式”课程效果和质量的最直接感受者。畅通授课对象和授课教师对“接力式”课程问题和质量的反馈渠道,实现高效、及时的问题与质量反馈,是及时发现并解决“接力式”教学质量问题的关键。一是通过借力互联网等媒介,每门“接力式”课程应当在授课期间(可以是期中)针对该学期该门“接力式”课程情况至少开展一次以授课对象为主的问卷调查、参与评教等活动,并及时收集、整理、处理好“接力式”课程教学质量信息。二是课程负责人应当组织该学期的“接力式”课程任课教师团队通过专门的微信群、碰头会、沙龙等多种形式及时交流、沟通“接力式”课程相关问题和信息。三是要求拟吸收的潜在成员在进入团队前须至少旁听3个学时以上本门“接力式”课程或相似课程内容的“接力式”课程,及时收集这些成员听课中发现的问题与经验做法,及时反馈给相关团队成员及其他成员。四是继续建立和完善学校、学院、教研室等多层次的多元化教学质量保障体系,充分依靠学生、教师、教管及研究人员的参与。

除教研室和教研室主任外,强化课程负责人职责,促使其切实承担“接力式”课程的管控责任,无疑成为“接力式”课程授课环节教学效果与质量把控的关键。这就需要

---

① 廖湘阳:《大学内部规则创建的制度困境与策略选择》,载《高等教育研究》2019年第8期。

强化课程负责人在“接力式”课程授课环节的职责履行,也需要加强课程负责人对课程团队成员授课履职情况的督促和监督。一是强化课程负责人在“接力式”课程授课环节的职责履行。除前述制度约束和监督之外,还需要教研室主任乃至学院分管领导定期或不定期地通过走访、座谈、问卷、旁听等多种形式了解课程负责人履职情况。对于不当履职的,应当及时记录并督促更正;对于拒不更正的,记录在案,撤换不符合任职条件的课程负责人。二是加强课程负责人对课程团队成员授课履职情况的督促和监督。应当充分发挥课程负责人在“接力式”课程授课环节对课程推进和质量提升的关键作用。课程负责人应当通过多样化的手段,重视“接力式”课程建设,及时收集整理“接力式”课程存在的问题,及时提出和实施改进措施。换言之,课程负责人不仅要负起责任,积极履职,还要积极督促课程团队负起责任,积极履职。

(六)“接力式”教学方式考试、阅卷、评卷环节的改革对策

只有科学的“接力式”教学考评方案才能在实施中更直观、更有效地反映“接力式”课程的教学效果与真实质量。“接力式”教学方式的考试、阅卷、评卷的改革对策主要包括:一是制定科学的“接力式”课程考评方案。课程负责人应当组织课程团队成员依据学校和学院有关课程考试、阅卷、评卷的标准和要求,制定该“接力式”教学方式的考评方案。“接力式”课程考评方案应当坚持日常考核与期末考核相结合的做法,积极引入多元化的考核方式,摒弃当前稍显单一的作业式、考卷式等考试方式。考评方案应当坚持考与评相结合,在科学设计考查方式和考查内容的同时,更要加强评这个方面的工作。“接力式”教学方式考评中的评应当将对考生学习情况的评与对授课老师教学质量的评相结合。二是加强对“接力式”课程考评结果的运用和监督。教研室和学院应当及时敦促教研室主任组织完成“接力式”课程考评工作,由教研室主任对考评意见和结果给出初步意见,再由教研室主任和学院依据授课环节及其他各环节的信息反馈和相关意见,对“接力式”课程考评结果给出最终意见。在此基础上,将“接力式”课程考评结果作为课程负责人、课程团队成员乃至整个课程质量的评价依据。

按照《教育部关于深化本科教育教学改革全面提高人才培养质量的意见》(教高〔2019〕6号)提出的课程评估方向,“接力式”教学方式的监督监测应当坚持一般监督监测与专项监督监测相结合。一般监督监测是指将“接力式”课程作为整个课程教学质量监测监督的组成,采取各类课程模式通用的督导等课程监督监测措施和做法。其重点是要完善从任课教师/授课对象—教研室—学院—学校教务管理部门这一系统性的监督监测体系,明确各自职责,确保各自职责的有效履行。专项监督监测则是针对“接力式”课程及其课程负责人的实际情况,建立专门针对“接力式”课程质量保障的监督监测制度。专项监督监测制度主要是针对“接力式”课程教学自身的特点设计的,主

要包括:一是在现有督导制度的基础上,将"接力式"课程负责人履职情况作为督导制度的重要检查内容。二是注意发挥任课教师和授课对象对课程负责人履职情况的日常监督。三是每学年个人考核中,应当将课程负责人在"接力式"课程教学中的履职情况作为考核的重要指标之一,考察其对应年度内在"接力式"教学方式中的履职情况。

此外,在"接力式"教学方式的评卷环节,还应当将其与其他相关考核挂钩。一是探索科学、合理的评卷制度,全面、客观分析试卷,并将评卷结论与课程考评挂钩;二是将评卷结果在一定程度上与个人考评和评聘挂钩;三是应当积极探索符合教学教育规律要求的多元化课程考核(考试)方式。

(七)"接力式"教学方式质量提升的保障措施

课题组以激励与约束并用的思路,提出提升"接力式"教学质量的激励与监管方案。"接力式"教学方式的激励主要以经费激励为主,建议如下:一是在学院教学经费或发展基金中划出一部分,探索设立"接力式"课程专项建设经费。其中50%作为日常建设经费在该门"接力式"课程每学期开课前发放并使用,剩余经费则在"接力式"教学授课结束且达到一定要求后,以奖励形式发放。二是将"接力式"课程建设划入教研室,"接力式"课程专项建设经费的使用应当由课程负责人负责,并由教研室负责主要的监管。三是明确将"接力式"教学质量作为教研室考评的重要指标之一,将"接力式"课程的建设效果考虑进教研室年度考核当中。

"接力式"教学方式的课程信息反馈与应对机制,应当纳入教育教学课程信息的反馈与应对机制。一是学校教务管理部门应当在每学期教师申报课程的阶段,就要求学院和教研室明确"接力式"课程负责人信息,并将"接力式"教学课程负责人信息作为教务管理系统中个人课表中的基本信息,方便任课教师查阅。二是明确课程信息反馈与应对机制的主体范围。课程信息反馈与应对机制应当由学院主导,依托教研室建设,将学院分管领导、学院教学管理人员、教研室主任、课程负责人、课程团队教师、授课对象作为主要构成,纳入统一化的课程信息的反馈与应对机制中,实现从"谁在治理"向"如何治理"和"怎么治理"转变。① 三是课程信息反馈与应对机制的建设适宜充分借助大数据平台的优势,以信息化平台建设为依托进行。这就需要整合和完善学校已有的多个系统,尤其是要整合不同人才培养层次的各个系统。

五、说明与展望

本文以中国教育现代化相关要求为方向,在对大学"接力式"教学方式实践的调查

---

① 李立国:《大学治理:治理主体向治理规则的转向》,载《江苏高教》2016年第1期。

的基础上,深入挖掘了“接力式”教学方式面临的主要问题,提出了大学“接力式”教学方式的质量提升方案。对于这一质量提升方案需要做如下说明:其一,“接力式”教学方式利弊共存,利是主要方面。这就需要立足人才培养实际,科学选择,以发挥“接力式”教学方式的融智和融式的优势功能。① 其二,“接力式”教学质量提升的关键在于加强以课程负责人为核心的团队建设,重在开展全过程教学质量监控,着力推进建立友好、协作的“共同体的感觉”。②

“接力式”教学方式作为一种被大学普遍采纳的教学方式,如何避免教学随意性,把握好“接力式”教学方式的规律性,仍然是一个需要不断探讨的话题。“接力式”教学方式的质量提升方案是推动教学方式改革的规范设计,进一步的工作包括:其一,探讨“接力式”教学方式的发展方向和目标定位。这就需要立足中国实践,深入解读《中国教育现代化 2035》的相关要求。其二,按照系统性、实践性、开放性等标准,探索建立“接力式”教学方式质量监测与评价的指标体系。其三,根据打造“互联网 + 教育”以及线下、线上、线上线下混合、虚拟仿真和社会实践“金课”的相关要求,探索建立具有适应性的“接力式”教学方式实施办法。

---

① 既能融合参与教师的智慧、特长,通过发挥各人之长,以避免各人之短,也能够将已有的以及创新的教学手段、教学方式引入“接力式”课程教学,在课程教学实践中有效应用。

② [英]齐格蒙特·鲍曼:《共同体》,欧阳景根译,江苏人民出版社 1991 年版,第 43 ~ 44 页。

《经济法论坛》(第26卷)稿约

《经济法论坛》(以下简称《论坛》)系西南政法大学经济法学科点为推动经济法学的理论研究和学科建设,加强经济法学界的学术交流,编辑出版的连续性论文集。《论坛》设置的板块有基本理论、制度研究、农村法治、国际视窗、人才培养等,自2013年起每年推出2卷,由法律出版社出版。自第1卷于2003年出版以来,至今已出版25卷,引起了经济法学界的广泛关注。《论坛》第26卷的组稿事宜如下,欢迎国内外专家不吝赐稿!

一、向《论坛》所投稿件,应属于经济法领域或与经济法相关的作品,且未曾公开发表或主体部分未曾公开发表。论文体裁不限,论文、译文、调研报告、学术随笔等均可。译文请自行解决版权。稿件篇幅一般不超过1.5万字。

二、稿件电子排版,文档存为Word 97-2003格式。

三、来稿一经采用,即赠送样书1本。

四、来稿请在文末,另页附上作者的姓名、单位、学位、职称或职务、通信地址、邮编、电话、电子邮件地址。

五、请勿一稿多投,自该卷截至征稿之日起逾3个月未收到采用通知的,作者可对稿件另行处理。

六、《论坛》的注释,按以下要求执行:

(一)采用脚注,每页重新编号,注码放在标点之后,注码号为"①"。不在文末列参考文献。

(二)外文注释依各文种注释习惯。外文原注释中的评论性或说明性文字,请译为中文。

(三)间接引用原文者,注释前加"参见"。

(四)引用资料非来自原始出处者,请注明"转引自"。

(五)注释体例列举:

1.著作类

①《马克思恩格斯选集》(第4卷),人民出版社1972年版,第28~29页。

②刘星:《法律的隐喻》,中山大学出版社1999年版,第7、56~60页。

2. 期刊类

王家福、刘海年、李步云:《论法制改革》,载《法学研究》1989年第2期。

3. 文集类

岳彩申、李永成:《中国经济法学三十年发展报告》,载李昌麒主编:《经济法论坛》第7卷,群众出版社2010年版。

4. 译著类

[英]梅因:《古代法》,沈景一译,商务印书馆1984年版,第59页。

5. 报纸类

①王启东:《法制与法治》,载《法制日报》1989年3月2日,A1版。

②庚向荣:《说理是司法裁判文书的生命》,载《法制日报》2013年2月19日,第7版。

6. 古籍类

《宋会要辑·食货》卷三。

7. 辞书类

《辞海》,上海辞书出版社1979年版,第239页。

8. 有主编的教材和著作类

李昌麒主编:《经济法学》,中国政法大学出版社1999年版,第19页。

9. 网络文献类

①汪波:《哈尔滨市政法机关正对"宝马案"认真调查复查》,载人民网2004年1月10日,http://www.people.com.cn/GB/shehui/1062/2289764.html。

②任重远:《镇坪强制引产事件终结 当事人获七万余元补助》,载财新网,http://china.caixin.com/2012-7-11/100409832.html。

10. 裁判文书类

北京市海淀区人民法院民事判决书,(2018)京0108号民初142号。

11. 案例类

田某诉北京科技大学案,北京市海淀区人民法院(1998)海行初字第142号行政判决书。

12. 英文著作类

A. Jayier Trevino, *The Sociology of Law: Classical and Contemporary Perspectives*, St. Martin's Press, 1990, p. 6-7.

13. 英文期刊类

Charles A. Reich, *The New Property*, 73 Yale Law Journal 733(1964).

七、自 2020 年 2 月起,《论坛》统一采用网络系统投稿方式(网址:http://jjfl.cbpt.cnki.net),不再接收邮箱投稿。

地址:重庆市渝北区宝圣大道 301 号西南政法大学致雅楼《经济法论坛》编辑部

邮编:401120

收件人:《经济法论坛》编辑部

信箱:jingjifaluntan@163.com

电话:023－67258925

《论坛》已许可中国知网以数字化方式复制、汇编、发行、信息网络传播《论坛》全文。著作权使用费已与版面费/审稿费折抵,《论坛》不再另行支付,所有署名作者向《论坛》提交文章发表之行为视为同意上述声明。如有异议,请在投稿时说明,《论坛》将按作者说明处理。

《经济法论坛》编辑部

图书在版编目(CIP)数据

经济法论坛. 第25卷 / 岳彩申, 盛学军主编. -- 北京 : 法律出版社, 2020
ISBN 978-7-5197-2504-4

Ⅰ. ①经… Ⅱ. ①岳… ②盛… Ⅲ. ①经济法-文集 Ⅳ. ①D912.29-53

中国版本图书馆CIP数据核字(2020)第270548号

经济法论坛(第25卷)
JINGJIFA LUNTAN (DI-25 JUAN)

岳彩申　盛学军　主编

策划编辑 陈　妮
责任编辑 陈　妮　黄　筝
装帧设计 汪奇峰

出版发行 法律出版社
编辑统筹 法治与经济出版分社
责任校对 杨锦华　王晓萍
责任印制 吕亚莉
经　　销 新华书店

开本 710毫米×1000毫米　1/16
印张 18.5　　**字数** 367千
版本 2020年12月第1版
印次 2020年12月第1次印刷
印刷 北京虎彩文化传播有限公司

地址:北京市丰台区莲花池西里7号(100073)
网址:www.lawpress.com.cn
投稿邮箱:info@lawpress.com.cn
举报盗版邮箱:jbwq@lawpress.com.cn
销售电话:010-83938349
客服电话:010-83938350
咨询电话:010-63939796

书号:ISBN 978-7-5197-2504-4
定价:116.00元
凡购买本社图书,如有印装错误,我社负责退换。电话:010-83938349